近现代史学流派简析

张天社 著

西北大学出版社

图书在版编目(CIP)数据

近现代史学流派简析／张天社著. －－西安：西北大学出版社，2018.9
ISBN 978－7－5604－4259－4

Ⅰ.①近… Ⅱ.①张… Ⅲ.①史学流派—研究—世界—近现代 Ⅳ.①K091

中国版本图书馆 CIP 数据核字(2018)第 222195 号

近现代史学流派简析

作　　者：	张天社
出版发行：	西北大学出版社
地　　址：	西安市太白北路 229 号
邮　　编：	710069
电　　话：	029－88305287
经　　销：	全国新华书店
印　　刷：	西安华新彩印有限责任公司
开　　本：	720 毫米×1020 毫米　1/16
印　　张：	14.25
字　　数：	230 千字
版　　次：	2018 年 9 月第 1 版　2018 年 9 月第 1 次印刷
书　　号：	ISBN 978－7－5604－4259－4
定　　价：	42.00 元

如有印装质量问题，请与本社联系调换，电话 029－88302966。

目 录

第一章 绪论:历史的观念与变迁

一、历史、历史学和历史学家 …………………………………… (1)
 (一)历史 ……………………………………………………… (1)
 (二)历史学 …………………………………………………… (5)
 (三)历史学家 ………………………………………………… (10)

二、历史本体论、认识论和方法论 ……………………………… (11)
 (一)历史本体论 ……………………………………………… (11)
 (二)历史认识论 ……………………………………………… (12)
 (三)历史方法论 ……………………………………………… (12)

三、历史学的目的、功用和史学流派 …………………………… (13)
 (一)历史学的目的 …………………………………………… (13)
 (二)历史学的功用 …………………………………………… (15)
 (三)史学流派 ………………………………………………… (17)

第二章 缤纷的历史话语:西方近现代史学流派

一、西方近现代史学的发端 …………………………………… (19)
 (一)人文主义史学 …………………………………………… (19)
 (二)理性主义史学 …………………………………………… (20)

二、浪漫主义史学流派 ………………………………………… (23)
 (一)赫尔德:浪漫主义史学之父 …………………………… (23)
 (二)浪漫主义史学的派别 …………………………………… (26)
 (三)浪漫主义史学的影响 …………………………………… (29)

三、兰克学派:实证主义史学(德国) …………………… (31)
  (一)实证主义的兴起 …………………………………… (31)
  (二)兰克学派的观点 …………………………………… (32)
  (三)兰克史学的影响 …………………………………… (35)

四、年鉴学派:整体历史(法国) ……………………………… (38)
  (一)年鉴学派的历史渊源 ……………………………… (39)
  (二)年鉴学派创建初期及其观点 ……………………… (40)
  (三)年鉴学派的鼎盛时期 ……………………………… (44)
  (四)年鉴学派的转型时期 ……………………………… (51)
  (五)年鉴学派的变革时期 ……………………………… (55)

五、文化形态学派 …………………………………………… (56)
  (一)斯宾格勒的《西方的没落》(德国) ……………… (56)
  (二)汤因比的《历史研究》(英国) …………………… (62)

六、美国新史学和社会科学新史学派 …………………… (69)
  (一)特纳的边疆学派 …………………………………… (70)
  (二)鲁滨逊的《新史学》 ……………………………… (71)
  (三)贝克尔:相对主义史学 …………………………… (73)
  (四)社会科学新史学派 ………………………………… (74)

七、西方批判的分析的历史哲学 ………………………… (74)
  (一)克罗齐:一切历史都是当代史(意大利) ………… (75)
  (二)柯林伍德:一切历史都是思想史(英国) ………… (80)
  (三)对克罗齐和柯林伍德历史观点的评判 ………… (82)

八、西方史学的新领域和新方法 ………………………… (82)
  (一)比较史学 …………………………………………… (83)
  (二)计量史学 …………………………………………… (83)
  (三)心理史学 …………………………………………… (84)
  (四)口述历史 …………………………………………… (86)
  (五)影视史学 …………………………………………… (87)

第三章 变革中的历史诉求:中国近现代史学流派

一、晚清新史学的发端 …………………………………… (89)

（一）梁启超的新史学 …………………………………（89）
　　　（二）夏曾佑《中国历史教科书》 ……………………（93）
二、国粹学派 …………………………………………………（96）
　　　（一）邓实和国学保存会 ………………………………（97）
　　　（二）章太炎和刘师培 …………………………………（99）
　　　（三）国粹派史学的基本观点 …………………………（102）
三、胡适实用主义史学与史料学派 …………………………（105）
　　　（一）胡适实用主义史学 ………………………………（105）
　　　（二）傅斯年与史料学派 ………………………………（110）
四、顾颉刚和古史辨派 ………………………………………（116）
　　　（一）顾颉刚和古史辨派的产生 ………………………（117）
　　　（二）古史辨派的主要观点 ……………………………（119）
　　　（三）疑古与信古的争论 ………………………………（126）
五、考信学派 …………………………………………………（129）
　　　（一）王国维 ……………………………………………（130）
　　　（二）陈垣 ………………………………………………（136）
六、文化史学派 ………………………………………………（143）
　　　（一）钱穆 ………………………………………………（143）
　　　（二）陈寅恪 ……………………………………………（150）
七、中国社会史论战 …………………………………………（157）
　　　（一）中国托派 …………………………………………（157）
　　　（二）王礼锡与《读书杂志》 …………………………（160）
　　　（三）新生命派与食货派 ………………………………（165）
　　　（四）新思潮派 …………………………………………（169）
八、马克思主义史学派 ………………………………………（177）
　　　（一）李大钊及其观点 …………………………………（177）
　　　（二）早期人物及其成就 ………………………………（181）
　　　（三）中华人民共和国成立后17年的成就："五朵金花"
　　　　　　　………………………………………………………（200）
　　　（四）新中国历史学的曲折与转机 ……………………（202）
　　　（五）改革开放后历史研究的繁荣 ……………………（203）

第四章 解构与历史的未来

- 一、历史哲学:从思辨走向批判 …………………… (206)
- 二、后现代主义的兴起 …………………………… (208)
- 三、解构与历史的未来 …………………………… (211)

参考文献 ………………………………………… (215)
后　记 ………………………………………… (222)

第一章 绪论:历史的观念与变迁

一、历史、历史学和历史学家

(一)历史

什么是历史,或者说历史是什么? 这是中外历史学家面临的首要问题。英国历史学家爱德华·卡尔(Edward Hallett Carr,1892—1982)以此为题,撰写了一部广为流传的著作《历史是什么》。复旦大学葛剑雄也写了一部《历史学是什么》。陕师大朱本源(1916—2006)在《历史学理论与方法》中,梳理了西方自启蒙运动以来关于"历史"的22种观点。

西方"史学之父"希罗多德(希腊语 ΗΡΟΔΟΤΟΣ,约前484—前425)著有《历史》(希腊语 Ιστορίαι)一书,为"历史"赋予了名称,之后西方各国都采用他的"历史"(如英文 history)一词,但他没有给"历史"一个定义。此后,希腊历史学家也没有对此进行概括,而是将它留给后人。一百年后,亚里士多德(希腊语 Αριστοτελης,前384—前322)在《诗学》中,才将历史学与诗进行了区分:"历史学家和诗人的区别……在于前者记述已经发生的事,后者描述可能发生的事。所以,诗是一种比历史更富哲学性、更严肃的艺术,因为诗倾向于表现带普遍性的事,而历史却倾向于记载具体事件。"① 这是西方古典史学的观点。

西方"史学之父"希罗多德

经过中世纪漫长的神学统治,到文艺复兴时期,人们重新重视人的价值和

---

① [古希腊]亚里士多德著:《诗学》,陈中梅译,商务印书馆2002年版,第81页。

世俗世界，西方史学开始复兴。到启蒙运动时期，人们才对历史哲学即历史理论进行思考。俄国著名诗人普希金（俄语名 Александр Сергеевич Пушкин，1799—1837）说：“伏尔泰第一个走上了新的道路，他把哲学的明灯带进黑暗的历史档案库中。”伏尔泰（法文名 Voltaire，1694—1778）认为：“历史是关于被认定为真实的事实的叙述，以之与寓言区分开来，寓言是关于不真实的、虚构的事实的叙述。”①

西方近代史之父、德国历史学家兰克说：“历史……仅仅要求表达出事情曾经真正地是个什么样子。”②

英国历史学家柯林伍德认为：“历史是关于活动事迹（res gestae）的科学，即企图回答人类在过去的所作所为的问题。”③爱德华·卡尔说：“历史是历史学家跟历史事实之间连续不断的、相互作用的过程，就是现在与过去之间永无休止的对话。”④法国年鉴学派创始人费弗尔说：“历史只有在方案上从叙述的变为解释的，才能成为科学。”⑤美国历史学家卡尔·贝克（Carl Becker，1873—1945）对历史有一个最简洁的定义：“历史是说过和做过事情的记忆。”⑥法国历史哲学家雷蒙·阿隆（Raymond Aron，1905—1983）说：“历史是由活着的人为了活着的人而重建的死者的生活。”⑦

对历史的理解，在不同的时代，由于不同的需要，有不同的诠释。严格地讲，历史就是过往，就是过去发生的一切。马克思（Marx，1818—1883）和恩格斯（Engels，1820—1895）说：“我们仅仅知道一门唯一的科学，即历史科学。历史可以从两方面来考察，可以把它划分为自然史和人类史。但这两方面是密切相

---

① 转引自朱本源著《历史学理论与方法》，人民出版社2007年版，第4页。
② 同上。
③ ［英］柯林伍德著：《历史的观念》，何兆武等译，中国社会科学出版社1986年版，第10页。
④ ［英］卡尔著：《历史是什么》，陈恒译，商务印书馆2007年版，第115页。
⑤ 转引自朱本源著《历史学理论与方法》，人民出版社2007年版，第6页。
⑥ 卡尔·贝克：《人人都是自己的历史学家》，《现代西方史学流派文选》，上海人民出版社1982年版，第261页。
⑦ ［法］雷蒙·阿隆：《历史哲学》，《现代西方史学流派文选》，上海人民出版社1982年版，第95页。

联的;只要有人存在,自然史和人类史就彼此相互制约。"①

对中文"历史"二字溯源,更能理解它的含义。"历"的繁体字为"歷"或"曆",前一个从秝(lì)从止(脚趾),意为人在禾苗中穿行,即经历;后一个从秝(lì)从日,表示太阳(时间)的移动,即历法。两者可以通用。记录历史首先要记录时间,没有时间就没有历史。东汉许慎(约58—149)《说文解字》说:"历,过也,传也。"就是亲身经历过的意思。"史"在甲骨文中是右手持一个"中"字,"中"字的原始含义,有人以为是两军对垒时的中间地带,有人认为是简册放在器皿上。手持"中"字就是坚持公正、持简记录的意思,所以《说文解字》说:"史,记事者也。从又持中。中,正也。"甲骨文和《周礼》中,凡与书写、记录、藏书有关的,均称为"史",如大史、小史、内史、外史、公史等,后来便成为专门记言、记事的史官,出现了"在齐太史简、在晋董狐笔"那样如实记录历史的人,这是中国史学的优良传统。

我国古代早期文献没有把"历""史"二字连用,只有一次例外,出现在南朝裴松之(372—451)对西晋陈寿(233—297)所著《三国志·吴主传》的注解中。裴松之引《吴书》中吴使赵咨向曹操称颂孙权之语:"吴王浮江万艘,带甲百万,任贤使能,志存经略,虽有余闲,博览书传,历史籍,采奇异,不效书生寻章摘句而已。"这里"历史籍"的"历"不是名词"历代",而是披阅之义,与现在所说的"历史"含义不同。

具有现在"历史"含义的,是明代万历年间(1573—1620)出现的两部介绍历史的通俗读物《历史大方纲鉴》和《历史大方纲鉴补》。也许在明代民间的口头白话中,早已使用了"历史"一词。这两本书在日本十分流行。明治维新后,日本人大量引进西方的科学概念,在翻译英文 history 时,就借用了"历史"二字。我国戊戌变法前后,梁启超等人在介绍日本的学科分类时,说有"算术""地理""历史"等,"历史"作为固定的词语才开始在国内流行,而历史学也成为一门独立的学科。②

梁启超(1873—1929)认为:"历史者,叙述进化之现象也。"③这是梁启超根据进化论的思想,按照变法的需要对历史作出的解释。胡适(1891—1962)虽然

---

① 《马克思恩格斯列宁斯大林论历史科学》,人民出版社1980年版,第21页。
② 葛剑雄等著:《历史学是什么》,北京大学出版社2005年版,第9页。
③ 梁启超著:《中国历史研究法》,中华书局2009年版,第182页。

没有给"历史"一个定义,但关于"实在"他说过一段著名的话:"实在是我们自己改造过的实在。这个实在里面含有无数人造的分子。实在是一个很服从的女孩子,她百依百顺地由我们替她涂抹起来,装扮起来。"① 把这段话说成是胡适对"历史"的解释也并不为过,这是胡适实用主义观点理解的结果。

我国马克思主义者李大钊说:"我们日常泛言历史……比如说吾汉族有无与比的历史,这并不是指记录而说,乃指民族的经历或发展的过程。"当然,历史也作为历史著作和历史学科的简称。② 李大钊指出了历史的客观运动过程。

所以,我们通常所说的历史,是指人类社会的历史,是人类社会过去发生发展的过程。复旦大学张广智(1939—)说:"人们通常所讲的历史,一般指人类社会发生、发展的运动过程。"③

一个时代的历史学,脱胎于社会主流的知识形式和社会主流的集体记忆。尽管不同时代的人们总是按照当时的要求和自己的观念来解释历史和历史现象,形成了不同的概念和观点,但对历史本身含义的探讨十分必要。

"历史"一词有着双重的含义,一是指过去的一切,一是指对过去的记录,或者说是指"过去的事件"和"对过去事件的陈述"。两层含义具有主观和客观两方面的意义,前者是人类社会发展的客观进程,后者则是人们对过去和社会发展的主观记载。黑格尔(G. W. F. Hegel,1770—1831)就说:"历史这个名词有这么一种双重含义:它一方面指事迹或事项本身,另一方面又指那些通过想象为了想象而写出来的东西。"④ "写出来的东西"又包括历史记录和历史研究两部分,所以,当代法国结构主义大师克洛德·列维·斯特劳斯(Claude Lévi-Strauss,1908—2009)把"历史"概括为三层含义:"第一,指人不知不觉地创造的历史;第二,指历史学家所创作的人的历史;第三,指哲学家对人的历史或历史学家的历史的解释。"⑤ 斯特劳斯的概括得到人们的广泛认同。也就是说,历史的第一层含义,是指过去自然界和人类发生的一切,包括人类产生后在时间和空间上发生的一切;第二层含义,是指被人们记录下来的活动和过程,但还有更

---

① 胡适著:《胡适文集》第2册,欧阳哲生编,北京大学出版社1998年版,第226页。
② 《李大钊文集》第4卷,人民出版社1999年版,第290页。
③ 张广智主编:《西方史学史》,复旦大学出版社2006年版,第152页。
④ [德]黑格尔著:《哲学史演讲录》第1卷,贺麟、王太庆译,商务印书馆1983年版,第109页。
⑤ [法]斯特劳斯著:《野性的思维》,李幼蒸译,人民大学出版社2006年版,第286页。

多的内容有意无意地遗漏了;第三层含义,是指对历史的研究和解释,不断扩大人类历史认识的深度和广度。

历史具有两个显著的特点:一是一次性,历史事实一经发生,就定格成永恒的面目,无可更改,历史只有相似的事件而不会有相同的事件,不会像自然科学多次实验那样,得到完全相同的结果;二是不可逆性,历史事件一旦发生,就不会从头再来,不管以后发生什么,不会再次出现相同的事实,不会像日出日落那样循环往复。

(二)历史学

在厘清了"历史"的概念后,接下来就要问什么是历史学?

如果把孔子(前551—前479)删定《春秋》、希罗多德写成《历史》,分别作为中西方历史学产生的标志的话,那么历史学已有2500多年的历程了。

经过2500多年的发展,人们对历史学的探讨已经十分深入。在解析"什么是历史"时,实际上就含有什么是历史学的问题,许多历史学家对此作了精彩的回答。由于历史存在三个层面的内容,其中第二层和第三层含义,即历史记录和历史研究,就是历史学的内容。

梁启超说:"史者何?记述人类社会赓续活动之体相,校其总成绩,求得其因果关系,以为现代一般人活动之资鉴也。其专述中国先民之活动,供现代中国国民之资鉴者,则曰中国史。"[①]北京师范大学瞿林东(1937—)说:"关于人类社会历史的认识、记载与撰述的综合活动,这便是史学。"[②]复旦大学姜义华(1939—)说,历史学是"对客观历史的主观认知"[③]。华东师范大学吴泽(1913—2009)给史学的定义是:"史学是研究人类社会的发展过程及其规律的学问。"[④]《辞海》"史学"条说,史学"亦称'历史学'。社会科学的一个部门。研究和阐述人类社会发展的具体过程及其规律性的科学"[⑤]。

李大钊指出:"广义的历史学,可大别为两大部分:一是记述的历史,一是历

---

① 梁启超著:《中国历史研究法》,上海古籍出版社1987年版,第2页。
② 瞿林东著:《中国史学史纲》,北京出版社1999年版,第1页。
③ 姜义华、瞿林东、赵吉惠著:《史学导论》,复旦大学出版2004年版,第34页。
④ 吴泽主编:《史学概论》,安徽教育出版社1985年版,第1页。
⑤ 《辞海》,上海辞书出版社1999年版,第2048页。

史理论,即吾人之所谓历史学。严正的历史学,乃是此历史理论一部分而言。"①李大钊仅将历史学看成历史理论。

复旦大学葛剑雄(1945—)在《历史学是什么》中说:"历史不仅是指过去的事实本身,更是指人们对过去事实的有意识、有选择的记录。而对历史的专门性研究,就是历史学,简称史学,也可以称之为历史科学。它不仅包括历史事实本身,还应该包括在历史事实的基础上研究和总结历史发展的规律,以及总结研究历史的方法和理论。"②

历史学的研究对象是人类社会的过往,是以往的人类自身的活动及其联系、发展和变化的规律。

历史学与自然科学不同。自然科学的研究对象是当前确定的、能够感知和面对的自然界现存的事实,而历史并不存在于当前的时空中,历史学研究的是无法感知、无法直接面对的人类过去的活动。当然,对个体而言,人们也感知过自身经历的历史,但每个人的感知是不同的。自然现象背后没有思想的存在,它的规律性是显而易见的,历史现象的背后却有探索不尽的思想、动机、目的等精神活动。自然过程仅仅是事件的过程,而历史过程还存在思想和精神的过程。德国哲学家文德尔班(Windelband Wilhelm,1848—1915)说:"自然研究与历史的分别……前者追求的是规律,后者追求的是形态。"③这些都说明了历史学和自然科学的本质区别。

就历史学自身而言,研究对象是人类活动的客观过程,还是人类过去的主观精神活动? 中外历史学家的理解也不尽相同。一般说来,客观主义史学家关注人类自身的活动,通过史料等其他手段揭示或复原历史真相。比如班固(32—92)在评价司马迁(约前145—前90)所著《史记》时就说:"服其善序事理,辨而不华,质而不俚,其文直,其事核,不虚美,不隐恶,故谓之实录。"④兰克也说过西方史学界家喻户晓的名言:"历史一向被赋予判断过去并为未来世代的利益而教诲现在这种职能,本书不企求如此高尚的职能,它仅仅要求表达出

---

① 《李大钊文集》第4卷,人民出版社1999年版,第394页。
② 葛剑雄等著:《历史学是什么》,北京大学出版社2005年版,第73页。
③ 文德尔班:《历史与自然科学》,洪谦主编:《西方现代资产阶级哲学论著选辑》,商务印书馆1964年版,第59页。
④ [汉]班固撰:《汉书·司马迁传》,中华书局1962年版,第2738页。

是事情曾经真正地是个什么样子。"①"据实直言"应该是史学家的天职。

唯心主义史学家则关注人类自身主观的精神活动。柯林伍德就说,一切历史都是思想史。他反复声明:"与自然科学家不同,历史学家一点也不关心各种事件本身。他仅仅关心成为思想的外壳表现的那些事件,而且是仅仅就它们的表现思想而言才关心着那些事件。归根到底,他仅只关心着思想。"②

司马迁,字子长,夏阳(今陕西韩城)人

随着历史信息的扩大和技术手段的提高,历史学的研究对象也拓展到人类活动的各个方面,如文字、历法、天象、考古、疾病、交通、气候变化、地形地貌、山川河流、工具器皿、粮食物种、教育程度、风俗习惯、思想流变等。这些研究和探索,扩大了历史原貌,提高了历史认知。

由历史学研究对象引发的另一个问题是,历史学的学科性质是什么?是人文学科还是社会科学,是科学还是艺术?

在西方,"传统上,历史学与文学和艺术研究一道被视为一门人文科学"③。所谓人文科学,是指一些以人的内心活动、精神世界、文化传统为研究对象的学科体系,所研究的是一个精神与意象的世界,以主观意识为主,主要包括文学、历史、哲学和艺术等学科;社会科学是以人类社会为研究对象的科学,包括经济学、社会学、政治学、法学等学科。社会科学的形成远远迟于自然科学和人文科学,它是欧洲社会工业化、城市化的产物,到19世纪才逐渐建立起自己的系统理论。

人文科学与社会科学的区别在于:一是研究对象的不同。人文科学研究的是人的观念、精神、情感和价值,是"人"的精神世界及其所积淀下来的文化。人文科学的价值不在于提供物质财富或实用技术,而在于为人类提供一个意念的

---

① 转引自朱本源著《历史学理论与方法》,人民出版社2007年版,第4页。
② [英]柯林伍德著:《历史的观念》,何兆武等译,中国社会科学出版社1986年版,第246—247页。
③ [英]约翰·托什著:《史学导论》,吴英译,北京大学出版社2007年版,第44页。

世界,守护一个精神的家园,使人类的心灵有所寄托、有所依归。而社会科学研究的是"社会",关注的中心是客观的社会存在,目的在于使人类能够更好、更有效地管理社会。二是研究方法的不同。人文科学的研究方法主要是想象和分析,是一种解释的方法,而社会科学则较多地引进了自然科学的方法和实证的方法。

但是,人文科学与社会科学在本质上却有着密切联系。因为社会归根到底是由人构成的,任何社会现象都是通过人的活动表现出来的,离开了人,就谈不上社会,也不可能有社会现象,所以瑞士著名心理教育学家让·皮亚杰(1896—1980)就说:"在人们通常所称的'社会科学'与'人文科学'之间不可能做出任何本质上的区别,因为显而易见,社会现象取决于人的一切特征,其中包括心理生理过程。反过来说,人文科学在这方面或那方面也都是社会性的。只有当人们能够在人的身上分辨出哪些是属于他生活的特定社会的东西,哪些是构成普遍人性的东西时,这种区分才有意义。"①

在联合国教科文组织出版的《社会及人文科学研究中的主流》中,列举了11个学科:社会学、政治学、心理学、经济学、人口学、语言学、人类学、史学、艺术及艺术科学、法学、哲学,认为前5种学科属于社会科学,后6种属于人文科学。这说明,人文科学与社会科学之间确实有某种难以割裂的内在联系。

历史学就是一门兼有人文科学与社会科学双重属性的学科,从研究对象看,历史学无疑属于社会科学,但从研究的主旨和研究方法看,历史学又属于人文科学。如法律、哲学、心理学等学科属性,都是长期争论不休的问题。由于人文科学与社会科学难以区分,人们经常把两者合为一起,称作人文社会科学。当代英国史学家约翰·托什(John Tosh)就说:"历史学是一门将两者结合在一起的学科,它具有的无尽魅力和所具有的复杂性恰恰归因于它超越了两者对立的事实。"②

历史学是科学还是艺术?在历史学家看来,历史是一门严肃的科学。历代的历史学家都追求客观真实地书写历史,甚至为此付出生命的代价。既然是客观真实的,那就称为科学。恩格斯说:"正像达尔文发现有机界的发展规律一

---

① [瑞士]J.皮亚杰著:《人文科学认识论》,郑文斌译,中央编译出版社1999年版,第1页。

② [英]约翰·托什著:《史学导论》,吴英译,北京大学出版社2007年版,第45页。

样,马克思发现了人类历史的发展规律。"①能够研究发现规律性的东西,肯定是在科学的范畴。法国年鉴学派创始人费弗尔也强调历史的科学性,他说:"历史学既是有关过去的科学,也是有关现在的科学。"②

但是,近现代许多学者都提出历史学"一半是科学,一半是艺术"的观点。英国哲学家伯特兰·罗素(Bertrand Russell,1872—1970)就作过《历史学作为一门艺术》的演讲,其中说:"关于历史学是科学还是艺术,一直存在着据我看来是毫无意义的许多争论。我想,它既是科学又是艺术,这应该是十分清楚的。"③历史有许多写作方法,可以使人感到兴趣,而历史研究也带有强烈的个人色彩,永远不可能接近过往的全部事实。另外,历史学也具有欣赏审美价值,能够开阔视野,净化心灵,提高境界,具有艺术的张力。

在国内,现代史学家张荫麟(1905—1942)受罗素影响,也提出历史既是科学亦是艺术的命题。他说:"世人恒以文笔优雅为述史之要技,专门家则否之。然历史之为艺术,固有超乎文笔优雅之上者矣。"超乎文笔优美之上者是什么?张荫麟认为是历史美学。他说:"吾窃不解者,自来史家原历史之功能,为史学作辩护者,为说众矣:曰垂范以示教也,曰褒贬以劝惩

英国哲学家伯特兰·罗素

也,曰藏往以知来也,曰积例以资鉴也,曰溯古以明今也。唯独不闻有以历史之美学价值为言者。不审彼辈史家,当其在尘篇蠹简丛中涉猎之余,曾亦一回顾其所闯入境界而窥见其中宗庙之美、百宫之富,如罗素之所发现者耶?""持审美态度而作之史,吾名之曰艺术化之史,持穷理态度而作之史,吾名之曰科学化之史。"④

---

① 《马克思恩格斯列宁斯大林论历史科学》,人民出版社1980年版,第45页。

② [法]费尔南·布罗代尔著:《论历史》,刘北成等译,北京大学出版社2008年版,第41页。

③ [英]罗素:《论历史》,何兆武等译,广西师范大学出版社2001年版,第54页。

④ 李洪岩:《历史也是一门艺术——评张荫麟的一个史学观点》,《学术研究》1991年第5期。

支撑历史学是艺术的重要一点,还在于许多人提出历史想象的方法。英国历史学家麦考莱(Thomas Babington Macaulay,1800—1859)认为:"一个完美的历史学家必须具有一种充分有力的想象力,使他的叙述动人而又形象化。"①柯林伍德极力强调想象力的重要性,认为它是历史学不可或缺的能力,没有它就不能感知周围的世界。而主观想象的方法,绝不是实证的科学的研究法。

历史学是历史学家运用一定的科学方法进行的艺术创作,历史学家从自己的主观视角出发,运用语言艺术,复原过去和投射将来。但所复原的过去和所投射的将来,都不是过去和将来本身。历史学和文学、绘画等其他艺术一样,也是人类的一种精神需要的体现。

(三)历史学家

历史学家是指以历史为学术研究对象的人群,一般具有卓有成就和威望的人士,通常包括历史记录的编撰者、历史材料的研究者和历史理论的创建者。法国年鉴学派费弗尔说:"仅仅知道的人,并不是历史学家,只有探索的人,才是历史学家。"②

由于对历史和历史学的不同理解,对历史学家的任务也有不同的认识。中国古代认为,"良史"的任务是秉笔直书。唐代史学家刘知幾在《史通》中说:"君子以博闻多识为工,良史以实录直书为贵。"中国台湾学者李云汉(1927—2009)认为:"历史学家的任务,在于记述并解释历史的真相,这就是历史正义。"③英国史学家巴勒克拉夫(Geoffrey Barraclough,1908—1984)说:"历史学家的工作最重要的是提出问题。"④只有你提出问题时,沉睡的历史才会开口说话。他在总结西方历史学发展后说,二战以前,历史学家的主要目标,一是发现"新事实",二是"通过历史的批判"来消除谬误;二战以后,历史学重点转移到经济、

---

① [英]柯林伍德著:《历史的观念》,何兆武等译,中国社会科学出版社1986年版,第273页。
② 姜芃主编:《西方史学的理论和流派》,中国社会科学出版社2007年版,第121页。
③ 李云汉著:《西安事变始末之研究》,台北近代中国出版社1985年版,第12页。
④ [英]巴勒克拉夫著:《当代史学主要趋势》,杨豫译,上海译文出版社1987年版,第56页。

社会、文化、思想和心理等方面,历史学家的工作范围也相应地扩大了。①

具体来说,历史学家和史学工作者的任务有:真实地记录历史,尽量全面地记载历史的整个过程;系统地编纂历史;考释历史的真相,恢复历史的本来面目;解释历史的成因;探求和研究历史发展规律。英国历史学家约翰·托什认为,历史学者的任务,就是"编撰与解释"历史。②

关于历史学家的品质,中国古代就有史德、史才、史学、史识的论述。唐代刘知幾说:"史才须有三长,世无其人,故史才少也。三长,谓才也,学也,识也。"清代学者章学诚在《文史通义》中又提出"史德"一条。他说:"能具史识者,必知史德。德者何?谓著述者之心术也。"到1928年,梁启超在《中国历史研究法补编》中,重新论述了史家的才、学、识、德四长,他说:"要想做一个史家,必须具备此四种资格。"③

二、历史本体论、认识论和方法论

历史观念的多样性,还在于人们对于历史本体论、认识论和方法论的不同解释和体悟。

(一)历史本体论

一般来说,历史本体论是对人类本身活动的认识,是对历史现象和历史存在的看法和观点,其核心的问题就是历史观,它要回答"是什么"的问题。如历史是不是客观存在的,历史的主体是什么,人类历史发展运动是否存在规律,推动历史前进的动力是什么等,这些问题是相互联系的。历史本体论在西方就形成了思辨的历史哲学。

关于历史主体的问题,是神创造了历史,还是人创造了历史,是英雄创造了历史(英雄史观),还是人民群众创造了历史(群众史观),这实际上就是历史观的问题。

在历史运动中,是历史循环论,或者是历史进化论(直线式、渐进式),还是

---

① [英]巴勒克拉夫著:《当代史学主要趋势》,杨豫译,上海译文出版社1987年版,第7、13页。
② [英]约翰·托什著:《史学导论》,北京大学出版社2007年版,第124页。
③ 梁启超著:《中国历史研究法补编》,商务印书馆1930年版,第16页。

马克思主义的历史发展理论(波浪式前进、螺旋式上升)。历史运动有没有规律可循,历史运动的必然性和偶然性是什么,这些都对历史本体的思考。

推动历史前进的动力是什么,是阶级斗争,还是生产力的发展;是经济基础,还是思想文化;是人民群众,还是英雄豪杰;是地理环境,还是社会环境;是一元的,还是多元的等,这些都值得我们探讨。

(二)历史认识论

历史认识论是如何认识历史的问题,是人们认识历史的观点和理论,它要回答的问题是"为什么"。如人类历史或历史真相能否被认识,历史认识主体(社会人,特别是史学家)和历史认识客体(即客观历史)的关系,历史认识的过程,历史认识正误的原因及其检验方法,历史认识对发展进程的影响等,以此来促进人们对历史本身的认识,提供对当代和未来的经验借鉴。历史认识论在西方形成了分析的或批判的历史哲学。

当我们研究应当如何去认识历史时,得出的原则性结论就是历史认识论。由于历史本体已一去不返,无法复现,历史认识的主体(社会人或史学家)要去直接认识历史本体(即认识客体)已无可能,所以要通过中间媒介,这个中介就是历史上遗留下来的痕迹或记载,如历史文献的记录,以及实物、遗址、图像等文化遗存,就是我们所说的史料,这些史料也就成为我们认识的直接对象。史料不管如何丰富,也不能覆盖历史存在的全部。实际上,历史研究也没有必要认识所有的历史细节。由于历史的记录往往会有虚假的成分,所以重视原始史料,重视史料的考订,一直是历史学的优良传统。

当然,人们认识历史还要受到个人历史观、知识结构、思维能力、情感立场和认知环境等多重因素的影响,也要经过从感性认识到知性认识,再到理性认识的阶段。由于历史不能再现,无法像物理、化学那样反复实验,不能在实践中进行检验;也因为历史活动的背后还有人的思想情感的存在,使我们对历史认知的检验,成为一个难题。鉴于认识是无止境的,认识只能是趋向和接近真相,所以,我们一般以史学界共识和学术实践作为检验历史认识的尺度。

(三)历史方法论

历史方法论就是编纂、认识、研究历史的程序、路径、方法和手段的理论,为获得正确的历史认识提供技术指导。它要回答的问题是如何根据不同的研究对象采用不同的研究方法,以得到最佳的效果。当然,对历史本体论和认识论的不同观点,也决定了方法论的不同。梁启超著有《中国历史研究法》,傅斯年著有《史学方法导论》,波兰当代历史学家耶日·托波尔斯基著有《历史学方法论》,中国台湾学者杜维运著有《史学方法论》等,凡是历史学家都会或多或少地涉及史学方法问题。

在一切科学的研究方法中,有的同样适用于历史研究,比如逻辑分析的方法、比较的方法、综合的方法等;有的还存在争议,如实验、移情式领悟、直觉感悟、想象与假设等;还有的方法是历史学独有的方法,如考证、训诂、校勘等,这在方法论层面都须加以探讨。

就历史研究的具体方法而言,有分析的方法,包括历史分析法、阶级分析法、逻辑分析法、心理分析法、比较法、计量法等;有实证的方法,包括辑佚、训诂、考证、辨伪、校勘等;有叙述的方法,包括实录、纪传体、纪事本末、编年体、章回体等,这些方法在历史研究中的运用可能是单个的,也可能是综合的。

三、历史学的目的、功用和史学流派

我们为什么要学习和研究历史,也就是说学习和研究历史的目的是什么,学习和研究历史到底有什么用?

(一)历史学的目的

研究历史的目的,我们在分析历史、历史学、历史学家的时候,已作了一些探讨。总体说来,历史学的目的有以下几个方面:

1. 考实历史,即进行事实判断

通过对史料和历史记载的考证、辨析来还原历史事实和历史真相,即弄清"是什么"的问题。事实判断的目的在于求得历史事实之真相,离开了事实判断这个基础,其他各种历史判断都会成为无本之木。文德尔班说:"对于历史学家来说,任务则在于使某一过程事象丝毫不走样地重新复活于当前的观念中。"[1]郭沫若(1892—1978)说:"无论作任何研究,材料的鉴别是最必要的基础阶段。材料不够固然大成问题,而材料的真伪或时代性如未规定清楚,那比缺乏材料

---

[1] [德]文德尔班:《历史与自然科学》,洪谦主编:《西方现代资产阶级哲学论著选辑》,商务印书馆1964年版,第59页。

还要更加危险。因为材料缺乏,顶多得不出结论而已,而材料不正确便会得出错误的结论。这样的结论比没有更有害。"①以坚实的事实作为理论的基础,才能使我们的研究立于不败之地。

2. 解释历史,即进行成因判断

通过对史料和历史记载的研究来认识它们的相互关系和因果关系,探求其中规律性的东西,即弄清"为什么"的问题。人们解释历史不外乎采取三种方式:用"常理"来解释,用经验规律来解释,用因果必然性来解释。这三种解释方式代表着三种不同的社会历史观和导向性方法。用"常理"来解释,就是用"人性""人之常情"或"理性人的正常思维"作解释。一般说来,倾向人本主义的人们多倾向于用"常理"解释历史事实和历史事件,倾向于科学主义的人们多倾向于用经验规律解释历史事实和历史事件,奉行唯物史观或导向性方法的人们一般力求用因果必然性来解释历史。持有不同的社会历史观的学者,对于同一个历史现象可能做出同样的事实判断,却不大可能做出同样的成因判断。

3. 评判历史,即进行价值判断

对历史事件、人物、制度、过程等进行是非善恶、利弊得失的评价,为现实提供借鉴,即弄清"怎么办"的问题。历史学家要努力保持不偏不倚的公正立场,对历史人物、事件、制度或过程作出是非善恶或利弊得失的评价。任何人对待任何事物都必然有一个判断其是非善恶或利弊得失的价值标准,而且必然会有意无意地、或隐或显地把他的价值判断表现出来。司马迁说,孔子作《春秋》,"别嫌疑,明是非,定犹豫,善善恶恶,贤贤贱不肖,存亡国,继绝世,补弊起废,王道之大者也"②。孔子首创"褒贬义例",在字里行间"寓褒贬,别善恶",对人们的言行作出价值判断。如记载杀人,就有

孔子,名丘,今山东曲阜人

---

① 郭沫若:《古代研究的自我批判》,《郭沫若全集·历史编》,第 2 卷,人民出版社 1982 年版,第 3 页。

② [汉]司马迁撰:《史记》第 10 册,中华书局 1982 年版,第 3297 页。

"诛""杀""弑"之分,所谓"一字之褒,荣于华衮;一字之贬,严于斧钺"。孟子说"孔子成《春秋》而乱臣贼子惧",虽然带有夸张的成分,但从此以后,《春秋》笔法却成为我国史学的一个重要传统。史官们记载史实,往往把鉴定善恶功过,进行劝惩的价值判断当作题中应有之义。中国古代二十四史都是这样。

事实判断、成因判断、价值判断三者是相互联系的,事实判断是基础,成因判断是关键,价值判断是目的和归宿。"是什么""为什么""怎么办"三个层次的判断组合,形成一个完整的历史认识。当然,在实践中,有的历史学家往往只作出其中一种或两种判断。侧重于考实性研究的学者,可能主要做事实判断,而不作成因判断和价值判断,或者只作实事判断和成因判断,不作价值判断。也可能在自己的研究中完成一个完整的历史判断,这完全根据实际需要和个人情趣来定。实际上,历史学的目的与历史学家的任务是紧密相连的。

(二)历史学的功用

历史学的功用是什么?也就是历史学的价值何在?不同的人会从不同的角度和视野去进行总结和诠释,但基本上有以下几点共识:

1. 资鉴教育作用

总结历史经验,从历史中获得对现实的启示,包括国家兴衰存亡和个人得失成败的经验,用以指导现实的行动和实践。周初的召公说:"吾不可不监于有夏,亦不可不监于有殷。"《诗经·大雅》中说:"殷鉴不远,在夏后之世。"自此"殷鉴"成为固定用法。司马迁写《史记》,就是要"述往事,思来者。……网罗天下放失旧闻,考其形事,稽其成败兴坏之理"[①]。司马光编著《资治通鉴》,"删削冗长,举撮机要,专取国家盛衰,系生民休戚,善可为法,恶可为戒者,为编年一书"[②]。唐太宗李世民说:"以铜为镜,可以正衣冠;以古为镜,可以知兴替;以人为镜,可以明得失。"梁启超说:"历史的目的在将过去的真事实予以新意义或新价值,以供现代人生活之资鉴。"[③]英国著名的马克思主义史学家埃里克·霍布斯鲍姆认为是"提供借鉴"。他说:"过去是现在和未来的模型。通常意

---

① [汉]司马迁:《报任少卿书》,[汉]班固著:《汉书》,中华书局1962年版,第2735页。
② [宋]司马光编著:《资治通鉴》,中华书局1956年版,第9607页。
③ 梁启超著:《中国历史研究法补编》,商务印书馆1930年版,第5页。

上说,过去是打开遗传密码的钥匙,凭借遗传密码,每一代才能复制其后代并确定它们之间的关系。"①当然,历史上的英雄气概、圣贤精神、民族气节、舍生取义等优良传统和伦理准则,对个人的修养和奋斗都具有教育和激励作用。

2. 文化传承作用

历史是人类一切物质文明和精神文明的载体,人类一切物质文明和精神文明的记录和总结都由历史而保存了下来,所以历史学具有传承人类文化和文明的天然使命,承担着引导人们批判地继承文化遗产的任务。西方历史之父希罗多德撰写《历史》的目的,就是"为了保存人类所达成的那些伟大成就,使之不致因年代久远而湮灭不彰,为了使希腊人和波斯人那些可歌可泣的丰功伟绩不致失去其应有的光彩,特别是为了要把他们之间战争的原因记载下来,以永垂后世"②。司马迁写《史记》,"欲以究天人之际,通古今之变,成一家之言"。中国二十四史,本身就是为了使历史传承下来。英国史学家约翰·托什说:"历史学是有关各种可能性的一个清单。"了解过去的经验是为了为现实提供各种选择的范围。③

3. 昭示未来作用

"前事不忘,后事之师。"历史学家研究历史,都努力探求规律性或经验性的东西,不仅在于为现实服务,还在于昭示未来,对未来的发展和走向进行预测和指引。西方历史哲学的奠基者意大利史学家维柯(Giovanni Battista Vico,1668—1744)认为,正如一个人在其生命历程中要经过童年、青年和壮年一样,每个民族在"野蛮状态"以后的历史发展进程都毫无例外地经过三个阶段,即"神权时代""英雄时代(贵族统治)"和"人权时代(人道和法律,先是自由民主政府,后是君主专制政府)",反映了当时资产阶级在政治上的要求。德国思想家赫尔德(J. G. Herder,1744—1803)也认为,历史学家的任务就是要从浩如烟海的历史事实中看到它们之间的联系,抽绎出关于人类社会演进的规律。

马克思主义也以探讨历史规律闻名。马克思在《政治经济学批判·序言》中有句名言:"人们在自己生活的社会生产中发生一定的、必然的、不以他们的

---

① [英]埃里克·霍布斯鲍姆著:《史学家:历史神话的终结》,上海人民出版社2002年版,第29页。

② [古希腊]希罗多德著:《历史》,王嘉隽译,商务印书馆1957年版,第167页。

③ [英]约翰·托什著:《史学导论》,北京大学出版社2007年版,第28页。

意志为转移的关系,即同他们的物质生产力的一定发展阶段相适合的生产关系。这些生产关系的总和构成社会的经济结构,即有法律的和政治的上层建筑竖立其上并有一定的社会意识形式与之相适应的现实基础。物质生活的生产方式制约着整个社会生活、政治生活和精神生活的过程。不是人们的意识决定人们的存在,相反,是人们的社会存在决定人们的意识。社会的物质生产力发展到一定阶段,便同它们一直在其中运动的现存生产关系或财产关系(这只是生产关系的法律用语)发生矛盾。于是这些关系便由生产力的发展形式变成生产力的桎梏。那时社会革命的时代就到来了。随着经济基础的变更,全部庞大的上层建筑也或慢或快地发生变革。……大体说来,亚细亚的、古代的、封建的和现代资产阶级的生产方式可以看作是经济的社会形态演进的几个时代。资产阶级的生产关系是社会生产过程的最后一个对抗形式,这里所说的对抗,不是指个人的对抗,而是指从个人的社会生活条件中生长出来的对抗;但是,在资产阶级社会的胎胞里发展的生产力,同时又创造着解决这种对抗的物质条件。因此,人类社会的史前时期就以这种社会形态而告终。"①这段话是马克思历史唯物主义观点的集中表述,它包含两层含义,一条是讲社会基本矛盾的运动规律,一条讲社会经济形态演进的规律。这就是马克思运用历史规律对未来社会的昭示,也是指导马克思主义者为之奋斗的信念。

(三)史学流派

一般说来,在社会激烈变革的时期,人们往往要从过去的历史中寻求经验和借鉴,总结历史运行的规律并寻求前进的方向,为自身利益和现实需要服务,此时历史学就会呈现繁荣的景象,人们会更加重视和追求历史学的科学性。当社会处于承平发展时期,历史学就会处于平稳的发展态势,历史学的科学价值相对降低,历史学的艺术性就会上升。

在不同的时代和环境条件下,由于相同的观念和方法,或相同的学术志趣和目的,或师承关系和地域关系而形成的学术派别,具有独立的观点、方法和风格,具有较大的学术影响,形成了历史学派(静态、单一)。把这种学派置于史学发展和变迁的过程中,就称作流派(动态、众多)。

一般来说,史学流派必须具有独立风格的史学观点和追求,要有领军人物

---

① 《马克思恩格斯列宁斯大林论历史科学》,人民出版社1980年版,第40—41页。

和一定的研究团队,要有一定的学术刊物和研究成果,要有一定的社会回应和影响。每一个史学流派都是社会需要的反应,都有自己存在的理由和价值,呈现出独有的特点和色彩,在整个历史发展的过程中闪烁着光芒。

第二章 缤纷的历史话语:西方近现代史学流派

一、西方近现代史学的发端

西方近现代史学发端于文艺复兴运动时期的人文主义史学和启蒙运动时期的理性主义史学。清华大学何兆武说:"西方历史学由传统步入近代的开阖的大关键,第一幕是文艺复兴,第二幕是启蒙运动。"①

(一)人文主义史学

14—16世纪,欧洲爆发了文艺复兴运动,追求个性自由和思想解放,张扬人性,强调现世幸福,它不仅是古典文艺的复兴,还是近代文明的开端。文艺复兴运动并不局限于文学和艺术,也表现在历史领域。

人文主义史学较以前有两种变化,一是写作历史的人从教会僧侣到民间,二是写作的对象从上帝神学到世俗社会。这类史学关注人生和人性,反对中世纪的神学思想,从宗教神学走向世俗人间,被称作世俗历史学。美国历史学家汤普森(James Wesfall Thompson,1869—1941)说:"世俗历史学家的出现最早是意大利写作上的现象,后来这类作品才遍及全欧,从一开始,这类史学的优越性就压倒了其他各国历史家,这一点是引人注目的。"②

人文主义史学从意大利开始,遍及欧洲,表现为:

一是城市史的写作,如维拉尼兄弟即佐凡尼·维拉尼(1271—1348)和马提奥·维拉尼(约1276—1363)的《佛罗伦萨史》、科里奥的《米兰史》、马基雅维利(1469—1527)的《佛罗伦萨史》、圭卡迪尼(1469—1527)《佛罗伦萨史》和《意大

---

① 何兆武:《对历史的反思》,[美]唐纳德·R.凯利:《多面的历史》译序,生活·读书·新知三联书店(简称三联书店,后同)2003年版,第3页。

② [美]J.W.汤普森著:《历史著作史》上卷第2分册,谢德风译,商务印书馆1988年版,第677—678页。

利史》等。

二是考古学和校勘学的兴起,如比昂多(1392—1463)《著名的罗马》《复兴的罗马》《胜利的罗马》和《罗马帝国衰落以后的历史(472—1440)》,后者提出了"中世纪"的概念。洛伦佐·瓦拉(1407—1457)的《君士坦丁赠礼的证伪》等。

三是国别史的出现,如法国罗伯特·盖冈(1433—1501)的《法兰克人的起源和事业纪要》,英国托马斯·莫尔(1478—1535,著有《乌托邦》)的《理查三世史》、波利多尔·维吉尔(1470—1555)的《英国史》和威廉·坎登(1551—1623)的《大不列颠志》,尼德兰凡·得·谷斯(1545—1604)的《荷兰年代纪》等。这一时期,德国主要在进行宗教改革。

文艺复兴运动经过博学时代而很快转入启蒙运动时期,启蒙运动是在自然科学迅猛发展的基础上产生的。这一时期对科学思想发展贡献最大的就是法国笛卡儿(René Descartes,1596—1650,他反对经院哲学,提出"我思故我在",提出观察和思考的推理方法)、英国培根(Francis Bacon,1561—1626,提倡科学试验和研究自然界,归纳法的创始人)和英国牛顿(Isaac Newton,1642—1727,发明微积分,发现力学三定律)。自然科学的发展,极大地促进了人类思想的解放。1640年,英国发生资产阶级革命,资产阶级开始登上历史政治的舞台,但欧洲大陆依然处在封建王朝的专制统治之下。

(二)理性主义史学

17—18世纪的欧洲启蒙运动,反对封建王权专制制度和教会神权,提出"天赋人权"的口号,追求自由和平等。认为世间万物都受自然法则的支配,人类的进步是社会发展的规律,要科学理智地看待一切,不受情感、道德、感性和偶然性的干扰,这就是理性主义。理性实际上是自然法则在人们头脑中的反映,并成为衡量人文社会科学的标准。理性主义一直是西方近现代哲学思想的传统,直到后现代主义出现。

理性主义反映在历史学领域,就产生了理性主义史学,即科学客观地看待历史问题,用科学知识和自然法则去解释历史。理性主义虽然由笛卡儿提出,但其中奠定了西方近现代史学基础的,是意大利哲学家维柯和法国启蒙大师伏尔泰。

1. 维柯及其史学观点

意大利著名哲学家坚巴蒂斯塔·维柯(Giovanni Battista Vico,1668—1744)

是近现代西方人文社会科学的奠基人,历史哲学的开山祖师。柯林伍德说:"他把历史看作是人类社会和他们的制度的发生和发展的历史。在这里,对于历史的题材是什么,我们就第一次达到了一个完全近代的概念。"①

1725年,维柯出版了著名的《各民族共同性的新科学原则》,简称《新科学》(1875年再版)。他努力把历史改造成为一门新科学,并唤醒人们的历史意识,对西方历史哲学和整个社会科学产生了深远的影响。

维柯发现世界历史是由人类自己创造出来的。他说:"民政社会的世界确实是由人类创造出来的,所以它的原则必然要从我们自己的人类心灵各种变化中就可以找到。"以前认为自然界是由上帝创造的,只有上帝才能认识它,"这个民政世界既然是由人类创造的,人类就应该希望能认识它"。②"民政社会"后来统一翻译成"市民社会"。

维柯建立了历史发展的观点,明确提出要探求历史发展的规律。他认为人类历史是社会发展必然性的表现,努力在神意之外寻求历史发展的规律。他提出人类发展的起点是野蛮状态,之后是神的时代、英雄时代(贵族统治)、人权时代(人道和法律,先是自由民主政府,后是君主专制政府)。从整体史的观念出发,维柯是第一个在理论上将欧洲历史划分上古、中古和近代的人,虽然"上古—中古—近代"这样的三分框架,在早期基督教的神学历史中就有所体现。维柯认为由于人类激情的自由发挥,历史才逐渐克服了野蛮,最终实现人道主义和文明,他相信理性的觉醒可以使人理解历史并掌握未来。

维柯作为一个脱胎于基督教神学史观的"新生儿",他的历史理论上是创制的,而在实践上是创新的。他以一种独特的视角和运思方式阐释了历史认识问题,勾勒了人类历史发展的图景,构筑了整个"历史哲学"大厦的基石,这些理论所蕴含的许多"天才的闪光"点,对马克思创立唯物史观产生了深远的影响。

2. 伏尔泰及其史学观点

法国的哲学家和历史学家伏尔泰(Voltaire,1694—1778),他的名字总和启蒙运动连在一起,因为他是欧洲启蒙运动的领袖和导师。他认为全部历史的解释应该服从于一种定向的价值和理想,这就是人类对理性、自由、容忍、和平和心灵的完美追求。他第一个使用"历史哲学"的术语。他的历史著作有《查理十

---

① [英]柯林伍德著:《历史的观念》,中国社会科学出版社1986年版,第74页。
② [意]维柯著:《新科学》,朱光潜译,人民文学出版社1986年版,第134—135页。

二传》《路易十四时代》《论世界各国的风俗和精神》(简称《风俗论》)。

伏尔泰主张撰写历史要根据史实,而不是神话和奇迹。伏尔泰反对《圣经》里荒诞不经的记载,否认中世纪神话传说的历史观念。他极其赞赏中国史学传统,认为"其他民族虚构寓意神话,而中国人则手中拿着毛笔和测天仪撰写他们的历史,其朴实无华,在亚洲其他地方尚无先例"。他说中国历史"没有任何虚构,没有任何奇迹,没有任何得到神启的自称半神的人物。这个民族从一开始写历史,便写得合情合理"。①他崇拜儒家学说,盛赞儒家的博大品质、宽容精神和中国的开明政治。

伏尔泰把历史理解为人类一切活动的记录,打破了欧洲两千多年以政治

法国启蒙思想家伏尔泰

军事为主的史学传统。希罗多德主张博通,关注社会文化现象,但修昔底德的政治史一直占据西方史坛,直到伏尔泰才改变。伏尔泰认为,撰写历史,不仅限于政治军事,还应包括艺术、学术、科学、风俗、习惯、食物、技术、娱乐等日常生活的各个方面。②

伏尔泰把历史作为一个整体进行观察和研究,创立了"整体史"的历史编纂学。伏尔泰反对基督教会以犹太这个小民族作为描述的对象和立论的基础,而把世界3/4的地方置诸脑后的世界史著作,主张把眼光扩及整个世界,尤其是亚洲各国的历史,如中国、印度、阿拉伯、波斯等民族的贡献,从而说明东方文明对欧洲文明发展进程的作用,这种思想被后来称作"世界主义"。

伏尔泰说,地球上的万物都变了,唯有美德从未改变。他崇尚理性、进步和真理,他相信历史学,特别是现代历史,会在思想启蒙和社会创造中发挥强大的作用。他认为,人类历史在不断前进,社会在不断发展,并将在荡涤一切污泥浊

---

① [法]伏尔泰著:《风俗论》,梁守锵译,商务印书馆1995年版,第74页。

② 同上,第8页。

水后到达一个理想的境界。伏尔泰试图把历史和自然运动当作普遍规律的必然产物来解释,使历史研究成为理性主义者证明普遍性的方式,成为证明普遍规律的证据。伏尔泰使历史哲学从神学阶段进入形而上学阶段,对后世产生了极大的影响。

启蒙运动相信理性的觉醒可以使人们理解历史并掌握未来。1765年,英国开始工业革命,1775年,美国独立战争开始,1789年法国爆发大革命,资产阶级浪潮席卷欧美,资本主义进入凯歌行进的时期,新的时代为史学的发展开拓了广阔的前景。

二、浪漫主义史学流派

浪漫主义与现实主义是文艺创作的两种方法。现实主义主张真实客观地再现社会现实,而浪漫主义主要从主观世界出发,以热情奔放的语言、瑰丽的想象和夸张的手法来塑造形象,抒发对理想的追求。18世纪后期到19世纪上半叶,浪漫主义思潮在欧洲大地风行一时,其在史学领域里的表现就是浪漫主义史学流派。

法国大革命的过激行为与革命后的冷酷现实,打破了18世纪理性主义者倡导的"理性国家""博爱社会""持久和平"等美好愿望,人们对理性主义及其宣扬的民主制度产生了怀疑和厌恶,而拿破仑战争也导致了欧洲各国民族主义情绪的觉醒,使得人们不再相信理性主义的普遍性原则。在这种对理性主义的批判,对普遍性的否认,对逻辑推理的反感,对自由意志的推崇,对个人情感的宣泄,对民族平等和世界多样性追求的背景下,形成了浪漫主义史学流派。

(一)赫尔德:浪漫主义史学之父

浪漫主义思想向前可以追溯到启蒙思想家卢梭(Jean – Jacques Rousseau,1712—1778),后人称他为浪漫主义运动之父。在1765年到1785年德国文艺创作的狂飙突进运动中,以歌德和席勒为代表的青年反对现存秩序,主张"自由"和"个性解放",提出"返

法国启蒙思想家让－雅克·卢梭

回自然"的口号,他们富有狂热的幻想和奔放的激情,其作品充满着浪漫气息和感伤情怀。狂飙突进运动昙花一现,却孕育了席卷欧洲的浪漫主义文艺思潮,其中也产生了浪漫主义史学,以德国哲学家赫尔德为代表。

约翰·戈特弗里特·赫尔德(Johann Gottfried von Herder,1744—1803),德国哲学家、浪漫主义史学家、诗人。生于东普鲁士莫伦根(即波兰莫龙格)的一个小康家庭,1762年进入柯尼斯堡大学研读哲学、文学和神学,成为德国古典哲学家康德(Immanuel Kant,1724—1804)的学生,受其影响极深。1764年至里加担任中等学校教师及德国信义会牧师。1769年离开里加前往法国,在旅途中完成《我在1769年的游记》。1770年,赫尔德在斯特拉斯堡会见年轻的歌德,给歌德以深远的影响。1776年到魏玛担任宫廷牧师及掌

浪漫主义史学之父赫尔德

管教育和宗教事务的总监察。1803年逝世于魏玛宫廷。其作品《论语言的起源》成为狂飙突进运动中浪漫主义美学思潮的基础。他在《有关人类发展的另一种历史哲学》(1774)中,首次对浪漫主义史学的内涵进行了阐释。在《人类历史的哲学思想》(1784—1797年写成)中,系统地论述了浪漫主义史学思想,被称作浪漫主义史学之父。

赫尔德浪漫主义史学的主要观点有:

第一,强调人类社会的多样性和民族的独特性。赫尔德反对理性主义的共性观念和普遍性原则,认为人类社会不同于自然界,无法用自然的法则去规范和理解。人类社会是多样的,构成人类文明的各个民族都具有独特性。尽管各民族的外在形式像生命一样不断地发展变化,但其内在的精神、禀赋、气质是独特的,其个体性是不变的,这是各民族赖以生存的基础。他反对德意志民族抛弃自己的传统去学习法国文化,反对德国贵族仿效凡尔赛宫廷的华丽生活方式,反对法语成为德国作家的主要表述工具,反对法国经典成为德国的文学范式,反对法国的观念习俗渗透到德国。他说,所有民间的活态思想都在急剧地走向忘却的深渊,启蒙主义之光像瘟疫一样蚕食着德国文化。他大声疾呼找回民族的文化和传统,保持民族的独特性和世界的多样性。

历史中的每个个体、每个民族都是平等的,没有统一的标准能够划分其优劣。只有弄清了每个时代、每个民族,才能明白多样性的世界历史。他说,希腊人、巴比伦人、埃及人都创造了硕果累累的文化,其价值是平等的,都体现着该民族自身的特性。每个民族均有权利根据自己先天的潜能决定自己的命运,每个民族对人类的进步都有贡献。他的这种观点被那些不发达种族群体普遍接受。赫尔德强调历史发展过程中的民族精神和民族文化的平等性,主张撰写民族史、国别史,搜集民歌,以代替世界史,播下了欧洲各国民族主义的种子。

第二,强调历史发展的连续性和继承性。赫尔德反对理性主义直线上升、没有曲折的历史进步观,但坚信历史是不断发展的。他用"发展"的观念取代了"进步"的观念,并把人类社会分成三个依次递进的发展阶段,最初是"诗歌时代",这是人类的童年时期;其次是"散文时代",这是人类的壮年时期;最后是"哲学时代",这是人类最成熟的时期。他认为人类的发展经历了许多阶段的"统一的前进运动",每一个时代都是前一个时代向前进化的结果,从野蛮人,到远东古代文明,再到中东各民族,到希腊罗马,最后到文艺复兴时代,历史的发展具有连续性和继承性。在人类社会发展的链条中,每一个时代都有自己独立的价值,它并不是作为另一个时代的先导而存在,而是具有自己的时代精神和存在价值,都有与自己时代相适应的美德和个人幸福。

他认为每个民族都是由自然和历史塑造的,人类的责任是沿着自然和历史铺就的路线前进,去发展自己的民族,保持这种连续性和继承性。如果民族文化的发展基础不是自己的,而是外来的,那就意味着割断自己与过去历史的连续性,分裂了民族的有机统一,其结果只能是本民族文化的断绝,最终导致民族的死亡。他反对文化史上的欧洲中心论,反对过分抬高古代而贬抑中世纪,不认为中世纪是人类历史的中断,要求历史学家从变化的历史事实中,揭示出历史发展的连续性,在历史连续性中理解各个时期各个文化的价值和意义。后来,浪漫主义史学家都不同程度地将中世纪理想化,带有比较强烈的宗教情绪和神学史观,导致了宗教思想的一度回潮。

第三,强调历史研究中的直觉与情感的作用。赫尔德反对以自己的成见或时代的价值观去评价一切历史事物,反对将历史事实当作构建哲学体系的素材,主张用自己的直觉去感知历史、认识历史。他强调想象和情感领悟等方法的重要性,认为要深入认识历史,理解个体对象的精神,就必须尽最大可能去想象,进入历史时空之中。用想象重构历史对象的生活方式、律法、道德准则、价值观,使自己具有同样的思想和行为,才能领悟到历史的每一个细节。只有通过想象和移情的方式,使自己同化于研究对象,设身处地地领悟,才能探求到历史的真实性,重构时代精神。

当然,赫尔德在强调直觉、想象和移情领悟等非理性的同时,也强调求真务实的作用,切不可因运用非理性的理解方式而导致历史著作的失真,他反对启蒙主义者为了说明世界普遍的持续的进步不惜捏造和阉割历史事实的做法。赫尔德追求的是把历史的真实性与情感完美地结合在一起,把历史研究的求真性与历史理解的情感性完美地结合在一起。历史学家可以借助情感性尽可能再现过去的情景,通过移情最大可能地理解历史对象,探求历史的真实,在历史撰述中可以想象和情感抓住人们的心灵。这种移情感悟的原则在19世纪开始被广泛地运用于历史研究之中,但到20世纪后,又被许多学者所抛弃。

浪漫主义是对启蒙运动以来理性主义的反动,反对理性主义图解历史的范式,反对将不同历史时代和民族文化解释为人类共有的本性(理性)和共同的发展规律,主张历史发展的个体性和独特性,强调各民族固有的民族精神,将感情移入历史,重构历史人物、历史事件、战争气氛和时代精神。这种想象力和移情作用不但把神化、传说、民间故事当成真实的历史,而且成了虚构历史的借口和手段,成为兰克学派兴起的一个重要原因。

(二)浪漫主义史学的派别

浪漫主义史学从18世纪后期逐步壮大,于19世纪上半叶弥漫欧洲大陆,成为显赫一时的史学流派。但由于各个国家、不同派别的价值取向和利益诉求不同,使它的内部分为三大流派,他们之间的政治倾向和具体史观差异较大,甚至针锋相对。

1. 保守派浪漫主义史学

保守派浪漫主义史学几乎与赫尔德同时代出现,盛行于神圣同盟统治欧洲的时期。这个派别的史学家代表了贵族和大资产阶级的利益,利用浪漫主义历史观念,仇视法国大革命,美化中世纪田园牧歌式的生活,他们提出的历史思想是出于反对大革命的需要。

在赫尔德系统论述浪漫主义史学理论之后,首先开始尝试、响应浪漫主义史学的实践者,是瑞士历史学家约翰尼斯·冯·缪勒(1752—1809)。缪勒是一个终生奔波以寻求英明君主的人,他影响最大的著作是1781年出版的《瑞士史》,书中表现出的民族情绪几乎影响了整个欧洲对瑞士的认识。此后又出版了《瑞士联邦史》《欧洲各国史》等著作。在他看来,每一个民族、每一个时代都是平等的,诸如瑞士这样的小邦也和法兰西一样伟大,也拥有自己辉煌灿烂的文化、民族以及精神,在世界历史上占有一席之地。他以"一种诗化的情感"来描写历史,设身处地深入历史对象的具体情境之中,理解其内在的精神,真正使历史著作更接近历史事实。缪勒极度反感法国大革命,认为面对这场使"整个欧洲显而易见正在走向毁灭"的大骚乱,"身处其中的我是很难以平和的心态来看待这一切",毫不掩饰地用了很多笔墨来描述对法国大革命的厌恶。缪勒感到法国大革命只是一片混乱、骚动,因而断然否定了法国大革命。

1790年,英国第一位浪漫主义历史学家埃德蒙·伯克(1727—1797)发表了《法国大革命》一书,以极大的激情和酣畅淋漓的文笔,全面批判法国大革命,成为欧洲保守派浪漫主义史学的早期代表人物,被保守派浪漫主义史学家称为"浪漫主义史学的精神之父"。伯克认为法国大革命是以启蒙思想家鼓吹的抽象理性为依据,并没有实实在在的现实生活基础,大革命已经演变为一场颠覆传统的暴力叛乱,而非追求议会、宪法民主的改革运动。每个国家都是民族性的,都有其独特的民族特征,因而决不能盲目地模仿法国来改变本国现存的法律制度和既有的社会秩序。

1797年,法国青年贵族夏多布里昂(1768—1848)发表了《论革命》一书,对法国大革命以及历史上一切革命及其带来的破坏性结果进行了批判,重申了革命的"不合法性"。进入19世纪以后,他又相继出版了《基督教真髓》和《殉道者》两本书,被称作"浪漫主义的圣经"。夏多布里昂将基督教及其统治下的中世纪社会描绘成一种令人神往的理想境界,在欧洲掀起了一股颂古非今的怀古思潮。随着拿破仑的垮台,这股怀古思潮迅速在欧洲各国蔓延,使保守的浪漫主义史学流派盛行一时。法国王朝复辟时期的贵族官方史学、德意志的耶拿学派、俄国的"正统学派"和斯拉夫学派等,都是这个时期保守派浪漫主义史学的突出代表。

保守派浪漫主义史学家反对理性主义史学思想,以"信仰至上"来否定18世纪的"理性至上"。他们对"民族精神"进行了神秘主义解释,将它说成是"天赐神授"的东西。他们美化中世纪的封建统治和社会等级秩序,将它描绘成一幅和谐的美妙画卷。他们企图复活神学史观,否认历史进步运动,以此来攻击和否定近代资产阶级革命及其政治制度。当然,各国保守派浪漫主义史学存在着很大的差异,需要加以具体的分析。

2. 激进派浪漫主义史学

广大小资产阶级和劳动群众在浪漫主义思想的影响下,表现了对资本主义制度不平等现象的不满,按照自己的思想塑造心目中的英雄,从而形成了激进派浪漫主义史学。

19世纪法国著名历史学家儒勒·米什莱(1798—1874),被学术界誉为"法国最早和最伟大的民族主义和浪漫主义历史学家"。他以文学风格的语言来撰写历史著作,令人读来兴趣盎然;他以历史学家的渊博来写作散文,情理交融,妙趣横生,洋溢着深沉的诗意的凝思。1845年他出版《人民》,歌颂底层的劳动者,表达了对祖国的热爱和对腐朽的绝对王权的极度憎恶。此派代表人物还有德意志的戚美尔曼、英国的卡莱尔等人。

激进派浪漫主义史学家力图站在劳动大众的立场上去研究历史。他们同情人民群众的艰难处境和反抗斗争,对资本主义社会的丑恶现象进行了不同程度的揭露。他们撰写的是以人民大众为主体的历史,虽然也存在着颂古非今的倾向,但歌颂的是中世纪的劳动群众,实际上就是理想化了的小生产者,着力表现人民大众的生活、情操及其反抗暴虐统治的斗争精神,并且按照小资产阶级的理想模式塑造了他们心目中的英雄形象,如圣女贞德、闵采尔、丹敦等人物,目的是为了证明人民群众对社会历史发展所作的贡献及其享受各种社会权利的历史依据。米什莱的《人民》、戚美尔曼的《伟大的德国农民战争》、卡莱尔的《英雄与英雄崇拜》等书,都是反映这种历史观点的非凡之作。

3. 自由派浪漫主义史学

自由派浪漫主义史学反映了资产阶级自由派的主体意识和观念,是浪漫主义史学的主流。随着欧洲资本主义的不断发展和欧洲政治格局的重新组合,人们对法国大革命和拿破仑战争在欧洲社会造成的影响也进行了日益理智的反思。资产阶级自由派的思想家和史学家们也越来越感到"理性主义"的思想方法已经不能适应自己的需要,而对浪漫主义思潮中所强调的"个性解放"等内容却感到很合拍,于是他们也就很自然地接受了浪漫主义,并由此而形成了自由派浪漫主义史学。自由派浪漫主义史学从19世纪20年代开始兴盛,并逐渐在西欧各国和美国的史学界占据主导地位。法国王朝复辟时期的梯叶里的《第三等级》和基佐的《1640年英国革命史》,英国辉格派史学家麦考莱的《英国史》,

德国"海德堡学派"的领袖 F. 施罗塞尔的《世界史》，美国班克罗夫特的 10 卷本《美国史》等，都是自由派的著名代表作。

自由派浪漫主义史学同样表现出"反理性主义"的倾向，但他们并没有抛弃社会进步的遗产和反封建的精神，而是否定了理性主义历史观的片面性及其形而上学的治史方法。他们重视对中世纪史的研究，把中世纪视为资产阶级和近代资本主义制度的萌芽时期，用以说明近代资产阶级革命的历史渊源，论证资产阶级革命的历史必然性和合理性。他们将启蒙史学中的历史进化理论和社会有机发展理论结合起来，明确地把资产阶级推行的一系列社会改革乃至革命运动都纳入这个进步过程之中，留下了数量可观的著作。自由派浪漫主义史学家同样重视对国别史和民族史的研究，推崇民族精神和民族文化，把历史上被征服者的"反抗精神"和被压迫者的"自由精神"说成是民族精神的精髓，把市民阶级看成是民族的主要代表和民族文化中最活跃的因素。他们注重历史编撰的艺术性，以优美的语言和晓畅的文风赢得读者的喜爱。

浪漫主义史学在不同时期和不同国家的发展状况不尽相同。保守派史学在神圣同盟统治欧洲的时期风行一时，但主要也是在德国和俄国等资产阶级比较软弱的国家占据支配地位；在西欧和美国，占据史坛主导地位的是自由派史学。在法国王朝复辟时期，保守派史学有政府做后台，但是在与自由派史学的论战中仍一败涂地。在英国，自由派的辉格史学最终战胜了保守派的托利史学，形成了辉格史学长期操控英国史坛的格局。在美国，浪漫主义史学一开始就是在资产阶级自由主义的基础上发展起来的。在德国和俄国，也分别有海德堡学派和自由改良派的存在，始终在与保守派进行抗衡。1830 年以后，在欧洲浪漫主义史学中发挥主要作用的就是自由派和激进派两家。总体而言，自由派浪漫主义史学在 19 世纪西方史学界具有举足轻重的历史地位。

（三）浪漫主义史学的影响

浪漫主义史学从 18 世纪后期开始取代了理性主义史学而占据主导地位，对西方史学产生了重要而深远的影响。

第一，浪漫主义史学是对理性主义史学的反动，促使西方史学发展进入一个新的阶段。浪漫主义史学自诞生起就以多样性、个体性抗击理性主义史学的单一性、普遍性，将西方史学从逐渐僵化的理性主义史学的束缚下解放出来，将人真正放到在历史研究的中心位置，从人性的角度来思考历史、研究历史，纠正了理性主义史学的理性神化倾向。浪漫主义史学对个体性的强调,也使历史学家对不同国家、民族或地区的文化,特别是对欧洲之外的文化的重视,形成了一种平等看待任何国家、民族、时代的新的世界历史观念。

第二,浪漫主义史学强调连续性,在时间和空间上拓宽了历史学家的视野。在浪漫主义思潮的影响下,历史学家将被遗忘的中世纪等历史时期都纳入了研究的范畴,使"还乡性"史学和"复古性"史学大行其道。浪漫主义史学家坚信,人类历史是一个有机发展的过程,其间有着不可割断的历史连续性,任何社会历史现象都不是突然出现和突然消失的,因而必须进行历史的、"遗传学"的分析,追溯它们的起源、具体考察它们在各个发展阶段上的特点、承认它们存在的根据和理由,而不是进行绝对的肯定或否定。世界历史具有多样性和复杂性,不能用一个普遍性的世界历史模式来取代各民族的具体历史,促进了历史发展的观念。

第三,浪漫主义史学强调移情式的理解,开启了理解历史的新阶段,推动了史学撰写方式的革新。浪漫主义史学重视非理性的直觉、想象和移情式领悟,偏重抒发个人的主观感受,创造了新的历史理解的方式与方法,推动了理解历史的进步与发展。浪漫主义史学家善于运用抒情的文学手法,对具体的历史过程和中世纪的田园风光进行情景描写,将浓烈的情感因素渗入历史撰述之中,激发了一般读者对历史的阅读兴趣,改变了以往历史著作仅供上流社会欣赏的状况,促进了史学普及,确立了历史写作的新范式。

第四,浪漫主义史学第一次把民族史的研究提高到首位,促进了文献整理和民族史、文化史的研究。浪漫主义史学对民族史研究的重视,使文献搜集、整理之风盛行,德国、英国、法国等普遍开始搜集和出版本国历史资料。为了唤醒民族精神,推动国家统一,德意志政治改革家斯坦因倡导编纂《德意志史料集成》,并筹集巨款,设立德意志历史学会,于1823年聘请佩尔茨(Georg Heinrich Pertz,1795—1876)任主编,持续了100年之久,于1925年完成,出版了德意志6世纪到15世纪1000年的文献史料120卷,影响巨大。从此西方史学家开始将史学思想与大量的文献资料相结合,对文献进行全新的解读,促进了考据学的发展。浪漫主义者把语言、文化当作民族精神的重要体现,使各国掀起了研究语言和文化的热潮,推动了语言的规范化和民族史、文化史的编写,为后世西方史学研究奠定了坚实的基础。

三、兰克学派：实证主义史学（德国）

19世纪以来，由于浪漫主义的想象力和移情作用，把神话、传说和民间故事当成真实的历史，使之成为虚构历史的借口和手段。而牛顿的力学三定律和万有引力定律、达尔文的进化论、爱因斯坦的相对论的发现，使自然科学取得了巨大成就，人文社会科学家也希望通过观察和实验的方法获得对人类社会的科学认识，于是实证主义史学便出现了，但实证主义史学还来源于孔德的实证主义哲学。

（一）实证主义的兴起

奥古斯特·孔德（Auguste Comte，1798—1857），法国实证主义哲学家、社会学家。曾为空想社会主义者圣西门的秘书和合作者，致力于人类社会进步和秩序的探求，倡导用自然科学的实证方法研究社会问题，成为"社会学"的创始人，著有《论实证精神》一书。

实证主义认为，只有现象和事实才是实证的东西，也是一切认识的根源，只有通过经验而不是通过理性才能把握和感觉材料，科学知识是实证的结果，要把科学从形而上学（理性）和神话中区分出来。孔德将人类认识区分为三个阶段，即神学阶段、形而上学阶段和实证阶段。在神学阶段，人们无法回答科学问题，只能直觉认识各种现象；在形而上学阶段，人们注重用推理来理解事物现象，而不重视观察和实证；实证阶段才是真正的理性科学阶段，人们通过真实的观察和科学的实证来了解事物及其关系。

孔德认为"实证"一词有五种意义：现实的而不是幻想的，有用的而不是无用的，可靠的而不是可疑的，确定的而不是含糊的，肯定的而不是否定的。[①] 实证是人类智慧的最高体现，它只研究客观存在，不再探求世界的起源这些虚无缥缈的东西。

实证主义在19世纪中叶风行一时，在英国、法国、瑞士等都有代表人物，极大地启发了历史学家仿照实证哲学的思路和方法，对人类历史进行实证解释。同时大量考古资料被发现，历史知识不断累积，为近代历史学的发展提供了良好的条件。史学家开始研究史料和史实，想从中得到新的成果。

---

① ［德］孔德著：《论实证精神》，黄建华译，商务印书馆1996年版，第7页。

(二)兰克学派的观点

兰克学派指以德国历史学家兰克为代表的史学派别,亦称历史研究的科学学派。由于该学派倡导秉笔直书,通过史料客观如实地再现历史,因而又被称为实证主义史学或客观主义史学,兰克也被称为西方近代史学之父。

利奥波德·冯·兰克(Leopolde von Ranke,1795—1886),生于普鲁士图林根的维厄,后入莱比锡大学研究古典作品,从而对历史产生浓厚的兴趣。1824年他出版了首部著作《拉丁民族和条顿民族史,1494—1514》之后,即进入柏林大学任教,在那里担任了近40年的教授,主持柏林大学的历史讲座达46年之久,获得"普鲁士钦定历史学家"的荣誉,在西方史学界享有很高的地位。兰克的史学著作颇丰,其全集有54卷之多,涉及欧洲各国,如《教皇史》《宗教改革时期的德意志史》《英

近代史学之父冯·兰克

国史》《法国史》等。他在当时的史学界声名显赫,被认为是以"科学态度"和"科学方法"研究历史的第一人。他还有较高的政治声望,1865年被封贵族,1882年成为枢密院顾问。当时许多西方国家的青年学生到德国去拜他为师,其中一些人学成归国后成了兰克学派的著名人物。从19世纪30年代到20世纪30年代,欧美各国纷纷仿效德国的研究模式,使兰克学派支配西方史学近一个世纪之久,而兰克本人则被尊为近代史学之父。[①]

英国史学家卡尔评价说:"19世纪是尊重事实的伟大时代……兰克那句并不怎么深刻的格言(据事直书)却得到惊人的成功。德国、英国甚至法国的三代历史家在走入战斗行列时,就是这样像念咒文似地高唱这个有魔力的短句。"[②]

兰克学派的主要观点有:

第一,历史学的任务是弄清事实,如实客观地据事直书。兰克研究历史的

[①] 梅义征:《被误解的思想——兰克是怎样成为"科学历史学之父"的》,《史学理论研究》1998年第1期,第58页。

[②] [英]卡尔著:《历史是什么》,吴柱存译,商务印书馆1981年版,第3页。

第二章 缤纷的历史话语:西方近现代史学流派

直接原因,是他发现历史小说和政治家对同一事件的描述有着巨大的差别,所以主张对历史要保持一种"客观态度"。历史就是"事件的历史""叙述的历史",史学家在研究历史时不要带有个人感情色彩,不要受本人政治或宗教观点的影响。兰克认为客观上存在着真实的历史,而历史学家的任务"只不过是要弄清历史事实发生的真相,按照历史的本来面目来写历史罢了"。在《拉丁民族和条顿民族史》的序言中,兰克写下了他的名言:"历史指定给本书的任务是:评判过去,教导现在,以利于将来。可是本书并不敢期望完成这样崇高的任务。它的目的只不过是说明事情的真实情况而已。"①这句话揭示了客观主义史学"据事直书"的宗旨,也反映了兰克的宗教观,即通过对事情真实性的追求来净化自己的人格,表明上帝存在的真实和对上帝的虔诚。

第二,明确提出史料运用的原则,强调使用"第一手史料"。"第一手史料"一是当事人的记录,二是档案资料。兰克指出,最好的证据来自最接近事件的人,当事人的记录比历史学家的记载更有价值,这就是原始资料与间接资料的区分。他在《宗教改革时期的德国史》的序言中说:"我看到这样的一个时期正在到来,那就是:我们在建立现代史时,不再依靠当代历史家的叙述(除了他们提供原始材料的地方),更不依靠第二手的作者,而依靠目击者的报告和原始档案。"②兰克重视档案馆的作用,认为"历史的真相在档案库里",档案资料才是历史研究的真正资料来源,这就是运用第一手史料。但兰克认为历史只不过是领袖或精英人物的活动,是由支配他们活动的思想动机和目的决定的,是他们思想、目的、意志的展现过程,因此他认为最珍贵的史料就是领袖或精英人物留下的书信、日记和与他们直接有关的档案材料和文字资料。他把主要的注意力集中于搜集和辨别此类史料,认为要弄清历史真相就要去搜集日记、书信、档案文件等"第一手史料",揭示历史的真相。

第三,提出用实证的"科学方法"去研究历史。兰克主张用实证的方法检验史料,去伪存真,重现历史,使历史学科摆脱哲学或神学的控制,并和文学艺术分道扬镳,成为一门严肃的学问,使历史学被抬入科学之列。兰克还提出"内证"与"外证"相结合的方法。"外证"是看史料的表现形式,如语言、体例等是

---

① [英]古奇著:《十九世纪历史学与历史学家》上册,耿淡如译,商务印书馆1989年版,第178页。
② 同上,第193页。

否合乎生成年代的规范,对不同著作、不同版本的内容进行校勘,来确定史料的真伪。"内证"是对不同人所著相同事件的内容进行比较,对撰述人的身世、性格、心理进行考察,确定史料的可信度。兰克的史料考证方法经过德国史家伯伦汉(Ernst Bernheim,1854—1937)的整理,于1889年出版了《史学方法论》一书,对欧洲史学产生巨大的影响。

第四,强调历史中的具体事件和特殊性质,否认历史共性和规律。兰克主张根据原始资料搞清具体的历史事件和伟大人物的活动,强调历史中的具体、个别时间和特殊的性质,否认抽象、普遍和一般性的结论,否认历史哲学的价值,反对做理论概括,认为人不可能认识历史的因果关系和社会发展规律。兰克是一个路德派信仰者,他认为上帝的神秘力量不是抽象的理论可以把握的,而只能通过直觉去体验。历史学家虽然可以了解历史的真相,但不能认识历史变化的深刻原因,因为这是上帝的工作。兰克曾这样说:"确实存在一种崇高的理想目标,即写出体现在历史事件中的人类的理性、统一性和多样性,这是史家应达到的目标。……我们所面对的作为人类事务一部分的个人的生活,一代人的生活,乃至一个民族的生活,无论能否解释,都时时可以看见一只高高在上的上帝之手。"①

意大利哲学家克罗齐(1866—1952)将兰克视为反对历史哲学的史家。他认为这群史家具有如下的共同特征:偏爱特殊事实,不愿涉足理论领域,推崇可以从细节方面充分地加以研究的民族史和其他专题史,强调历史学家的领域是事实的实在性而不是它的价值,对史实不偏不倚,等等,他把他们称为实证主义的历史学家。② 实证主义史学家及其代表作还有英国巴克尔(1821—1862)的《英国文明史》,法国泰纳(1828—1893)的《英国文学史》《现代法国的由来》,古朗治(1830—1889)的《古代法国制度史》《方法论》等。

兰克史学的局限在于:

第一,偏重政治史和叙述史,方法单一。兰克学派主张公正客观,按照历史的本来面目来写历史,这无疑是正确的。但"据事直书"的原则导致了兰克史学的特点是叙事、描述,而非分析和概括,看不到人的主观认识。史料考证方法较

---

① 徐浩、侯建新著:《当代西方史学流派》,中国人民大学出版社1996年,第30—31页。
② [意]克罗齐著:《历史学的理论与实际》,傅仁敢译,商务印书馆1986年版,第232页。

单一,研究范围狭窄。兰克学派信奉的是一种英雄史观,千方百计搜集政府文件和政治家的日记,使得历史编纂偏重于政治史、军事史、外交史等,而不是整体的历史,实际上否认了人民大众及其物质生产实践活动在历史发展中的地位和作用,也否认了历史发展的共性和规律。

第二,宣扬宗教神学和民族主义。兰克宣扬坚持"不偏不倚"的客观立场,排除个人宗教、政治观点的影响,实际上兰克史学中带有强烈的神秘色彩,他认为整个历史都是上帝"神意"的体现,具体的和个别的历史现象同样是上帝的作品。研究个别历史事实的目的,就是在有限的历史中,去体认无限的、全知全能的上帝。上帝创造一切,而且表现于每一个个体之中。整个一部人类发展史,都体现着上帝创造的奇功。历史学家的任务,只有通过对具体和个别的历史现象的研究,去感知上帝的神谕。[①] 这是他唯心史观的体现。当时正是俾斯麦统一德国时期,兰克崇尚国家和政治权力,支持普鲁士王室统一德国,反对革命,备受普鲁士政府的赞誉。1841 年兰克被任命为普鲁士国家史官。1865 年他 70 寿辰之日被封为贵族,赐予在名之前加贵族尊称"冯"(Von)。1882 年任枢密院顾问。美国史学家 J. W. 汤普森认为他是普鲁士王国的忠实奴仆,教会和国家的辩护士。

1891 年,德国历史学家卡尔·兰普勒希特(Karl Lamprecht,1856—1915)来到莱比锡大学任教,并出版了《德意志史》第一卷,倡导"新型文化史学",与传统的兰克学派展开激烈的争论。兰普勒希特反对兰克学派拘泥于政治史的模式,提倡文化史观念,主张把政治与经济、社会、文化结合起来,尤其强调经济因素对历史发展的作用;他批评兰克学派礼赞个人、称颂显贵的英雄史观,提出研究集体史的任务,他的《德意志史》就是德意志民族集体精神的演变史;他反对简单的辨析史料的方法,要求把叙述、编年的方法与归纳、概括相结合。这场争论持续了近半个世纪,反映了变革传统史学的愿望。

到 19 世纪末 20 世纪初,兰克史学遭到许多史学家的质疑,成为新史学的对立面。在 20 世纪 50—60 年代,取而代之者是异彩纷呈的新史学流派。

(三)兰克史学的影响

兰克学派的兴起有着极大的积极意义,兰克和他的弟子们揭示了欧洲历史

---

① 启良著:《史学与神学——西方历史哲学引论》,湖南出版社 1992 年版,第 208—209 页。

上一些重要人物或重大事件的真相,写出了不少享誉史坛的历史著作,形成了一股强大的史学潮流,不但在欧洲广为流传,而且在美国更以科学派大师的形象出现。在中国,傅斯年"史料即史学"就是兰克思想的再现。兰克学派的影响延续了一个世纪,使19世纪成为了历史学的世纪。

第一,对历史学的影响。兰克本人并未刻意形成某种学派,但他教学研究上的巨大成就,使他身后形成了独立的学派。兰克在柏林大学执教40余年,培养了大量的史学人才,其中最感满意的三大弟子是魏茨(Waitz,1813—1889)、吉泽布雷斯特(Giesebrecht,1814—1889)和聚贝尔(又译济贝尔,Sybel,1817—1895)。魏茨协助佩尔兹编撰《德意志史料集成》40余年,仿照兰克在哥廷根大学(又译哥丁根大学)创办研讨班25年,传播兰克观点。吉泽布雷斯特集数十年之功撰写《德意志皇朝时代史》,充满民族自豪感。聚贝尔采用兰克史料分析的方法,撰写了《第一次十字军史》(1841)和《德意志王权的产生》(1844),成为兰克学派最杰出的作品之一。不久,对政治的兴趣使聚贝尔脱离了兰克学派,成为普鲁士学派的代表人物,要求在普鲁士领导下统一德意志,主张历史为政治服务,历史学家可根据政治的需要解释历史。

兰克将实证的科学方法引入历史学,目的在于将历史学从哲学中分离出来,摆脱哲学对历史学的利用,从而使历史学成为一门独立的学科。他说,历史就是历史而不是哲学,历史学应当重视历史事实的研究而不是对思辨理论的构造。兰克反对黑格尔重思辨轻史实的历史哲学,主张采用史料考证的方法,从事实出发,以事实为依据,探求历史真相,研究历史问题,形成了不尚空谈的扎实学风,这就是科学的精神。当代美国著名德裔历史学家格奥尔格·伊格尔斯(1926—2017)指出:"兰克历史学的目的既不是收集历史事实,也不是形成普遍规律,而是认识观念。"①

第二,对世界各国的影响。1825年,兰克仿照莱比锡大学语言研究班的模式,在柏林大学创办历史研究班,主持历史讲座46年,培养出许多的历史学者,遍布世界各地。兰克的许多学生,将兰克史学的观点传播海内外;同时各国学者纷纷到德国学习兰克史学,对世界各地的历史研究起到巨大的推动作用。1886年英国创办了《历史评论》(Historical Review)杂志,在创刊号刊载了由艾

---

① [美]格奥尔格·伊格尔斯:《兰克在美国和德国史学思想中的形象》,《历史与理论》1962年第1期,第31页。

克顿爵士（Lord Acton）所写的兰克历史学派的专文。法国史学家孟德（G. Mond）来德国学习后，于1876年创办《历史评论》（Revehistorique）。法国的米歇莱（J. Micheled）、英国的斯塔布（W. Stubbs）都用兰克学派的方法来写本国的中世纪史。俄国的罗斯托维季耶夫（M. I. Rostovtzeff）也到德国学习，成为古代史专家。美国赫伯特·巴克斯特·亚当斯（H. B. Adams）于1884年创建美国历史协会，第二年创办美国《历史评论》，引进德国史学思想，聘请兰克为第一位名誉会员，并授予其"历史科学之父"（the father of historical science）的头衔。

由于科学概念本身就代表着客观性，那种"消灭自我"的客观性成为人们衡量知识和学科的价值标准，兰克不带感情的思想和实证方法传播到国外，被泛称为客观主义史学。但摒弃主观认识的客观主义史学在世纪之交也受到来自各方面的批评，德国兰普勒希特倡导的"新型文化史学"、法国年鉴学派的先驱亨利·贝尔提出的"综合历史学"和美国鲁滨逊的"新史学"，都对兰克的传统史学加以批判，留下的仅是史料考证的原则和追求真理的精神。

中国近代史学的发展亦受到兰克史学的影响，然而在转介上却来自日本。1887年德国学者里斯（或译作李司 Ludwing Reiss，1861—1928）来到日本东京帝国大学担任史学科教授，这位兰克的再传弟子开启了日本近代史学专业化的序曲。此外，留学德国的坪井九马三（1858—1936）对于兰克史学方法的提倡，也加深了日本近代史学对于旧史的改造。

第三，对德国历史主义的影响。历史主义并不像浪漫主义和实证主义或客观主义那样形成了史学流派，它只是一股潜流，暗藏在许多史学家的思想中。

史学领域的历史主义认为每一种历史现象都离不开特定的时空和历史环境，必须把它放在所处的时代背景下去理解，不能依据现在的评价标准解释历史时期的历史现象。历史学唯一的目的是真实地再现和理解过去，为了过去而研究过去，而不去研究历史的一般模式和普遍规律。

历史主义的史学观点最早可以追溯到意大利哲学家维柯，但"历史主义"（德文为Historismus，英文为Historicism）的最早提出，是1797年德国语言学家弗里德里希·施莱格尔。赫尔德认为要探求每一个民族的内在特质和历史文化的特性，"必须从各个阶段自身出发来加以理解，不能非历史主义的，不用自己时代的标准来评价各个历史时期",①这正是历史主义史学观点的写照。

1821年,德国历史主义史学的奠基人洪堡(Humboldt,1767—1835)在《论历史学家的任务》一文中,提出历史主义的史学方法论原则,即以移情的理解同史料的客观研究结合起来,以求得历史学家的主体和作为历史研究的客体的结合和共鸣。②而兰克实际上成为历史主义史学思想的第一个实践者,给当时德国的历史主义哲学以重大影响。

兰克著有德、奥、法、英等国历史,但每国只写主要事件,类似纪事本末体。他认为每个国家都有个性,代表一种个别的精神,而无共同的历史可言。其后德国著名史学家如特洛奇(E. Troeltsch)、迈纳克(F. Meinecke)等,在方法论上都强调历史是不可重复的,历史事物具有单一性和相对性,不能像自然科学那样用普遍规律或模式进行推理研究,这就形成了德国历史主义学派。19世纪末20世纪初,德国历史主义传播到各地,对各国产生了重大的影响。

由于历史主义史学过分强调事物的个性,强调历史事件的特定时空和具体环境,重视对单个事件的研究,看不到事件之间的整体性、联系性和对未来的影响,不去研究一般模式和存在于过去的普遍规律,认为历史学的唯一目的是真实地再现和理解过去,这就造成史学家"为了历史而研究历史",养成埋头史料、皓首穷经的做法,使历史主义自身的发展陷于困境。这种困境在20世纪30年代形成了英国历史学会主席巴勒克拉夫所说的"历史主义的危机",成为后来学者批判的对象。③

四、年鉴学派:整体历史(法国)

19世纪末20世纪初,历史研究中兰克学派一统天下的局面开始被打破,历史学又开始新的变革。在两次世界大战之间,首先出现的是法国的年鉴学派,此后又出现了文化形态学派、美国的新史学派、分析的历史哲学、西方马克思主义学派,以及许多新领域和新方法,使西方史学呈现出缤纷的色彩以及向纵深发展的趋势。

---

① [德]卡岑巴赫著:《赫尔德传》,商务印书馆1993年版,第181页。
② 《西方历史学家的移情观及其问题》,《学术界》1999年第1期,第29页。
③ [英]巴勒克拉夫著:《当代史学主要趋势》,杨豫译,上海译文出版社1987年版,第15页。

(一)年鉴学派的历史渊源

现代西方史学的变革,是以法国年鉴学派的出现为标志的。所谓年鉴学派,代表人物是法国自1929年以来主持、编纂《年鉴》杂志的几代历史学家。这些历史学家反对以兰克为代表的旧史学传统,主张把新的观念和新的方法引入历史研究领域。他们的理论不仅震撼了法国史学界,而且深刻影响了整个现代西方史学的发展。

年鉴学派在法国有着悠久的历史渊源,最早可以追溯到18世纪的伏尔泰。伏尔泰主张历史不应当是君主和伟人的历史,而应当是所有人的历史,他的《路易十四时代》是近代西方第一部文化史著作。19世纪上半期的历史学家基佐(1787—1874)对年鉴学派也产生了一定的影响。他认为历史研究的对象应当是人类过去的文明,文明包括政治、经济、文化乃至社会生活的各个方面。19世纪中期的法国史学家米什列在《法兰西史》序言中指出,传统的由杰出人物组成的历史有两大主题:第一,在物质方面,它只看到人的出身和地位,看不到地理、气候、食物、人的影响;第二,在精神方面,它只谈君主和政治行为,而忽视了观念、习俗以及民族灵魂的内在作用。

为了打破实证史学的局限,提倡新的史学范式,1903年,法国学者西米昂在《历史综合杂志》上发表《历史方法与社会科学》一文,指出传统史学有三大偶像,历史学要发展,就必须打破这三个偶像。一是政治偶像,把政治事件的研究置于至高无上的地位,夸大战争等因素的重要性;二是个人偶像,强调研究杰出人物的事迹和活动,而不把历史人物同当时的制度和社会现象联系起来;三是编年纪事偶像,喜欢按时间顺序叙述历史事件,而不对典型事件进行分析。西米昂这一反传统史学的呼声,在当时法国学术界引起了不小的震动。

对年鉴学派影响最大的人物还是法国历史学家亨利·贝尔(Marie-Henri Beyle,1871—1954)。贝尔于1900年创办了《历史综合评论》杂志,提出了"历史综合论"观点,主张拓宽历史研究的领域,不仅要注意政治史、军事史,也要注意社会其他方面的历史。他打破了过分专门化所造成的历史研究的狭隘性,主动同其他学科的专家合作,运用历史学、历史哲学、社会学、心理学等多学科的方法解释历史。他坚持史学研究必须依靠理论的指导,认为理论指导是历史学获得科学性的前提。亨利·贝尔的史学观点后来得到年鉴学派的高度评价,有人甚至把贝尔看成年鉴学派的真正奠基人。《历史综合评论》还直接培养了年鉴学派的历史学家,年鉴学派的第一代人物吕西安·费弗尔和马克·布洛赫于1907年、1912年先后参加了《历史综合评论》的编辑工作。

1929年,费弗尔和布洛赫退出了《历史综合评论》编辑部,联合创办《经济与社会史年鉴》,从此开创了一个与传统史学截然不同的新流派——年鉴学派。年鉴学派的发展大致经历了三个阶段,第一阶段从1929至1945年,第二阶段从1945至1968年,第三阶段从1968年至今。

(二)年鉴学派创建初期及其观点

1. 年鉴学派的第一阶段(1929—1945)

年鉴学派是吕西安·费弗尔和马克·布洛赫于1929年创办《经济与社会史年鉴》(简称《年鉴》)而创立的。在创立初期,人数不多,却使世界历史学从此改变了方向。

(1)费弗尔　吕西安·费弗尔(Lucian Febvre,1878—1956),生于法国洛林地区南锡市一个知识分子家庭,1902年毕业于巴黎高等师范学校,1911年获巴黎大学博士学位,同年成为斯特拉斯堡大学的教授。一战期间,他投笔从戎。1919年战争刚刚结束,他又回到新建的斯特拉斯堡大学,与也来这里的布洛赫结为好友,并结识了一批人类学家、社会学家、地理学家、心理学家、经济学家、语言学家,斯特拉斯堡大学因而有"年鉴学派摇篮"之称。斯特拉斯堡大学位于法国东北部边陲,属于刚从德国收回的阿尔萨斯—洛林地区。这里属于法德文化交流区,远离被实证

年鉴派创始人吕西安·费弗尔

主义史学权威把持的巴黎和柏林,所以学术气氛较为宽松。1929年,他们创办《年鉴》杂志,开始了共同事业。费弗尔主要著作有《腓力二世与孔德省:政治、宗教和社会史研究》《地理历史学导论》《马丁·路德:一种命运》《16世纪的不信神问题:拉伯雷的宗教》。1953年他还出版了一本论文集《为历史而战斗》,汇集了他1929年后在年鉴杂志上发表的大量关于史学理论的文章,全面系统地表达了年鉴学派整体史研究的观点。

（2）布洛赫 马克·布洛赫（Marc Bloch,1886—1944），出生于法国里昂的一个犹太人家庭，其父亲为有名的古希腊罗马历史学家。1908年布洛赫毕业于巴黎高等师范学校，曾在中学执教。一战时期应征入伍，获得多枚战斗勋章，军阶上尉。一战后他也来到斯特拉斯堡大学讲授中世纪史。1920年他在巴黎大学获博士学位，同年晋升为斯特拉斯堡大学教授。1936年被聘任为巴黎大学经济史教授。布洛赫的主要历史著作有《创造奇迹的国王们》《欧洲社会历史的比较研究》《法国农村史的独特性质》《封建社会》。布

年鉴派创始人马克·布洛赫

洛赫还有一部历史理论方面的著作《为历史学辩护：历史学家的职责》。布洛赫的学术成就大于费弗尔，因为费弗尔将更多的精力放在了学术组织上。

（3）《经济与社会史年鉴》 1929年，费弗尔和布洛赫联合创办《经济与社会史年鉴》杂志，在"发刊词"中，他们提出的创刊方针是：一、打破学科之间的壁垒，进行跨学科和多学科的研究；二、方法上不尚空谈，透过实例和具体研究求取理论共性；三、立意创新，拥有自身固有的精神与个性。他们以杂志为阵地，集结力量，网罗人才，向传统的兰克史学挑战，朝着整体史研究的新方向迈进。

这时，年鉴派的主导观念是将历史分为三个层面，首先是经济人口因素，强调人类生存的物质基础；其次是社会结构和态势，研究社会的各个方面；最后是精神文化和宗教政治层面。三个层面的重要性依次递减，前一个层面为后一个层面奠定基础。费弗尔和布洛赫的研究也有所侧重。费弗尔常通过杰出人物考察社会文化和心态，布洛赫更重视经济的影响和作用。

1936年，布洛赫被聘任为巴黎大学经济史教授，《年鉴》杂志也迁到巴黎出版。但这时，年鉴学派并没有产生多大的影响。年鉴学派成为法国学术的主流，是在第二次世界大战以后。年鉴学派第一代学者除费弗尔和布洛赫外，还有一些知名人物，如西米昂、拉布鲁斯、比尔德等，前两人主攻经济史，后者以经济解释政治，别开生面。

2. 初期年鉴派的主要观点

年鉴学派第一代学者是在批判兰克实证主义史学及其在法国的传播者的

基础上，建立自己的史学范式，提出与传统史学不同的观点。

第一，强调人在历史研究的认识主体作用，反对客观的叙述史，主张解释历史，提倡"问题史学"。认为历史是人的历史，强调人的认识主体作用，反对兰克史学中被动接受历史事实的倾向。布洛赫在《为历史学辩护》中题赠给费弗尔的"献词"中说："长期以来，我们曾共同致力于扩宽历史学的领域，为了使历史学更富有人性而并肩战斗。"费弗尔在《为历史而战斗》中也指出："历史是关于人的科学，而不是关于物或思想的科学，所以在历史这门学科里，我们需要了解的是：'什么属于人，什么依赖人，什么为人服务，什么表示人，什么证明他的存在、活动、爱好和存在方式。'"① 所以在研究历史时，要把人与其生活的环境和时空中的关系联系起来进行解释，才能得到正确的结论。他们反对客观白描的叙述史，认为这样看不到历史发生的原因和相互作用。主张要发挥人的认识作用，努力去解释历史，才能使历史焕发活力。费弗尔在《地理历史学引论》中说："历史只有从叙述的变为解释的，它才能成为一种科学。"

为了解释历史，他们提出了问题史学，强调提问的重要性。布洛赫说："历史学研究若要顺利开展，第一个必要前提就是提出问题。"② 史料就像见证人一样，只有人们向它提问，它才会开口说话。所以，历史学家最重要的工作就是提出问题，历史著作的语言表达也应由描述转向解释和分析。费弗尔也说："提出一个问题，确切地说是所有史学研究的开端和终结。没有问题，便没有史学。"③ 问题史学以"提问—分析—回答"为程序，这与任何科学研究都要遵循的"提出问题—形成假设—回答问题—证实或推翻假设—再提出新问题"的程序，在本质上是一致的。这与白描的叙述史显然不同。叙述史缺乏解释，不需要经过提问、假设、分析的过程，所以他们认为兰克学派不是科学的历史学。当然，年鉴学派完全排除叙述史，也引起后来学者的批评。

第二，反对突出政治事件和精英人物的传统观念，提倡整体历史观，强调历史与现实的联系。反对个人偶像和政治偶像，主张把研究的触角伸入到人类历

---

① 张广智主编：《西方史学史》，复旦大学出版社2006年版，第295页。
② ［英］杰弗里·巴勒克拉夫著：《当代史学主要趋势》，杨豫译，上海译文出版社1987年版，第56页。
③ ［法］费弗尔著：《为历史而战斗》，姚蒙著《法国当代史学主流——从年鉴派到新史学》，香港三联书店1988年版，第47—48页。

史的每一个细节,把社会历史作为一个整体来研究。费弗尔说,新的历史学是"全体部分构成的历史",而不是"个别事件构成的历史"。①布洛赫指出:"唯有总体的历史,才是真历史。"②整体史(或总体史)应该包括人类社会的各个层次,除政治、军事之外,还有经济、社会、文化、宗教和人类生活等方面。历史研究不仅是对组成历史的各个方面进行分别的考察,更重要的是将它们联系起来综合研究,从而扩展了历史学家的视野。他们提倡打通史学与社会科学,使史学社会科学化,社会科学史学化。同时重视历史与现实的联系,强调历史学家要有不断进取的精神。费弗尔说,新的历史学是"通过今天生活在人类现实中的人们并且为了他们而重现过去人类的社会和状态"。③总体史观、问题史学和跨学科研究是年鉴学派研究的三个主要内容。实际上,初期的年鉴派更为关注对经济、社会以及作为群体的人的研究,忽视了政治领域,有矫枉过正之嫌。

第三,扩大史料的来源,强调研究方法的革新,提出跨学科的研究方法。与兰克学派只重视精英人物的史料不同,年鉴学派相信普通大众比领袖或精英人物在历史进程中所起着的作用更大,所以他们特别注重搜集整理反映普通大众生活状况的史料,诸如有关居民婚丧嫁娶生老病死的教区纪录、法庭档案、土地登记册、征兵征税资料、契约、租约、遗嘱、财产清单、帐簿、食谱、墓葬、宗教和世俗生活图像,教堂和民居的建构、设置和装饰,私人藏书目录、有关物价、工资和进出口贸易的资料等。传统史学家不屑一顾的东西,他们认为是最珍贵的史料资源宝藏。在研究方法上,也不限于史实的考证,而强调广泛应用社会学方法、心理学方法、计量方法和比较方法,提出跨学科的研究方法。费弗尔指出:"所有的发现不是产生于学科的内部,而是产生于学科的边缘、前沿、交界线,在这些地方各个学科相互渗透。"④当然,跨学科的研究对历史学来说,应以自己为基础和中心,力求统一社会科学中的各学科,这是年鉴派的勃勃雄心的表露。

年鉴派第三代人物勒高夫所说:"年鉴派之所以能根本改变历史学,靠的是三个基本思想的结合:第一,对历史学家、历史文献和历史事实之间关系的批

---

① [英]巴勒克拉夫著:《当代史学主要趋势》,上海译文出版社1987年版,第55页。
② [法]布洛赫著:《为历史学辩护》,张和声译,上海社会科学出版社1992年版,第39页。
③ [英]巴勒克拉夫著:《当代史学主要趋势》,上海译文出版社1987年版,第55页。
④ 姚蒙著:《法国当代史学主流——从年鉴派到新史学》,香港三联书店1988年版,第50—51页。

判;第二,建立总体史的意图,这种总体史应包括人类社会活动的一切方面;第三,史学与社会科学的跨学科研究实践。"年鉴派从观念、内容、方法上对史学进行了变革,它的研究范式的革新,为新史学指明了前进的方向。1933年,费弗尔获得法兰西学院教授的席位。1936年,布洛赫出任巴黎大学经济史教授。同年《年鉴》杂志也迁到巴黎出版。年鉴派新史学的潮流已经从法国边缘地带向首都集中,使年鉴派的影响逐步扩大。但这时英国《历史评论》、美国《历史评论》、法国《历史评论》等权威刊物还都在抵制年鉴学派研究的新范式。

(三)年鉴学派的鼎盛时期

1. 年鉴学派的第二阶段(1945—1968)

二战的爆发中断了年鉴派的发展,在德国占领下,法国蒙受了重大损失,1944年,第二次从军的年鉴派第一代领导人布洛赫惨遭杀害。二战结束后,法国大地重现生机,年鉴派也迎来第二阶段的辉煌时期。

年鉴派进入第二阶段的标志,是《年鉴》杂志从原来的《经济与社会史年鉴》更名为《经济、社会与文明年鉴》。增加文明一词,不仅拓宽了史学研究的领域,而且体现了把物质文明和精神文明联系起来进行整体研究的精神。《年鉴》改名后,内容更加丰富,作者队伍更加庞大,并越出了国界,走向世界。1968年起《年鉴》杂志每期达到1300—1700页,开始改变世界历史的研究范式。

1947年,费弗尔提请法国政府创建了同巴黎大学相抗衡的"高等研究试验学院"第六部(经济和社会科学部),费弗尔任主任(后由布罗代尔接任),表现了他对历史学科潜力和综合其他学科能力的信心。在费弗尔和布罗代尔领导下,第六部汇集了许多有名的历史学家、社会学家、人类学家、经济学家。他们通力合作,进行跨学科整体史的研究,取得了丰硕的成果。1975年,"高等研究试验学院"第六部成为一个独立实体,即"社会科学高等研究院",标志着年鉴学派以史学为中心的跨学科体系已经确立。年鉴学派把史学新范式渗透到高等学校、学术团体、出版机构、报纸电台等各个领域,产生了广泛而深刻的影响。

2. 布罗代尔及其代表作

费尔南德·布罗代尔(Fernand Braudel,1902—1985),年鉴学派第二代的领袖,战后法国史学巨擘。生于法国东部的农村,20岁大学毕业后被派往阿尔及利亚一所中学教书10年,1935年到巴西圣保罗大学任教,南美的经历扩大了他的视野。1937年归国途中与费弗尔不期而遇,结下友谊。二战爆发后他投笔从戎,不幸被俘。他在德军战俘营囚禁5年之久,开始撰写《地中海与菲利普二世时期的地中海世界》的初稿。这篇长达1300页的博士论文于1947年通过答辩,两年后出版,成为举世名著。① 1946年他进入《年鉴》编辑部。1949年接替吕西安·费弗尔,在法兰西公学主持"近代文明史"讲座,直到1972年为止。1956年费弗尔去世,他接任第六部主任和《年鉴》杂志主编。1963年,在法国政府支持与美国福特基金会资助下,他建立了人类科学院,作为协调社会科学国内与国际学术合作的研究机构,并任该院行政负责人,直到逝世。1975年,又创立"社会科学高等研究院",成为以新史学为中心的跨学科研究基地。1984年当选为法国学士院院士。

布罗代尔生前,有20多所大学授予他名誉博士学位,10多个国家的科学院选聘他为通讯院士。他继承了前辈的创新精神并发扬光大,成为年鉴派第二代众望所归的旗手,并使年鉴派成为法国史学的主流。

布罗代尔最著名的代表性是《地中海与菲利普二世时期的地中海世界》(简称《地中海》),该书的出版在年鉴学派的发展史上具有划时代的意义。全书由三部分组成:第一部分描写地中海地区10个国家的地理环境,包括山脉、平原、海岸、岛屿、气候、城市、交通等,力图说明地理与历史、空间与时间的辩证关系;第二部分主要研究16世纪地中海地区

法国史学巨擘费尔南德·布罗代尔

的社会和经济状况,包括人口、劳动力、货币流通、物价、商业、财政、交通、人民生活、宗教等;第三部分涉及16世纪地中海地区的政治、军事史,主要描述土耳其和西班牙两大帝国争霸的过程。布罗代尔的地中海具有与传统史学不同的特点,这就是他力图把16世纪西班牙国王菲利普二世在位时期(1551—1598)的地中海世界作为一个密切相联的整体加以考察,而社会、文化和经济则随着漫长的历史缓缓流动,传统的政治事件和军事冲突似乎对局部历史并不发生根

---

① 《地中海与菲利普二世时期的地中海世界》的中译本于1996年由商务印书馆出版。

本的影响。布罗代尔的这种写作方式,深刻反映了他的历史观,这就是长时段的理论。费弗尔评价说:"最陈旧的和最可敬的传统被摧毁了,编年的次序被动态和探根溯源的过程所取代。这是历史理解中的革命,是我们过去实践中的转折,是最最重要的'突变'……我相信,这是新时代的著作。"①

1958年,布罗代尔在《年鉴》上发表了一篇重要论文,题为《历史与社会科学:长时段》,全面阐述了他的长时段的历史观点。②

布罗代尔晚年主要有两部著作,第一部是《15—18世纪的物质文明、经济和资本主义》,共三卷。③第一卷《日常生活的结构》即第一层次,属于长时段的人们的日常生活,主要讨论15—18世纪人类的物质文明;第二卷《交易的规则》即第二层次,主要讨论市场经济,包括生产、交换、经济组织等;第三卷《世界的时间》即第三层次,主要讨论资本主义的产生和资本主义的经济制度,按地区和年代顺序,从意大利的威尼斯开始,直到英国工业革命结束。全书贯穿着布罗代尔长时段的思想,成为"本世纪最宏大的历史书籍"。

布罗代尔晚年的另一部巨著是《法国史》,原计划写三卷,是体大精深的法兰西民族史,但到他去世时只完成了第一卷《法国的特性》(2005年出版)。第一卷又分两部分,第一部分叫《空间与历史》,第二部分叫《人与物》。在这部著作中,布罗代尔认为法国的民族特性只能从长时段的深层历史中去寻找,像农业、村落、人口、种族、语言、习俗等长时段现象在新石器时代就存在了,因此,他非常重视法国新石器时代的历史。他认为法国人不应当对法国的历史命运负责,法国在二战中的迅速失败和二战以后的迅速繁荣,都不是人的行为所能决定的,而是法国长时段的深层结构和中时段局势演变的结果,首先是历史创造了人,然后人才能创造历史,历史是不以人的意志为转移的。根据布罗代尔遗愿,其余两部手稿《法兰西的诞生》和《法兰西的命运》不再发表。

年鉴学派第二代学者除布罗代尔外,还有一些知名人物,如厄内斯特·拉布鲁斯主要研究经济史,著有《18世纪法国物价与收入的变动》等;拉布鲁斯利

---

① 姜芃主编:《西方史学的理论和流派》,中国社会科学出版社2007年版,第127页。
② [法]布罗代尔著:《论历史》,刘北成、周立红译,北京大学出版社2008年版,第27页。
③ 第一卷1967年出版,后修改与第二、第三卷同时于1979年出版。中文本由顾良、施康强翻译,三联书店1992年出版。

用计量方法,对18世纪末法国物价进行统计分析,揭示物价变动对法国革命的影响;罗伯尔·芒德录和米歇尔·弗费尔主要研究精神状态史,雅克·儒尔塔、迪·施纳佩、让·埃克则把口碑史学引入了法国,路易·昂利和比埃尔·古贝尔主要研究人口史,都取得了一定成果。他们继承了第一代学者的共性特征,如总体史学、跨学科综合研究、重视理论建设与指导等。

年鉴学派第二代学者比第一代学者具有更多的开放性,他们广泛接纳不同流派的学者参加工作,允许在年鉴杂志上发表不同观点,甚至是反对年鉴学派的文章。在长时段理论的指导下,他们把研究重点放到历史的深层结构上,并注意对人民群众物质生活的考察。同时,使用史料的范围不断扩大,广泛应用口碑资料和私人档案,使计量经济史和历史人口学得到了迅速发展。第二代学者在提高史学的社会地位方面也取得了巨大成功。他们加强对历史著作的宣传,注意研究成果的信息反馈,不断调整研究的目的和方向,注重研究者和使用者的挂钩。由于他们的努力,法国历史学一直处于兴旺的状态,并走在了整个西方的前列。

3. 布罗代尔的时段理论和研究范式

(1)历史时段理论

布罗代尔认为,历史学不同于其他社会科学,主要体现在时间概念上。历史时间就像电波一样,有短波、中波和长波之分,分别称为短时段、中时段和长时段,这三种历史时段分别表示事件、情势、结构三个不同层次的历史运动。布罗代尔在其名著《地中海》中,就提出了历史时段理论。他在这部书的序言中说:"本书分为三个部分,每个部分自成一篇总体说明的论文。第一部分论述人与其周围环境关系的历史,一部近乎静止不变的历史,流逝与变化滞缓的历史……一部几乎超越时间的、与无生命事物接触的历史。""在相继研究经济、国家、社会、文化之后,我试图最后说明这一切深层的力量如何对这个复杂领域发生作用。""最后还有第三部分,即传统历史部分,或可称之为个体、事件史……一种表层上的激荡,即潮汐在其强烈运动中掀起的波浪,一部起伏短暂、迅速、激动的历史。""这样我们便把历史分解为几个层次,或者说,把历史时间区分为一个地理时间,一个社会时间,一个个体时间。"[①] 1958年,他在《历史学与社会

---

① [法]布罗代尔著:《地中海与菲利普二世时期的地中海世界》,唐家龙、曾培耿译,商务印书馆1996年版,第13—14页。

科学:长时段》一文中,对此作了全面阐述。

短时段是指"事件"(event)的历史,表示转瞬即逝,一掠而过的历史现象。短时段是历史中一些突发事件,如革命、战争、条约、地震等瞬间的变故,这些事件如大海表层的浪花,闪光的尘埃,在整个历史中只能起到微小的作用,其历史运动的节奏是短促的、快速的,对认识历史的深层含义无济于事。短时段也可称作事件时间或政治时间、个人时间。

中时段是指"情势"(conjuncture,也译成"局势")的历史,表示节奏起伏、周期性变化的历史现象。中时段要用十年、二十年、五十年甚至更长的时间来衡量,如人口消长、物价升降、生产增减、利率变动、工资增减等。这是一种较为开阔的时间度量,是一种情势、周期、循环过程的叙述方式。中时段的历史波动跨越短时段(事件),构成了短时段中事件发生发展的基础。中时段也可称作社会时间。

长时段是指"结构"(Structure)的历史,表示变化缓慢、时间跨度较大的历史现象,是各种结构和结构群的稳定和很少变动的历史,这种变化往往要用半个世纪、一百年、二百年甚至更长的时间来衡量。这种结构是一种长期的网络结构,能干扰时间的延续,同时起到支撑或阻碍的作用。这些结构有地理、气候、生态环境、社会组织、思想传统等,这种长时段的结构虽然长期不变或很少变动,但对历史的发展却起着决定性的作用,从中能够观察到人类历史演进的深刻原因。长时段也称作自然时间。

	短时段	中时段	长时段
时间	个体时间:1年或几年	社会时间:10年以上	地理时间:半个世纪以上
历史	事件:转瞬即逝,一掠而过的历史现象	情势:节奏起伏、周期性变化的历史现象	结构:结构和结构群的稳定,很少变动的历史
内涵	火灾、洪水、地震、革命、战争、条约等	人口消长、物价升降、生产增减、利率变动、工资增减等	地理、气候、生态环境、社会组织、思想传统等
表现	政治史、军事史、外交史、人物传记等	经济史、社会史、国家史、文化史等	自然环境、地理环境、社会心态、风俗习惯等

布罗代尔认为短时段现象只构成历史的表面层次,它转瞬即逝,对整个历史进程影响不大。中时段现象对历史进程起着直接和重要的作用。只有长时段现象才构成历史的深层结构,构成整个历史发展的基础,对历史进程起着决

定性和根本的作用。因此,历史学家要转移研究方向,改变研究方法,注重历史的长时段和中时段的历史现象,分析历史的深层运动,才能从根本上把握历史的总体。这一观点成为布罗代尔全部历史理论的出发点。

(2)"结构—功能"的研究范式

布罗代尔认为,不同史学研究应对不同的历史时段,传统史学热衷于事件和个人,必然对短时段历史感兴趣,新史学转向社会史和经济史,必然会对中时段感兴趣,当然也包括长时段。将历史分为不同的层次和相应的时间节奏,有利于人们分层研究历史的结构和功能,认识历史的深层运动,更好地建立总体史。实际上,布罗代尔建立起了一个"结构—功能"的研究范式。南斯拉夫美籍历史学家斯托扬诺维奇在1976年出版的《法国的史学方法:年鉴派范式》中说,西方史学存在三种范式:古希腊至近代初期的"鉴戒式"范式,兰克学派的"叙述性"范式,年鉴学派的"结构—功能"范式,这主要就是针对布罗代尔而言的。

总体论(holism)或总体观察(holistic perspective)是年鉴学派的治学方法,实际上就是结构主义。社会看似由同质的人群组成,实际是由不同质的领域有机结合而形成的结构。布罗代尔特别重视自然环境、地理环境和人的心态,就要考察经济活动、政治活动、文化活动各个领域。每个领域都是在总体关系中活动的,在考察时,要先看总体结构,再考察部分与总体的关系,部分与部分的关系,最终形成总体的结构关系。这种考察主要不是用叙述的方法,而是用分析的方法,并注重计量分析法。

布罗代尔说:"我是一个结构主义者,事件,甚至短时的局势对我很少有吸引力。"他认为个人或群体在历史中的作用是受限制的微小的,正如天然形成的岿然不动的高山中被迫开辟的羊肠小道。节奏越短,变化越快的层次,对历史进程的作用也就越小。反之亦然。他在《法兰西的特性》中说:"在长时段历史中,人的自由和责任具有局限性。人并不是历史的创造者,反倒是历史造就着人,并且为人卸除责任。"[1]在《15—18世纪的物质文明、经济和资本主义》中,布罗代尔对400年间的重大事件,如宗教改革、尼德兰革命、北美独立战争等只字未提,认为这些都是不值一提的历史小事。

---

[1] 姜芃主编:《西方史学的理论和流派》,中国社会科学出版社2007年版,第126—127页。

(3) 布罗代尔的贡献

布罗代尔的长时段理论冲击了传统史学狭隘的政治史观，进一步体现了年鉴学派总体历史学的思想。它不仅从内容上扩大了历史研究的对象，广泛涉及地理、生态、经济、社会、政治、文化、科技在内的各方面，而且从地域上延伸了历史研究的范围，把历史学的视野投向整个地中海和全世界。

布罗代尔还发展和完善了费弗尔首创的地理历史学，强调地理因素对人类活动的极大作用，并把生态环境作为人类社会的一个系统引入历史研究领域，同时又反对地理环境决定论，认为人类生存发展的过程就是摆脱自然控制的过程，这一阐述无疑是具有一定合理性的。

布罗代尔十分重视历史研究中的时间因素，对历史上的时间作了多元化的理解。从历史事件的多元性出发，对整个历史进程进行多层次的解释。正是这种时间的多元性和历史解释的多层次性，构成了现代西方史学发展的一个主要趋势。历史上的深层结构对整个历史进程发生着长期影响，从中我们可以看到他的长时段理论与马克思的历史唯物主义之间具有某种相似之处。因此，布罗代尔的著作也得到了马克思主义史学家的高度评价。

年鉴学派总体史的具体内容虽与马克思的提法不同，但仍有继承关系。布罗代尔在《历史学和社会科学：长时段》一文中说："马克思的天才及其影响的持久性的秘密，正于他第一个在历史长时段的基础上构造了真正的社会模式。"[①]这个模式是指社会形态。布罗代尔的"长时段"即他的"结构史"，就是从马克思的历史研究中得到启示。雅克·勒高夫在《新史学》中也说："在很多方面（如在带着问题去研究历史，跨学科研究，长时段和整体观察等方面），马克思是新史学大师之一。马克思和马克思主义的历史分期学说（奴隶社会、封建社会、资本主义社会）虽在形式上不为新史学所接受，但它仍是一种长时段的理论。"[②]费弗尔说："任何一个历史学家，即使从来没有读过一句马克思著作……也要用马克思的方法来思考和理解事实与例证。"[③]

---

① [法]布罗代尔著：《论历史》，刘北成、周立红译，北京大学出版社2008年版，第55页。
② [法]勒高夫著：《新史学》，姚蒙译，上海译文出版社1989年版，第35页。
③ 张广智著：《克丽奥之路——历史长河中的西方史学》，复旦大学出版社1989年版，第264页。

4. 年鉴学派的影响

20世纪50年代以后,年鉴学派的理论和方法开始渗透到欧美各国,在一定程度上导致了整个西方史学的变革。在德国,一批战后成长起来的年轻史学家接受了年鉴派的主张,创办《历史与社会》杂志,宣传年鉴派的观点,倡导作为整体的社会史研究。在英国,社会史学派和年鉴学派保持着密切的联系,利用计量方法研究历史人类学和社会结构史。在美国,年鉴派的观点得到了历史学界的高度评价,纽约州立大学还成立了布罗代尔研究中心,研究年鉴派的著作有伊格尔斯的《欧洲史学新方向》、斯多雅诺维奇的《法国史学方法:年鉴模式》。在斯多雅诺维奇认为,年鉴学派对史学研究和历史方法作出的重大贡献,在20世纪任何一个国家,没有任何一个团体能望其项背。在东亚、拉美、东欧等地,受年鉴学派的影响产生了一大批非常著名的史学巨著,如斯塔夫里阿诺斯的《全球通史》和黄仁宇的《万历十五年》等。年鉴学派所开创的新史学潮流已经遍及整个西方,乃至世界各地。

布罗代尔卓有成效的研究工作,给年鉴派带来了世界性的声誉,也使他本人闻名遐迩,获得"史学大帝""史家第一人""重建历史的人"等美誉。正是由于布罗代尔的成就,才使年鉴学派进入鼎盛时期。

但是,布罗代尔的历史观点也存在一定缺陷,如没有充分阐明三个时段之间的联系,否认人在历史中的主体地位,看不到政治事件对社会结构和经济发展的作用,过分强调地理和经济的决定作用以及历史宿命论色彩等。这些观点受到不同方面的批评,隐藏着年鉴学派的危机。

(四)年鉴学派的转型时期

1968年,法国发生了五月风暴。布罗代尔遭到来自两方面的反对:传统史学家不满于他贬低政治事件与人物,放弃系统的历史叙述,热衷于统计图表与奇异术语;马克思主义史学家则批评他忽视生产力与生产关系的变化发展,抹煞阶级斗争的地位与作用。有的历史学家指责他把"群众历史"(histoife massive)变成"被动历史"(histoife passive)。法国的"五月风暴"把矛头指向一切"权势集团",导致布罗代尔辞去《年鉴》杂志主编,由第三代人物接替。

1968年,布罗代尔辞去《年鉴》杂志主编的职务,由新一代的史学家雅克·勒高夫和勒瓦·拉杜里接任,这标志着年鉴学派进入了第三个发展阶段。第三代除了继续重视经济、社会史外,开始恢复政治史、叙述史的地位,把历史研究引向历史人类学与心态史,并提出了"新史学"的口号。1975年,成立"社会科学高等研究院",成为第三代的研究基地。他们继续出版《年鉴》杂志,并打出新史学的旗帜,被称作"年鉴—新史学派"。年鉴派进入第三阶段。

1. 第三阶段的代表人物及其成就

雅克·勒高夫(Jacques Le Goff,1924—2014),生于法国南部的土伦,毕业于巴黎高等师范学院,曾到捷克、意大利和英国留学,1962年开始担任高等实验研究院第六部的教授,主要研究欧洲中世纪史,著有《中世纪的商人和银行家》《中世纪的知识分子》《中世纪的西方文明》等。

法国新史学家勒高夫

这些著作大都注重长时段和社会经济史的研究,着力描写人的日常生活。勒高夫反对中世纪的传统认识,认为中世纪既不是一个毫无成就的黑暗时代,也不是神话史诗般的光辉时代,而是欧洲各民族觉醒和形成的时期。这一认识和上述著作奠定了他在法国史学界的地位,被公认为第三代年鉴学派的领袖。

勒胡瓦·拉杜里(Emmanuel Ladurie,1929—),生于法国西北部的诺曼底地区,1951年毕业于巴黎高等师范学院,1963年获巴黎大学博士学位。20世纪70年代以后在巴黎大学文学院任教,并参与了第六部的研究工作。1966年出版《朗格多克的农民》,主要通过税收档案研究法国朗格多克地区的农村社会,成为年鉴学派的重要代表作。1975年出版《蒙塔尤:1294—1324年的奥克乡村》,主要研究14世纪初法国蒙塔尤地区异端教派加达尔教教徒的个人生活和社会生活,并大量应用当时对异教徒的审判记录,成为法国几十年来最畅销的历史著作之一。1979年出版《罗马人的狂欢节》,主要描写1580年法国境内罗马人的起义,并通过这一事件剖析当时整个法国的政治、经济、宗教和文化状况。除此之外,拉杜里还有两本关于史学理论和史学方法的论文集,分别是《历史学家的领域》和《在历史学家中间》。拉杜里1994年5月访华,在中国社会科学院接受了采访,后以《年鉴派的建树不可逆转》为题名发表。①拉杜里的成就不仅得到法国史学界的承认,而且得到国际史学界的高度评价。

年鉴派第三代学者在前任的基础上取得了惊人的成绩。除了高等社会科学院这个年鉴派大本营外,新史学已经遍布法国的各个大学,形成了一股比布罗代尔时代更加强劲的新史学潮流。年鉴派第三代学者还把他们的触角伸进了出版界和新闻界,成为一股不可忽视的社会力量。年鉴派的活动不仅提高了自己的地位,而且提高了整个史学的社会地位,推动了历史知识在法国的普及。

2. 年鉴派的分歧与争论

由于对静态结构研究的加强,动态的运动被忽略了,栩栩如生的人物,有声有色的事件被经济增长、人口曲线、社会结构变化、生态环境变迁、价格图表所取代。即使有人的出现,也是抽象的群体,看不到个体的作用。这些不仅引起年鉴派内部的争论,而且引起外部的批评与责难。

在内部,年鉴派研究出现多中心的趋势,巴黎不再是唯一的写作中心。传统的年鉴学派提倡总体史学,把社会看成是一个有机联系的整体,而第三代学者却认为历史的间断性是决定一切的因素,否认各种历史事件之间的联系,开始研究一些孤立的历史现象。另外,传统的政治史和人物史也开始复兴,许多人反对把第三代学者划入年鉴派范围,而笼统称为"新史学";把历史学和人类学结合起来,重视历史人类学的研究,在历史领域内回答人类学所提出的问题,受到读者欢迎;20世纪70年代以后,更多的学者开始转向精神形态史研究,涉及的问题有集团心理、生死观、对宗教的看法等;第三代史学家的研究范式也突破了布罗代尔"结构—功能"的框架,跨学科的研究得到进一步加强。这些使布罗代尔也意识到了他们之间存在的差异。1985年,在他去世那一年,他不无悲伤的说:"门生们没有遵循我的劝导……我与我的后继者们之间存在巨大的鸿沟。"②他甚至想另立门户。

在外部,学术界对年鉴学派也进行责难和批评。1979年,有两篇重要的文章对年鉴学派的史学模式提出了质疑。一篇是英国历史学家劳伦斯·斯通的

---

① 《史学理论研究》1994年第3期,第97页。
② 姜芃主编:《西方史学的理论和流派》,中国社会科学出版社2007年版,第126—127页。

《叙事史的复兴:对新的传统史学的思考》,该文 1980 年被译成法文在法国《争鸣》杂志转载。劳伦斯·斯通指出,史学界已出现一股向传统的叙事史复归的强劲潮流,历史学家的研究兴趣已发生重大转移:人们的研究对象从人周围的人转向了环境中的人,研究的问题从经济和人口转向了文化和感情,使用的主要原始材料从社会学、经济学和人口学领域转向了人类学和心理学领域,研究的主体从群体转向了个人,对历史变化的解释模式从分层和单一因果关系转向了交往和多种因果关系,研究的方法从群体定量转向了个人例证研究,在文字组织上从分析转向了描述,历史学家也从一种科学的角色变成了一种文学的角色。他尖锐地说,年鉴派史学的时代已经结束,历史学研究的性质已经发生了变化,应该用"新叙述史"来取代年鉴派的新史学。

另一篇是意大利史学家卡尔洛·金兹伯格的《符号、痕迹、线索:迹象范式的根源》,此文也于 1980 年在法国《争鸣》杂志发表,被称为微观史学的代表作,而微观史学像叙述史一样强调生动、个性、叙述、人物、事件的。劳伦斯·斯通和金兹伯格都认为年鉴派的史学模式是自然科学式的史学。金兹伯格强调,历史学与自然科学截然相反,它具有个性化的特征;它是一种定性研究,而不像自然科学那样的定量分析,这种研究意味着必须按一种叙述的顺序来处理事实。①

这两篇文章都对年鉴派忽视历史学的人文特点,模仿自然科学的模式表示不满,抓住了问题的关键。历史学作为一门人文科学,过分的强调科学化,就会使历史学失去自身的性质和独立地位,就会被融化在相邻的学科里而被分散的支离破碎。所以,20 世纪 80 年代围绕史学方法的讨论在年鉴派的内部也达到了高潮。

1988 年《年鉴》杂志编辑部在第 2 期发表了《历史学与社会科学:一次批判的危机?》一文,肯定社会科学的危机已波及历史学,但对年鉴派来说,这意味着转变和转折。文章认为,危机的根源是对研究社会问题的方法论原理如马克思主义、结构主义和计量史学丧失了信心,不能再起到构建结构和整合的作用,建议对史学方法论进行讨论。

1989 年《年鉴》第 6 期出版了《历史学与社会科学:一次批判的危机》(去掉问号)的讨论专辑,主题为《让我们尝试》,表示要继承费弗尔和布洛赫开创的传

---

① 姜芃主编:《西方史学的理论和流派》,中国社会科学出版社 2007 年版,第 134 页。

统,把社会理解为一个整体,研究社会的三个组成因素即经济结构、社会组织、文化现象及其相互作用,坚持跨学科和长时段的研究方法并加以革新,同时赋予事件分析以新的意义,使"一定的历史主义"苏醒。

1991年,勒高夫发表《从天到地》一文,提出了史学方法的革新。他说,实证主义的方法已彻底过时,马克思主义的方法论因受到教条主义(指苏联)的歪曲也失去威力,计量史学也显露出局限性,回到叙述史、事件史的尝试也没有成功。他反对那些对年鉴学派"分裂"和"碎化"历史的指责,寻求新的跨学科方式,建立一个新的总体史,而不是包罗万象的历史。这就是使结构史与事件史靠拢,使史学的科学性与人文性更好地结合起来。

(五)年鉴学派的变革时期

为了应对来自各方面的批评,1994年1月,《年鉴》杂志从原来的《经济、社会与文明年鉴》再次更名为《历史·社会科学年鉴》,标志年鉴派变革时代的开始。

年鉴学派认为,杂志更名并不表明与传统的决裂,年鉴派从创立时就把历史学与社会科学的结合看成重要的原则。现在改变的是原来观察历史的方法,即把历史分成经济、社会制度、文化三部分的做法。现在需要的是根本不同的分析范畴和全新的方法,需要与其他社会科学更积极的对话。

年鉴派强调,变革必须在原来的基础上进行,而且要继续沿着总体史的思路确定今后的发展方向。但是,无论是法国还是其他国家,在面临世纪之交的时候,史学出现了纷繁复杂、千姿百态的局面,很难有一个或几个流派来主宰它的发展方向。不要说英国马克思主义学派、美国社会科学学派、文化形态学派、新黑格尔主义学派、后现代主义学派的影响,还有比较史学、心理史学、计量史学、口述历史、影视史学等新领域和新方法的冲击,以及意大利的微观史学等,已深深影响到了年鉴学派的内部。年鉴学派的主要人物雅克·勒韦尔(Jacques Revel),为意大利微观史学代表人物乔万尼·列维(Giovauni Levi)的名著《村庄中的权力》的法译本写了长序《贴近地面的历史学》,被认为是微观史学在法国的传播。

总之,到了20世纪末,年鉴派的范式在法国的统治地位已告终结。不仅法国年鉴派,整个世界历史学都处在反思、总结、重组的时期,特别是后现代主义的影响,有弥漫全球之势,历史学又面临着一次重大的变革。

五、文化形态学派

近代以来,西方资本主义凯歌行进,欧洲成为世界最发达和最先进的区域,欧洲文明成为人类社会的代表。但是,第一次世界大战的爆发,使许多人对西方文明的残酷结果陷入沉思,对西方科学文明对人类造成的罪恶进行反省,末世心态和悲观情绪开始流行,这就是斯宾格勒的《西方的没落》出版的时代背景。

斯宾格勒创立了文化形态学派,也称作文化形态史观学派。文化形态学派认为历史的主体不是民族或国家,而是文化,人类社会的历史实际上是文化的兴衰过程,文化决定民族或国家的命运。文化形态学是把文化看成一种遵循自然发展规律的有机体,具有生长、繁荣、衰败的发展阶段,通过比较各种文化,揭示其不同的特点,进而分析、解释人类历史的发展过程。此后,英国史学家汤因比对文化形态学派加以发扬光大,使其成为20世纪西方史学的一个新流派,成为思辨的历史哲学的重要代表。

(一)斯宾格勒的《西方的没落》(德国)

1. 斯宾格勒

奥斯瓦尔德·斯宾格勒(Oswald Spengler,1880—1936),德国著名历史哲学家、文学家和历史家,历史文化形态学的开创人。他的履历比较简单,生于德国哈茨山巴的布兰肯堡一个邮政官员的家庭,先后就读于哈雷大学、慕尼黑大学和柏林大学。毕业后成为一名中学教师,除了研究历史和艺术之外,还对数学和博物学有浓厚的兴趣。第一次大战爆发时,他因健康原因未被征召入伍。

战争期间,斯宾格勒一直在中学教书。在慕尼黑的一所贫民窟里,他过着几乎与世隔绝的生活,在烛光下开始写作《西方的没落》。他说自己于1911年已构思此书,当时已感觉到世界大战迫在眉睫。第一次大战使他的内心深受震撼,开始深切思考人类生活,尤其是西方文化与历史的命运。

1918年《西方的没落》的出版,使他一举成名,挤身于20世纪最有影响的历史学家之列。许多大学都邀请他执掌教席,他一概拒绝,仍然过着一种近乎隐居的生活,进行历史研究和政论写作。1936年5月,斯宾格勒死于心脏病,他的妹妹们将其埋葬,未举行任何吊唁形式。斯宾格勒的主要著作还有《普鲁士人民和社会主义》《悲观主义》《德国青年的政治义务》《德国的重建》《人和技术》等。

《西方的没落》是斯宾格勒最重要的著作,全书分为两卷,第一卷出版于1918年,第二卷出版于1922年。该书尤其是第二卷在世界范围内受到了普遍欢迎,也引起了激烈争论。斯宾格勒从宏大的文化形态学的角度,以激烈的言辞、精辟的理论和独特的方法,通过对西方文化的精神逻辑和时代症状的描述,揭示了西方文化的历史命运,预言西方文明终将走向没落的结果。这一末世启示录的论调犹如一种原始的创伤,深深印记在20世纪西方的历史中,其先知般的声音至今仍唤起人们深刻的自省。

德国史学家斯宾格勒

2. 斯宾格勒的文化形态观点

在《西方的没落》中,斯宾格勒借鉴歌德理论中形态学的方法和尼采的怀疑精神,以生物生长的过程,即生物进化的观念研究历史,把世界历史分成几个独立存在的文化形态,考察不同历史时期的文化图像,以基本图像揭示文化全貌,以文化形态解释历史进程。

第一,历史就是研究各种文化形态。斯宾格勒认为,历史研究的本身不是政治和经济现象,而是无所不包的文化。历史的主体不是种族或国家,而是文化形态。生命个体在展现自身的过程中形成了只属于这个种族的表现形式,这些表现形式就构成了这个种族的文化形态。在斯宾格勒看来,文化是一个十分宽泛的概念,它既是人类生命的一切表现活动,又是人类觉醒意识的产物,既注重人与血液、土地、种族的先天性关联,又强调人的自由创造和意识的作用,贯通心灵与自然、主体与客体、过去与未来,于是文化也就产生了。研究人类历史的过程,就是研究世界各地区的文化的历史。历史研究并不是揭示因果关系,而是穷究文化的宿命。

斯宾格勒打破西方传统的欧洲中心论和"古代—中古—近代"的线性发展观念,他把这种框架称作"托勒密的历史体系"。他以新的文化视角来审视世界历史和世界图像,认为在整个人类历史上,存在着代表不同象征的多元的文化现象。他总结出了历史上存在的9种文化形态,即埃及文化、印度文化、巴比伦文化、中国文化、古典文化(希腊罗马文化)、伊斯兰文化、俄罗斯文化、墨西哥文化和西方文化。他不承认古典文化或西方文化比其他文化占有优越的地位,认为所有的文化都是同时代的和等价的,也不存在先进与落后的性质,他把这一论述说成是"历史领域的哥白尼发现"。

斯宾格勒说:"每一种文化都有自己的观念,自己的激情,自己的生命、意志和情感,乃至自己的死亡。""每一种文化的自我表现都有各种新的可能性,从发生到成熟,再到衰落,永不复返。"①

第二,每种文化都独立走完生命的周期。斯宾格勒看来,文化作为有机体,是独立自主的存在着,它服从宇宙运动的周期性命运和生命循环的节律。"每一个文化都要经过如同个体的人那样的生命阶段,每一个文化皆有其孩提、青年、壮年与老年时期。"②世界历史不是"古代—中古—近代"直线性的发展,而是不同文化的生长和衰亡,就像田野里的花朵草木一样,遵循着生、长、老、死的周期性规律。经历春、夏、秋、冬 4 个发展阶段,也称前文化时期、文化早期、文化晚期和文明时期,或者叫做诞生期、生长期、成熟期、衰老死亡期。

前文化时期,人类尚处于原始状态,国家和政治还没有出现,其代表者是农民。一旦有了民族和封建制度,就进入了文化早期,这时城市开始诞生,其代表者是贵族和僧侣。到了文化晚期,城市力量日益壮大,并同乡村力量展开斗争,其代表者是中产阶级。当城市彻底战胜乡村,出现大城市和行省的时候,文明时期就到来了,这时诸侯林立,列强纷争,战争频繁,因此又叫战国时期,主要代表者是下层人民群众。列强纷争的结果,导致了凯撒主义,也就是一种极端的个人权力,出现了大一统的帝国,然后城市遭到毁灭,历史又重新回到前文化时期的原始状态。

文化与文明是两个独立的概念,有差异性也有同一性。文化是一个生命的过程,有生成、成长、成熟、衰败的生命规律,文化的最终归宿就是文明,文明是文化的终结和坟墓。当文化发展到文明阶段,他们就成了同一概念,这时文化也就到了衰败的时候。任何一种文化都逃脱不了灭亡的命运,即使西方文化也不能例外。

斯宾格勒认为,中国从秦汉时期开始衰落,印度从阿育王时期、古希腊从亚

---

① [德]斯宾格勒著:《西方的没落》第 1 卷,吴琼译,上海三联书店 2006 年版,第 20 页。
② 同上,第 104—105 页。

历山大大帝时期、伊斯兰从穆罕默德时期、西方从拿破仑时期开始衰落。

西方文化诞生后一直沿着上升路线向前发展,依次经历了春、夏、秋、冬各个阶段。但在1789年法国革命之后,西方文化便进入了它的冬天,也就是濒临死亡的文明阶段,表现在哲学上是伦理学代替了形而上学,艺术上是原有创作风格的丧失,精神上是怀疑主义和无神论流行,道德上是金钱崇拜,为富不仁,政治上是武力代替了民主,帝国主义逐渐出现,战争危险增加,最终造成各国之间的混战。在混战中,将有一个独裁者脱颖而出,建立一个世界性的帝国。斯宾格勒预测,西方文化将在2000年至2200年最后崩溃。他回答了西方文化的前途和命运这个人人关心的现实问题,他告诉人们"现代是一个文明的时代,断然不是一个文化的时代"。

第三,世界历史是各种文化的"集体传记"。斯宾格勒认为,世界历史是各种文化的盛衰交替的过程,是各种文化的"集体传记",也呈现多个中心的局面。研究人类历史的发展进程,就是研究世界各地区的文化形态。

斯宾格勒认为,一种文化即是一种生命和心灵的独特样式,选定基本符号代表其生命感受和创造意向,形成了文化的原始象征。古典文化的心灵符号是希腊神话中的太阳神阿波罗,又称阿波罗文化,追求现实的满足,这是一种优美、健康、自然、浪漫的生活状态,他的原始象征是"有限的实体",其建筑具体实在,一览无余;西方文化的心灵符号是德国神话中不惜用灵魂向魔鬼换取享乐的魔术师浮士德,又叫浮士德文化,具有无限的渴望,是一种以矛盾、冲突、对抗、冒险为主体的生活,他的原始象征是"无穷的空间",其建筑(教堂)高耸入云,伸向无穷的天空。这两种对立的文化现象,斯宾格勒称之为两大文化景观或命运观念。阿拉伯文化的心灵符号是麻葛式,即魔幻、神秘主义和身心二元论,他的原始象征是"世界洞穴",其建筑都是穹顶圆拱,其本土文化在外来文化的外衣下生存,这是一种文化假晶现象。阿波罗、浮士德、麻葛式这三种文化现象,斯宾格勒称为心灵意象三形态。

此外,古埃及文化的原始象征是"道路",用石头安排"空间连续"和过客方向;俄罗斯文化的原始象征是"没有边界的平面",将世界看成无边的自我表现和扩张;中国文化的原始象征是"道的原则",讲究友善亲切的天人合一,将山水景观融入到建筑中去。至于巴比伦文化、印度文化和墨西哥文化的原始象征,斯宾格勒还没有找到恰当的概括。

文化决定民族或国家的命运,人类社会的历史实际上是文化的兴衰过程。

研究人类历史的发展进程,就是研究世界各地区的文化形态,世界历史就是各种文化自生自灭的舞台,这就是世界图像。"命运""文化"与"世界图像"构成了斯宾格勒的精神谱系。

第四,以观相的方法透视文化形态。观相就是直观的方法,就是中国所谓的相面术。通过可见的形式和表现来对某一个体的过去与未来进行探求和预测,对历史和文化的命运进行暗示,揭示世界图像的时代特征和文化的未来远景。观相要通过个人慧眼,分析历史或文化的各种因素和表现,设身处地地加以体会,才能感悟到生命的进程,这是一种直观的综合的能力和判断。斯宾格勒说:"机械的和广延的事物的形态学,或者说,发现和整理自然定律与因果关系的科学,可称之为系统的形态学。有机的事物的形态学,或者说历史与生命以及所有负载着方向和命运之符记的东西的形态学,则可称之为观相的形态学。"① 当人们了解到观相的节奏,就可以从装饰、建筑、雕刻散落的片段中,从没有联系的政治、经济和宗教的材料中,揭示出历史时代的有机特征。

《西方的没落》的主要目的不是复述过去的历史,而是通过研究文化个体本身的兴衰来更好解释历史,预测未来。西方文化已经走过了文化的创造阶段,正经过物质享受而迈向无可挽回的没落时期。斯宾格勒以一种浓重抑郁的笔调描写西方黄金时代的结束,以祭司观相的方法吟唱西方文明的末世挽歌。他认为,历史学家不仅要重建过去,更重要的是预言"我们西方历史尚未完结的各阶段的思想方式、时间长短、节奏、意义和结果"。正因为如此,《西方的没落》有时被称为一部未来之书,斯宾格勒也被称为西方历史的先知。

3.《西方的没落》与中国

斯宾格勒的《西方的没落》曾经让汉语世界的知识分子几度兴奋,又几度沮丧。1918 年,当《西方的没落》带着一战的创伤与反省在德国的书店里出现的时候,虽然有学者用"骇人听闻"来形容书中的某些论断,但依然没有影响它在世界范围的轰动。有意思的是,中国知识界首先表现出拒绝的态度,他们浓重的疑虑显然占了上风,比如张君劢,他认为这本书可能会给国人带来负面影响,建议不译为好,这使《西方的没落》在中国的翻译一波三折,长时期没有一部完整的中译本问世。20 世纪 20 年代中国学者论著中对斯氏的回应不是很多,他在学界的知名度的提高则是 30 年代的事情了。

---

① [德]斯宾格勒著:《西方的没落》第 1 卷,吴琼译,上海三联书店 2006 年版,第 98 页。

在我国20世纪30年代,对《西方的没落》一书作全面评论的是叶法无。叶法无曾留学法国,获巴黎大学硕士,回国后一度任国立编译馆编译员。1930年她写了《斯宾格拉的文化史观及其批评》一文,①载于《社会学刊》第1卷第3期,全面介绍了斯宾格勒的文化史观,但民国时期一直没有原著的全译本。1949年后,1963年商务印书馆只翻译出版了该书的第二卷。1986年,台湾远流公司出版了全书的缩译本。2006年,《西方的没落》的全译本才由上海三联书店出版发行,其不同寻常的经历可见一斑。

4. 对《西方的没落》的评说

《西方的没落》具有很大的魅力,一方面来源于它思想的独特和深刻,另一方面来源于其行文的丰富多彩。斯宾格勒文笔生动优美,他提出世界图像、命运观念、心灵意象、城市精神、国家政治等命题,叙事议论,收放自如,具有很高的文学性。"沉默的森林,寂静的田野,这里的一丛矮树,那里的一条细枝,它们自身并不摆动,戏弄它们的乃是那习习的微风。只有小小的蚊虫是自由的——它仍在黄昏的微光中舞动着,想去哪里,就去哪里。"②这是下卷的开卷之词。斯宾格勒借用植物与动物生存的差异,实际上揭示了生命的两种形式:"大宇宙"不可改变的周期性和"小宇宙"自由选择的觉醒意识。所以,即使不同意斯宾格勒思想的人,也不得不折服于他文笔的优美和移情的深度。

《西方的没落》是一部深刻、丰富的书,它不仅包含着历史的洞见,而且在社会学、人类学和政治思想上也有卓越的贡献,在现代西方产生了复杂、广泛的影响。

除了对现实的深刻理解之外,斯宾格勒学说最有价值之处在于他对西方传统历史观念的冲击和批判。他否定了欧洲中心论,以多个文化的发展代替了单个文化的发展;以文化的有机生长代替了社会阶段的演进;以文化的自我中心代替了欧洲中心论,体现了西方文化从近代走向现代,从一元走向多元的历史趋势,突出代表了当时欧洲思想界反对实证主义和非理性主义的倾向。

斯宾格勒悲观主义的处世哲学,非理性主义的写作方式以及不严谨的治学态度,加上其著作的冗长和重复,使他受到了来自各方面的批评和指责。他对

---

① 《斯宾格拉的文化史观及其批评》,叶法无著:《文化与文明》,上海黎明书局1930年版。

② [德]斯宾格勒著:《西方的没落》第2卷,吴琼译,上海三联书店2006年版,第3页。

凯撒式独裁人物的期待,在一定程度上是希望他的国家在战败后能东山再起,成为世界的主宰,但这一切似乎都无损于他作为杰出思想家的形象。斯宾格勒对未来的发展有过许多精妙的预言,他曾经预见到了今天危及全球的生态环境问题和过分技术化、科学化给人类带来的危险。

与以编年史和据事直书的历史家相比,斯宾格勒与其说像是一个睿智的历史学者,不如说更像是一个神秘祭司和先知。面对那些"历史的占卜术""恶的预言书"之类的评论,斯宾格勒以决裂的姿态予以回应。在全书的结尾,他引用的古罗马哲学家塞涅卡的语句:"愿意的人,命运领着走;不愿意的人,命运拖着走。"将笼罩在全书内外的西方没落的命运表现得淋漓尽致。

当然,早在斯宾格勒成名50年前,俄国学者尼古拉·雅科夫列维奇·丹尼列夫斯基(1822—1885)于1869年出版了《俄国与欧洲》一书,就提出"文化历史类型"的概念。他认为五彩缤纷的世界历史是不同时间、不同地点的多种文明和文化类型共同发展的结果,无论哪一种文化历史类型都是人类精神的独特表现,"欧洲中心主义"是错误的,"古代—中古—近代"线性历史观和传统的世界历史三分法是不符合事实的,并且提出"西方正在衰败"的结论,这些都与斯宾格勒的观点极为相似,但斯宾格勒是否借鉴了丹尼列夫斯基"文化历史类型"的观念,还值得研究。

尽管如此,斯宾格勒直接受到德国人类学家利奥·弗洛贝尼乌斯(1873—1938)的影响却十分明显。1898年,弗洛贝尼乌斯出版了《非洲文化的起源》一书,他将非洲文化划分为几个文化圈,提出"文化有机体""文化心灵""高级文化"等概念,认为每一种文化都作为一种活生生的有机体在发展,经历着诞生、童年、成年和老年各个时期,最后归于死亡。文化绝不是人创造的,人与其说是文化的创造者,不如说是文化的产物或客体。这些语言斯宾格勒几乎一字不差的加以使用,并对其做了更加深刻的论述,至今仍引起人们的深思。

(二)汤因比的《历史研究》(英国)

在20世纪的英国史坛上,出现了一位世界级的史学大师,这就是被称作"近代以来最伟大的历史学家"阿诺德·约瑟·汤因比。因为他的叔父也是一位历史学家,专门研究经济发展史,也叫阿诺德·汤因比(1852—1883)。为了区分两人,我们通常都称呼二人的全名,以免混淆。

1. 约瑟·汤因比

阿诺德·约瑟·汤因比(Arnold Joseph Toynbee,1889—1975),生于英国伦

第二章 缤纷的历史话语：西方近现代史学流派

敦,曾就读温切斯特学院（Winchester College）和牛津大学贝利奥尔学院（Balliol College, Oxford）,其后考入牛津大学考古学院的研究生,并前往希腊进行考古工作。1919—1955年,汤因比长期担任英国伦敦大学教授,专门研究及讲授希腊和罗马的古代史,并多次参加政治和社会活动。

英国史学家阿诺德·约瑟·汤因比

约瑟·汤因比一生著述很多,但全面反映他历史观点并使他成名的著作,是12卷本的史学巨著《历史研究》,讲述世界各个主要民族的兴起与衰落,对人类历史发展的客观过程作了整体性与综合性的考察,被誉为"现代学者最伟大的成就"。他在《历史研究》自序中说:"我试图把人类的历史视为一个整体,换言之,即从世界性的角度去看待它。"①此书1921年开始酝酿,1927年着手撰写,1934年出版前3卷,到1961年第12卷出齐,共用了27年的时间,成为风靡全球、畅销不衰的著作,在欧洲以外产生了爆炸性的影响,成为知识分子和历史爱好者的必备读物。他晚年还著有《人类与大地母亲》（1973）,既是一部通俗的叙事体史学著作,也集中凝聚了他一生的学术思想精华,具有很高的学术价值。

汤因比曾多次进入英国外交部工作,一战后作为英国代表团成员参加巴黎和会,做过情报工作,当过《曼彻斯特卫报》的战地记者,还担任过英国皇家国际事务学会外交研究部主任。1929年末,他在日本京都参加太平洋关系学会年会之后,为了体会东方文明,借机进入东北,先后访问了沈阳、哈尔滨、大连、北京、上海、南京等地,于1931年出版《中国之旅见闻录》,体现了他对东方历史的独有兴趣,同时也对中华文明唱起最后的颂歌。

在《历史研究》中,汤因比多处谈到中国历史与文明。在"中华文明停滞论"甚嚣尘上之时,他却特别关注中国文明向现代化或如他所称"西化"的转

---

① [英]阿诺德·汤因比著：《历史研究》上册,曹未风等译,上海人民出版社1986年,第10页。

型,这与早年中国之行应有较大关系。20世纪60年代,曾有日本学者问他若时光可以倒流,他愿意出生在何时何地时,汤因比回答说:"如果时光可以倒流,我愿意在公元元年出生在欧亚大陆交汇点。那时古埃及文明、欧洲文明与亚洲文明在这一区域汇聚并扩散全球。"说明他对人类文明及其交汇的重视。

汤因比晚年对西方社会越来越感到忧虑、不安和失望,他预言西方的优势终会失去,而把希望寄托于中国。他认为"21世纪是中国的世纪"。1972年,83岁的他出版了与日本佛学家、著名作家池田大作的对话录《展望二十一世纪》,在全球也具有轰动性的影响。当池田大作问他,如果再生为人,愿意生在哪个国家,做什么工作时,汤因比毫不迟疑地回答:"我愿意生在中国。因为我觉得,中国今后对于全人类的未来将起到非常重要的作用。要是生为中国人,我想自己可以做到某种有价值的工作。"①他清晰论述了中华文明精神遗产的优秀资质,一再称颂中华民族的美德能够代代相传,预言今后中国是融合全人类的重要核心。

2.汤因比的历史观点

汤因比继承了斯宾格勒的文化形态学说,并进一步发挥和发展。他说:"当我读着这些充满历史洞见之光的篇章时,我首次怀疑,我的整个探讨,在问题提出之前(更不用说我找到答案了)就早已被斯宾格勒处理过了……当我在斯宾格勒的书中寻找我的关于文明起源问题的答案时,我发现我仍有工作要做。"②他将文化改为文明,认为人类历史就是文明嬗变的过程。

历史研究的单位:文明。在《历史研究》一书的开头,汤因比就尖锐指出,以往历史研究的一大缺陷,就是把民族、国家作为历史研究的单位,大大限制了历史学家的眼界。事实上,欧洲没有一个民族、国家能够独立地说明自身的历史问题。他和斯宾格勒一样,都反对传统史学中断代史和国别史的观念,提出应以一个个文明或社会作为研究的对象。这种文明或社会可能包括几个相同类型的国家和地区,在一定时间和空间内形成独立的人群,具有特殊的联系和共同性质。

---

① 汤因比、池田大作著:《展望二十一世纪》,葛春生等译,国际文化出版公司1985年版,第1页。

② 汤因比著:《文明经受着考验》,沈辉等译,浙江人民出版社1988年版,第10—11页。

文明自身又包含政治、经济、文化三个方面,其中文化构成一个文明社会的精髓。文明具有两个特点,一是都经历起源、生长、衰落、解体和死亡五个发展阶段;二是文明和文明之间具有一定的历史继承性,或称"亲属关系",就像几代人生命的延续,每一个文明或者是"母体",或者是"子体",或者既是母体又是子体。但这种文明之间的历史继承性并不排斥它们之间的可比性。文明社会最多只不过三代,历史进入文明阶段也不过刚刚超过6000年,而人类历史至少已有30万年。两者相比,文明的历史长度只占整个人类历史长度的2%,因此,所有文明社会都是同时代的。如果与原始社会相比,所有文明社会都取得了巨大成就。但如果同理想的标准相比,这些成就又都是微不足道的。对文化形态派史学家来说,历史纪年已显得无关紧要。虽然文明社会出现的时间有先有后,但在重要性上是等价的,也没有先进与落后之分,都可以作为同时代的事件进行比较。所以,汤因比将1914年发生的第一次世界大战与公元前431年发生的波罗奔尼撒战争作为同时期的战争相提并论。

世界文明的数量及嬗变。从文明单位出发,汤因比把6000年人类历史的划分,从斯宾格勒的9种文化扩大为21种成熟的文明,即埃及文明、苏美尔文明、米诺斯文明、古代中国文明、安第斯文明、玛雅文明、赫梯文明、巴比伦文明、古代印度文明、希腊文明、伊朗文明、叙利亚文明、阿拉伯文明、远东(中国朝鲜日本)文明、印度文明、日本朝鲜文明、西方基督教文明、拜占庭东正教文明、俄罗斯东正教文明、墨西哥文明、于加丹文明(尤卡坦文明)。另外还有5个中途夭折停滞的文明:波里尼西亚文明、爱斯基摩文明、游牧文明、斯巴达文明和奥斯曼文明。到《历史研究》的最后一卷,他又将可供比较的文明扩大到37个。尽管这种文明的划分具有很大的随意性,但却打破了西方文明的局限,促使人们看到世界各地的文明成果,使人们认识到文明并非只限于西欧一种。

这些文明中,存在某种亲属关系(或血缘关系),如古代中国文明与远东(中国朝鲜日本)文明,古代印度文明与印度文明,苏美尔文明与巴比伦文明等。在21种文明中,只有前6种文明,即埃及文明、苏美尔文明、米诺斯文明、古代中国文明、安第斯文明、玛雅文明是直接从原始社会产生的第一代文明,后15个文明都是从第一代文明派生出来的亲属文明。因此,人类社会不是沿着直线发展的,而是一系列文明嬗变和更替的过程。

文明的起源:挑战与应战。要揭示文明的起源,就必须了解原始社会与文明社会的本质区别,这就是模仿方向的不同。在原始社会,人们模仿的对象是已故的祖先,传统习惯占据统治地位,所以社会停滞不前。在文明社会,人们模仿的对象则是富有创造性的人物,传统习惯被打破,社会便处于不断地变化与生长之中。

汤因比批评了文明起源的"种族学"和"环境学",他认为文明的起源既不是由于种族,也不是由于环境,不是由于种族的优越或所处环境的关系,而是由于人类面对某种困难的挑战进行了成功的应战。对第一代文明来说,挑战主要来自自然环境,对第二、三代的亲属文明来说,挑战主要来自人为环境,也就是垂死文明的挣扎。只有克服了这种挣扎,新的文明才能诞生起来。但是,这种挑战必须适度,挑战太大,应战就不能成功;挑战太小,又不足以刺激人们起来应战。

另外,文明的起源还必须具备有创造能力的少数人,他们是应战的先行者和领导者,然后大多数人加以模仿。缺少这个条件,文明也是不会出现的。文明出现后并不一定都能发展起来,有些也可能陷入停滞状态,因此,文明生长还必须具备四个条件,即挑战和应战的不断循环往复、挑战与应战的场所逐渐从外部转向内部、社会内部自决能力(对内部挑战进行应战的能力)的增强、少数杰出人物的退隐与复出。总之,少数人创造,对一系列挑战进行应战;多数人模仿,使整个社会保持一致,这就是文明起源和生长的一般规律。

文明的生长:自决能力的增强。文明的生长并不是无止境的,只要应战敌不过挑战,文明就可能在其生长的任何一点上衰落下来。文明衰落的实质主要在于少数创造者丧失了创造能力,多数模仿者不再模仿,作为一个整体的社会失去了统一。文明的生长并不等同地理上的扩张,因地理扩张而导致的自相残杀和激烈冲突,恰是文明衰落的标志。文明的生长也不等同于技术的进步,有的技术进步了,而文明却在原地踏步或正在衰落,有的技术停滞不前,而文明却在发生变化。

在汤因比看来,文明生长的尺度,是在一系列挑战与应战的过程中,场所发生了位移,即从文明的外部移入文明的内部。在这种逐渐升华的过程中表现出的"自决能力",才是文明成长的标志。社会内部自决能力(对内部挑战进行应战的能力)的增强、少数杰出人物的退隐与复出是文明生长的动力。退隐是为了让少数人获得某种神秘的启示,使自身更加完美;复出是为了启发同类,把个人的思想变为大多数人的行动,成为社会发展的方向。比如耶稣曾在荒野住了

40天,释迦牟尼独居7年,他们的思想发生了创造性的变化。一旦复出,就会用隐居时获得的精神成果启发同胞,使大多数人(无产者)能够模仿并按照少数人的意志行事,这样就对挑战进行了成功的应战。所以,文明生长的动力最终归结为社会内部"自决能力"的增强和少数人的创造能力。

文明的衰落:自决能力的丧失。正如文明的生长是由于内在精神的发展一样,文明的衰落也不是外部力量的结果,而只能从社会内部寻找,这就是社会自决能力的丧失。社会自决能力的丧失是与少数创造者、多数模仿者和文明社会周围的蛮族军事集团的变化有关。

具体说来,由于少数具有创造能力的人变成了统治者,不再应对新的挑战,多数模仿者也脱离了前者,无法应对挑战,成为内部无产者,社会各部分丧失了和谐状态,导致社会有机体的分裂,文明无法继续生长,就逐渐地衰落下去。于是,文明社会周围的蛮族军事集团即外部无产者就会乘虚而入。

在文明日益衰落时,少数统治者创立了统一的国家,用镇压的手段继续维护自己的优越地位。内部无产者起来反抗,创立统一的教会,从宗教信仰中寻求的精神力量。外部无产者组成充满敌意的蛮族军事集团不断入侵。这三个新旧交替的因素相互作用,其中以教会最为重要,它可能孕育一个新的文明社会。

社会有机体的分裂会造成灵魂的分裂,即社会上的人产生了与这个社会完全相反的思想感情和精神面貌,要么出现复古主义和未来主义两种极端的倾向,要么出现漠不关心和追求神话两种现象,于是社会文明开始解体。

文明的解体。在汤因比构建的文明的起源、生长、衰落、解体四个阶段中,解体阶段十分关键,这是新旧文明的交替发生和过渡的阶段。随着社会的解体,旧的母体文明便开始向新的子体文明过渡,这一过渡经历了四个阶段:首先,纷争时期,列强纷争,战乱不已,人们无力应对新的挑战,文明出现危机;其次,统一国家时期,一个强大的势力削平群雄,建立大一统帝国,带来暂时的和平和繁荣,标志文明发展到最后的阶段;第三,间歇时期,繁荣局面消失,平静中孕育着新的危机,内部无产者产生了宗教思想并在社会上迅速蔓延,这是两代文明之间发生新陈代谢的时期;第四,新文明的开始,蛮族军事集团冲破了原有的军事分界线,摧毁了统一国家,开始了民族的迁移和融合,旧的帝国瓦解了,新的文明接踵而至,第二代文明开始了,新社会具备了对挑战进行成功应战的能力。

汤因比用"大统一帝国—间歇时期—大统一教会—民族迁移"这样的模式揭示西方历史，比起传统史学有一定新意，但对世界其他文明就难以成立。一个文明衰落之后，并不一定马上导致旧文明的死亡和新文明的诞生，中间很可能出现千年的僵化状态。比如埃及文明衰落于公元前16世纪，而其解体和死亡要到公元5世纪，中间经过了两千年。苏美尔文明和印度文明也分别僵化了1000年和800年。中国文明在公元9世纪唐朝灭亡后就开始了衰落和解体的过程，先是五代十国的混乱时期，接着出现宋代统一国家，但蒙古的入侵使这个过程中断，社会没有进入间歇时期，而是处于僵化状态，这种僵化状态一直持续到今天仍然没有结束。汤因比显然是想用这种文明僵化理论补充他的四阶段理论，使其能够自圆其说。

西方文明的前景。根据汤因比研究的结果，26种文明中，16种已经死亡，9种正在衰落，只有西方文明正在生长中。汤因比与斯宾格勒不同，斯宾格勒是一个悲观主义者，认为每一种文化都逃脱不了衰落的命运。汤因比认为文明还可以由创造的神火重新点燃。只要处理得当，西方文明可以避免解体的命运而且继续保持活力。他说："虽然据我们所知，26种文明中，有16个文明死了，另外9个已经在死亡的边缘，我们的这个第26个文明（即西方文明）却不一定非服从命运的安排和统计数字的盲目计算不可。创造的神火还在我们的身上暗暗地燃烧，如果我们托天之福能够把它点燃，那么天上的所有星宿也不能阻挠我们实现我们人类努力的目标。"[①]汤因比有一个基本的观点，统一国家的出现，就是文明衰落的开始，这是为他的历史哲学服务的。他认为唯一没有衰落的文明就是西方文明，因为西方到现在还没有形成统一的国家。中国早在秦汉时期建立统一国家后，文明就开始衰败，但这并不符合中国的实际。为了挽救西方文明，汤因比在退休之后，仍然风尘仆仆，参加各种社交活动，到处发表学说演讲，告诫西方人振作起来，挽救西方文明的危机。

1961年《历史研究》最后一卷问世，取名为《重新考虑》。他坦率地承认，由于他的偏见和极端主观的价值尺度，影响了他对许多重要问题的分析。以往他只用"希腊模式"套用其他文明的历史，不能包括整个人类文明的形态，所以又加上了"中国模式"和"犹太模式"，概括了人类文明发展进程中不同地域和民

---

① [英]阿诺德·汤因比著：《历史研究》中册，曹未风等译，上海人民出版社1986年版，第15页。

族发展的特征,为我们研究人类社会和文明结构(政治的、经济的、文化的三个层面),提供了求解的线索和门径。

3. 对汤因比历史观点的评说

汤因比的历史理论在一定程度上反映了当代西方史学的两个趋势:一是19世纪传统的叙述型历史已转向整体型、分析型历史;二是非西欧地区的历史得到了更多的重视。在对文明起源的解释上,汤因比提出了挑战与应战的理论,比斯宾格勒的观相的方法深入一层,也比传统的种族论和环境论前进了一大步。他注意到了人和环境的相互关系,注意到了社会发展过程中主体的能动作用。

但这一理论也有两个致命缺陷,一是过分强调了历史上杰出人物的作用,二是忽视了挑战应战过程中物质因素的存在。汤因比看到科学发展带来人类的问题,注重道德的进步和人类自身的完善,有其一定的合理性。但他又走向另一个极端,夸大了宗教在历史上的作用。

汤因比用希腊文明硬套其他文明的历史,不符合历史发展的事实。他在晚年承认了自己的错误,认为仅用一个西欧模式并不能说明一切问题,还应再加上中国模式或犹太模式,并对中国的未来寄予希望。

从汤因比的理论体系中,也可以看到当代西方非理性主义思潮的影响,强调潜意识和直觉的作用。他认为人的理智和良心高于一切。在对西方前途的解释上,汤因比与斯宾格勒不同,他认为西方文明虽然发展到了顶点,但还没有理由说它已走向死亡。西方将来的命运如何,取决于西方人能否面对挑战进行成功的应战,能否解决那些西方文明生存的问题。这种比较乐观和现实的态度,反映了第二次世界大战以后西方社会所发生的巨大变化。

六、美国新史学和社会科学新史学派

美国的历史是开国元勋如何摆脱英国的统治,创建合众国的历史,是历届总统如何发扬美国精神的历史。美国历史分期都是以总统任期和执政党的执政时期为标志。

19世纪,美国的历史还是欧洲史学的附庸,浪漫主义和实证主义思潮在美国蔓延,尤其是兰克史学对美国史学产生了重大影响。1834年起,服膺兰克史学的乔治·班克罗夫特(George Bancroft,1800—1891)出版了《美国史》10卷,材料丰富,文辞华美,宣扬美国民主、自由、爱国的精神,被誉为"美国历史之父"。赫伯特·巴克斯特·亚当斯(Herbert Baxter Adams,1850—1901)也把兰克治史方法移入美国,宣传"生源说"(germtheory),认为古代条顿民族的民主"生源"被盎格鲁—撒克逊人带到英国并传到美洲,最后体现在美国宪法之中。这时,美国历史带浓厚的政治色彩,大学的政治学一开始设在历史系,政治学也是从政治史分离出来。

南北战争以后,美国经济开始腾飞,成为一个高度工业化和城市化的国家,美国人开始探究自身历史。1884年9月,由霍普金斯大学校长吉尔曼提议,亚当斯主持成立了美国历史协会,83岁高龄的班克罗夫特被选为主席,也聘请兰克为第一位名誉会员,并授予其"历史科学之父"的头衔。美国史学虽然还受到兰克的影响,但已开始走向独立发展的道路,以新的视角开始了新的变革。

(一)特纳的边疆学派

美国科学史学真正成熟还是从特纳开始。弗雷德里克·杰克逊·特纳(Frederick Jackson Turner,1861—1932)生于威斯康星州,毕业于威斯康星大学,后任该大学的教授。1893年,他在美国历史协会年会上发表了题为《边疆在美国历史上的重要性》的演讲,认为美国历史在很大程度上就是不断向西部拓殖的历史,美国存在一条不断向西移动的边疆,这条边疆是文明对野蛮的讨伐。西部自由土地是支配美国社会发展的力量,是美国民主主义、个人主义以及民族主义的决定性因素。特纳反对其老师赫伯特·亚当斯的美国历史"欧来说",认为美国历史是西进运动的产物,从而了轰动整个会场,形成了影响一时的"边疆论"。

特纳的边疆论是当时美国西进运动顺理成章的产物,但在美国史学史上的影响却是划时代的。特纳与一般史学家强调政治史,强调美国和欧洲的联系不同,他强调西部开发的重要性,强调环境和地域因素对美国历史发展的影响,使人耳目一新。

1906年,特纳出版了《新西部之兴起》,系统论述了边疆论和区域论,使他声誉日隆,信徒甚众。1910年任美国历史协会主席,同年进入哈佛大学任历史学教授。他还出版了《美国历史上的边疆地区》《地域在美国历史上的意义》等著作,在20世纪初期形成了力量雄厚的边疆学派,也使美国史学开始摆脱欧洲的影响,走上独立发展的道路,成为美国现代史学开端。

但是,特纳的理论具有许多缺陷,他受英国赫伯特·斯宾塞庸俗进化论的影响,片面强调地理环境的决定作用,贬低东部和来自欧洲的影响,抹杀人民群众的历史作用。尽管如此,他的边疆理论在相当长一段时间内,得到美国历史学界的公认。

(二)鲁滨逊的《新史学》

在美国首先举起"史学革命"旗帜的是鲁滨逊。1912年,鲁滨逊出版《新史学》一书,倡导"史学革命",提出较为系统的历史新理论,成为美国新史学的一代宗师,思想影响维持半个多世纪,主宰了美国历史学的发展,也曾在中国广泛流传。①

詹姆斯·哈威·鲁滨逊(James Harvey Robinson,1863—1936),生于伊利诺伊州,在哈佛大学毕业后,受到当时兴起的赴欧尤其是德国留学浪潮的影响,于1888年来到德国弗赖堡大学,接受历史研究方法的训练,归国后在哥伦比亚大学执教25年。他标新立异,著书立说,除《新史学》这部史学名著外,还著有《西欧史》《近代欧洲的发展》《欧洲通史》等。他积极参加美国进步运动,利用历史学开启民智。他曾经担任美国教育部的学术委员,1929年担任美国历史学会主席,主持过全国大、中学校历史教科书的编写工作。

美国新史学创始人鲁滨逊

鲁滨逊倡导的新史学,改变了传统政治史的单调主题,把史学的研究领域拓展到人类以往的全部活动。鲁滨逊痛心疾首地指出政治史的弊端,主张扩大历史学的研究领域。在《新史学》一书中,鲁滨逊开门见山地指出:"从广义来说,一切关于人类在世界上出现以来所做的、或所想的事业与痕迹,都包括在历史范围之内,大到可以描述各民族的兴亡,小到描写一个最平凡的人物的习惯

---

① 参见胡逢祥、张文建著:《中国近代史学思潮与流派》第五章,华东师范大学出版社1991年版。

与感情……历史是研究人类过去事业的一门极其广泛的学问。"①"新史学"极力摆脱政治史的束缚,他们研究的兴趣非常广泛,也非常功利。

鲁滨逊强调人类历史运动是多因素决定的结果,是一个连续不断的成长过程,具有进步的历史观。鲁滨逊认为作用于历史运动的因素很多,有经济、地理、心理等,不是单一的线形的政治决定论。历史是一个连续不断的过程,历史学应该随着社会的进步而变化。

鲁滨逊重视史学的社会功用和实用价值。鲁滨逊以当时流行的威廉·詹姆斯和杜威实用主义为理论基础,认为历史研究不应脱离现实生活,主张发展历史教育,普及历史知识,实现历史学的社会功能。他在《新史学》专立第五章谈论"普通人应该具有的历史知识"。他说:"历史可以满足我们的幻想,可以满足我们急切的或闲散的好奇心,也可以检验我们的记忆力……但是历史还有一件应做的而尚未做到的事情,那就是它可以帮助我们了解我们自己、我们的同类和人类的种种问题和前景。这是……历史所产生的最大效用。"②

鲁滨逊还提倡历史方法的革新。主张历史学要与其他相关学科建立密切的联盟,不断完善史学家知识结构,开展多学科的综合研究。历史学家必须了解人类学、史前考古学、社会心理学、动物心理学、比较宗教学、政治经济学、社会学、法律学、伦理学、地理学等,这些学科都是"新史学的同盟军"。这样不仅扩展了历史研究的范围,而且也将会取得更有价值的成果。

由于"新史学派"名噪一时,鲁滨逊执教的哥伦比亚大学逐渐成为美国新史学的中心,形成了的新史学派。这时,具有成就的史学家还有帕林顿(1871—1929)和比尔德(1874—1948)。帕林顿在《美国思想的主流》中阐述美国思想文化的发展和美国民族的特征;比尔德在《美国宪法的经济观》《美国文明的兴起》中从经济角度论述美国历史的发展。这些人都成为美国现代新史学和进步学者的代表。比尔德1926年任美国政治科学学会主席,1933年任美国历史协会主席,1948年获得美国文学艺术署颁发的"突出成就"金奖。

鲁滨逊的新史学是以全新的姿态出现在美国史坛,符合现代美国史学发展的潮流。美国新史学与欧洲年鉴学派交相辉映,对抗传统的兰克学派,对西方史学产生了深刻的影响,形成了风行20世纪的颇为壮观的新史学潮流。

---

① [美]鲁滨逊著:《新史学》,齐思和译,商务印书馆1964年版,第3页。
② 同上,第15页。

1924年,商务印书馆百科全书委员会历史部主任何炳松将鲁滨逊的《新史学》一书译成中文,首次由商务印书馆出版,意在改造中国的旧史学,宣扬进步史观。这是现代中国史学史第一部全面介绍西方史学理论及方法的名著,影响深远。

(三)贝克尔:相对主义史学

美国的新史学潮流,由鲁滨逊发端,在进步学者的推动下,到20世纪30年代形成高潮,其中典型的人物就是贝克尔(也译成卡尔·贝克)。

贝克尔(Carl Lotus Becker,1873—1945),美国历史学家,美国史学中相对主义和现在主义的代表人物。1896年毕业于威斯康星大学,先后任教于宾夕法尼亚州立学院、达特默思学院、堪萨斯大学、明尼苏达大学。1917—1941年任康奈尔大学教授。1931年任美国历史协会主席。著有《革命的前夜》《人人都是他自己的历史学家论文集》《18世纪哲学家的天堂》《进步与权力》《论独立宣言》等。

1931年,在美国历史学会上,他作了题为《人人都是自己的历史学家》的著名演讲,在意大利克罗齐的"一切历史都是当代史"和杜威实用主义的影响下,具体阐发了相对主义和现在主义的史学观点。

贝克尔认为历史学是相对而言的,一个历史事实若无人知道,又怎能说它存在呢。任何历史事实,只有它生动地再现于我们的头脑时,才变成历史事实,才产生影响。他说:"我们承认有两种历史:一种是一度发生过的实实在在的一系列事件,另一种是我们所肯定并且保持在记忆中的意识上的一系列事件。第一种是绝对的和不变的,不管我们对它怎样做法和说法,它是什么便是什么;第二种是相对的,老是跟着知识的增加或精练而变化的。这两系列事件或多或少是相应的,我们的目的便是求得这种相应尽量确切。"[①]所以他反对兰克学派的"如实直书",认为客观的史实虽然存在,但我们不能完全认识它。史实是死的,历史是活的,史实僵死的躺在记载中,只有当人们通过构想和解释才能复活,而这种构想和解释也是随着时代的推进不断变化和更新。不是历史通过历史学家说话,而是历史学家通过历史说话,所以历史只是相对的存在于我们的意识中。

[①] 《现代西方史学流派文选》,上海人民出版社1982年版,第259页。

贝克尔受到克罗齐的"一切历史都是当代史"的影响,认为历史学与现在具有密切的关系,历史都是为了现在的需要而对过去的重构,人们都是根据现在的需要去研究历史,现在的一切对历史研究起着决定性的作用。他说:"为了一切实用的宗旨,对我们和对目前一时来说,历史便是我所知道的历史。"①

贝克尔相对主义史学的主观色彩十分浓厚,它是美国实用主义哲学的反映,并对现代实用主义哲学的发展起到一种促进作用,同时推动了历史学家对现实社会的关注和研究,避免了为历史而研究历史的空洞倾向。

(四)社会科学新史学派

战后,美国历史研究更加注重理论与实践的联系,注重历史研究的现实效用,历史研究与自然科学、社会人文科学之间的融合和交流不断加强,形成了社会科学与历史学一体化的发展趋势,这就是鲁宾逊所谓的"新的同盟军",是历史学家的事业和历史研究的领域得到了前所未有的开拓和扩展,历史学家广泛运用社会科学的理论模式、思维范畴研究历史,是历史学由一门描述性的人文科学转为一门分析性的社会科学,从而形成了社会科学新史学派,包括新经济史学派、新政治史学派、新社会史学派等几大学派,并从中演化出城市史、劳工史、黑人史、妇女史、家庭史、儿童史、人口史、社区史、企业史、少数民族史等众多分支科学,成为美国当代史学多元化的突出表现。

美国的社会科学新史学派极大地改变了美国史学的落后面貌,并形成了一股强大的潮流,成为战后与法国年鉴学派、英国马克思主义学派鼎足而立的三大史学流派,在当今世界发挥着重要的影响。

新经济史学派是以麻省理工学院、斯坦福大学等为基地,以统计与计量方法的运用为特征,新政治史学派是以研究美国民众选举行为内容,新社会史学派是以研究下层民众日常生活为重点。美国的社会科学新史学派成果丰硕,影响巨大,它是卡尔·贝克现在主义史学在战后的表现和发展。

七、西方批判的分析的历史哲学

20世纪西方历史哲学的发展向着两个方向展开,一是思辨的历史哲学,它延续了维柯以来对人类历史本身进行思考的传统,试图以形态学的方式反思世

---

① 《现代西方史学流派文选》,上海人民出版社1982年版,第259—260页。

界历史本身的行程与命运,其主要代表有德国的斯宾格勒和英国的汤因比;二则是批判的分析的历史哲学,探究历史认识的基础,为历史学科提供理论基石,也为人们认识历史提供思维途径。批判的分析的历史哲学包括新康德主义和新黑格尔主义的思想家。新康德主义历史哲学主张"回到康德那里去",发展了康德道德哲学的普遍意义,把康德的道德理想与人类真理结合起来,提出道德的绝对价值观,主要代表为狄尔泰、文德尔班、李凯尔特等;新黑格尔主义历史哲学是从右的方面复活黑格尔唯心主义哲学,发展了黑格尔"绝对精神"学说,主张绝对唯心主义,认为人类意识是世界历史的主宰,人类历史不过是人的精神活动的产物,主要代表为意大利的克罗齐和英国的柯林伍德。

(一)克罗齐:一切历史都是当代史(意大利)

1. 克罗齐的精神哲学

贝奈戴托·克罗齐(Bendetto Croce,1866—1952),又译柯罗齐,意大利哲学家、历史学家,新黑格尔主义的代表之一,意大利的"精神教皇",也是20世纪以来西方影响最大的哲学家、历史学之一。他早年在那不勒斯求学,1883年父母死于地震,他随叔父迁居罗马,进入罗马大学学习,跟随当时著名的马克思主义哲学家布里奥拉学习马克思主义和黑格尔哲学,发表了《马克思主义经济学和历史唯物主义》的论文集。1903年他创办了著名《批判》(或《评论》)杂志,并担任主编41年之久,成为欧洲影响最大的文艺评论杂志。在此期间,他逐步转向新黑格尔主义,并着手建立自己的精神哲学体系,开始以唯心主义反对马克思主义。1920—1921年任教育大臣。1947年,他在那不勒斯创办意大利历史研究院。克罗齐一生家境富裕,使其能致力于学术研究。

克罗齐深受黑格尔哲学的影响,但认为黑格尔的唯心主义不够彻底。他把精神作为现实的全部内容,认为除精神之外的自然是不存在的,哲学就是关于精神的科学。他在《精神哲学》中,形成了自己的新黑格尔哲学体系。此外,还著有《黑格尔哲学中活的东西和死的东西》《美学原理》《黑格尔研究与哲学解说》等。

克罗齐进一步发展了黑格尔"绝对精神"的观点,把主观精神当作现实世界的全部基础,精神之外没有任何真实的存在,一切经验和认识活动的对象都是出自精神的创造。他不仅批判康德"自在之物"的概念,认为其仍未跳出二元论的泥潭,而且认为黑格尔把自然界当做"绝对精神"的观点也是唯心主义不彻底化的表现。在他看来,"自然"不是精神的外在物,而只是精神的虚构,所以无需像黑格尔那样去建立"自然哲学",只需要建立一种"精神哲学",作为创造的源泉。

克罗齐认为,作为整个精神的创造活动包括理论和实践两个方面,其中理论方面分为凭借心灵的直觉的活动和概念的活动,实践方面又分为经济活动和道德活动,这四种精神活动构成了克罗齐精神哲学的基本内容。

2. 克罗齐的史学观点

克罗齐谢世半个多世纪后,"克罗齐史学名著译丛"在中国出版,包括两卷历史理论著作和三卷史学著作,分别为《历史学的理论和实际》《作为思想和行动的历史》《那不勒斯王国史》《1871—1915年意大利史》和《十九世纪欧洲史》。这五部史学著作首次直接从意大利文翻译过来,系统地介绍给中国的学者,使中国史学工作者走近克罗齐,看到一个真实的克罗齐。克罗齐的史学观点,集中体现在他的史学名著《历史学的理论和实际》(也译为《历史学的理论和历史》)和《作为思想和行动的历史》之中。

第一,将"历史"和"编年史"加以的区分。克罗齐认为编年史是一种普通的历史叙事方式,是按照年代来记述历史,是一般的历史著作。他说:"先有历史,后有编年史;先有活人,后有死尸。"也就是说,"活人"才是真历史,也就是当代史,而"死尸"是编年史。这一观点与我们的认识相悖,难道不是先从文献、史料入手,才能达到还原历史真相的目的吗?克罗齐的解释是,真正的历史原发于记录、创作历史文献的史家的心灵之中,复活历史也在阅读、体验这些历史文献的史家的心灵之中,所以说,历史起源于史家的精神活动。一旦精神活动不存在了,那么文献、著作就失去灵魂,只剩下躯壳。如果我们不能向其中注入灵魂,那它就是静静地躺在那里的死尸。所以,"历史是活的编年史,编年史是死的历史;历史是当前的历史,编年史是过去的历史;历史主要是一种思想活动,编年史主要是一种意志活动。一切历史当其不再是思想而只是用抽象的字句记录下来时,它就变成了编年史,尽管这些字句一度是具体的和有表现力的"。他还认为:"当生活的发展逐渐需要时,死历史就会复活,过去史就变成现在的。罗马人和希腊人躺在墓穴中,直到文艺复兴欧洲精神重新成熟时,才把他们唤醒",所以,现在被我们视为编年史的大部分历史,现在对我们沉默不语的文献,将依次被新生活的光辉照耀,将重新开口说话。① 用现在的观点来讲,文献在没有开口前是死人,开口之后就是活人。

在克罗齐看来,历史成为编年史是不可避免的,也无须回避。它们是一种生理学的现象。它们虽然是合理的,但脱离了史家精神活动的历史不能成为"真历史",仅仅是生理学意义的历史。

第二,精神是历史活动的决定力量。克罗齐说,能让文献开口的是思想,是历史学家的思想。历史仅仅是思想的活动,是用现在的思想去认识过去的一切,所以精神本身就是历史。他说:"除非我们从这样一个原则出发,就是认定精神本身就是历史,在它存在的每一瞬刻都是历史的创造者,同时也是全部过去历史的结果,我们对历史思想的有效过程是不可能有任何理解的。所以,精神含有它的全部历史,历史和它本身是一致的。"②

在克罗齐看来,精神就是实在,直觉、概念、经济、道德是精神活动的全部内容,除了精神,世界什么都不存在。但精神有思想和意志两个部分,凡不属于思想的就都属于意志。假如你发现某些事实不能被解释为思想时,你就必须把它解释为意志。思想是主客观的合成,它的特点是真理;意志是主观创造的客体,其特点是有用。当历史学家把自身的思考变成历史,主客体得到完满的综合,它就成为当代的。编年史并非历史而是意志,它们是历史学家按照自己的目的建构的,正如乐谱服务于音乐家的思想而其本身并不是音乐一样,它们也只是服务于历史家的思想的。克罗齐正是从这种独特的唯心主义观点出发,得出了"一切历史都是当代史"的结论。

第三,"一切历史都是当代史"。"一切历史都是当代史",这是克罗齐 1917 年提出的一个著名命题。1947 年 1 月,朱光潜在评述克罗齐的历史学时,对这一命题做了阐发:"没有一个过去史真正是历史,如果它不引起现实的思索,打动现实的兴趣,和现实的心灵生活打成一片,过去史在我现时思想活动中便不能复苏,不能获得它的历史性。就这个意义说,一切历史都必是现时史。"③ 70 年过去了,人们对克罗齐这一命题的认识,也没有超出朱光潜当时的理解。

---

① [意]克罗齐著:《历史学的理论和实际》,傅任敢译,商务印书馆 1982 年版,第 8、12 页。

② 同上,第 13 页。

③ 朱光潜著:《朱光潜全集》第 4 卷,安徽教育出版社 1988 年版,第 367 页。

克罗齐认为,"时间""历史"如同"生命"一样是不可分割的"绵延"(duree)。"生命"固然可分为昨天、今天和明天,但依然是"同一个生命","古时"和"今时"就绵延而言,也是"同一个时代"。"当代"(contemporary)本来就是"同"(con-)"代"(temporary)的意思。克罗齐说:"死亡的历史会复活,过去的历史会变成现在,这都是由于生命的发展要求它们的缘故。"当生活的发展需要它们时,死历史就会复活,过去史就会再变成当代史。不仅离现在最近的历史叫作当代史,就是几千年前的历史也是当代史。因为"只有现在生活中的兴趣方能使人去研究过去的事实。因此,这种过去的事实只要和现在生活的一种兴趣打成一片,它就不是针对一种过去的兴趣而是针对一种现在的兴趣的"。这就是说,当代性是一切历史的内在特征,正是源于历史和现在生活的密切联系,源于过去的事迹才能在历史家的心灵回荡。

克罗齐认为,历史总是根据当代的需要被重写。历史是以当前的现实生活作参照,过去只有和当前的视域相结合,才为人所理解。克罗齐说,"文献与批评,即生活与思想才是真正的史料。"是历史家从现在生活的兴趣出发对过去的"重温",是一种源于现在生活兴趣的思想活动。史家的精神活动,只有在与客观史实相结合的时候才能产生,所以,当代史是史家的精神活动与客观史实的同构。克罗齐说:"'当代'一词只能指那种紧跟着某一正在被作出的活动而出现的、作为对那一活动的意识的历史。"真正的历史研究的起点并不是着眼过去,而是着眼于现在,这是历史研究的逆向性和有用性。只有现在生活中的兴趣方能使人去研究过去的事实,这种过去的事实是和现在生活的兴趣打成一片的。

他还认为,历史是作为人们思想活动的产物。我们的思想都是当前的,我们不可能具有古人的思想,所以历史也只存在于我们的当前思想中。没有当前的生命,就没有过去的历史可言。历史是人的精神活动,而精神活动永远是当前的,决不是死去了的过去。早已消逝的古罗马的光荣,其实依然活生生存在于当代的精神中,存在于每一个热爱罗马历史的人的精神和著述之中。只要它还影响着我们,就存在于我们之间。克罗齐提出:"历史存在于我们每一个人身上,它的资料就在我们自己的胸中。因为,只有在我们自己的胸中才能找到那种熔炉,使确凿的东西变为真实的东西,使语文学与哲学携手去产生历史。"[①]所

---

① 克罗齐著:《历史学的理论和实际》,傅仁敢译,商务印书馆1982年版,第14页。

以,当代性是一切历史的本质特性,在历史本体论上,克罗齐无疑是主观唯心主义者。

当法西斯主义在意大利兴起的时候,克罗齐曾对法西斯主义抱有幻想。但当墨索里尼攫取国家最高领导权,加紧迫害进步人士,废除资产阶级自由民主宪法,实行法西斯专制统治时,克罗齐转而成为意大利人民反法西斯的精神领袖。从《那不勒斯王国史》《意大利史》和《十九世纪欧洲史》等史学著作来看,克罗齐的武器是学术,是包括史学在内的学术研究,从此可以深切地理解克罗齐的"一切真历史都是当代史"的精神内涵,而且还会对他另一命题"一切历史都是自由的历史"产生新的认识。克罗齐的全部史学著作都和这两个命题紧密结合在一起,这是理解克罗齐史学思想"当代性"的钥匙。

3. 克罗齐与中国

在《历史学的理论和实际》中,克罗齐仅仅四次提及中国,但颇有兴味。

在"历史与编年史"中,他写道:"我作为一个语文学者,对能毫无区分地自由行事感到心旷神怡,近半个世纪的意大利史和中国秦朝的历史对我来说价值一样;我研究这一历史或转向另一历史,无疑受某种兴趣驱使,但却是超历史的兴趣,是在语文学的特殊领域形成的那种兴趣。"克罗齐受到超历史兴趣的驱使,把在时间上(近半个世纪与2100年前)和空间上(南欧与远东)有巨大差异的历史等量齐观。在克罗齐眼中,中国是个具有独特文明和悠久历史的国家。

在评述启蒙运动时,克罗齐肯定了启蒙运动历史学首次把中国和东方纳入世界史的功绩,又指出其局限性。由于西方中心论的束缚,启蒙运动的学者没有把中国和东方真正纳入世界文明的发展史,只是作为好奇和想象的对象。克罗齐反对西方中心论,肯定并承认中国和东方在世界精神发展中的作用,以及对世界文明不可抹煞的贡献。

在"兰克的普遍历史观"的札记中,克罗齐写到:"中国文明,甚至美洲文明似乎同欧洲文明分离并独立;但当头脑进行研究,譬如宗教的或经济的或道德立场的某种形式,那些历史就相互拥抱并统一起来了。"克罗齐主张以世界的眼光、国际的角度论述中国史、东方史和欧洲史,他再次批判了欧洲中心论,充分肯定各个民族,包括中国对世界历史和文明所起的独特作用。

在《十九世纪欧洲史》中,克罗齐旗帜鲜明地反对八国联军对中国的侵略,包括意大利在内。他写道:"只有某些德国历史学家敢于赞誉'那种以前从未见过的历史',作为地球上主要国家普遍联合的例证:1900年列强决定征伐中国,

'堪称十九世纪终结史',因此具有重大的'世界史'意义;威廉二世皇帝对这次征伐进行美化,他用慷慨激扬的演说使它带有阿提拉色彩,其实八国联军烧杀抢掠,无恶不作。"

克罗齐是中国人民的朋友,他从世界眼光、国际角度来论述西方史学的弊病和问题,也有助于剖析中国史学的流弊,促进中国史学的发展。

(二)柯林伍德:一切历史都是思想史(英国)

柯林伍德(Robin George Collingwood,1889—1943),英国哲学家、历史学家、考古学家。生于英国兰开郡的科尼斯顿,1912—1934年任教于剑桥大学布鲁克学院,1935—1941年在牛津大学讲授哲学与罗马史。柯林伍德博学多才,涉猎诸多知识领域,在哲学、历史学、考古学、艺术、宗教、人类学等学科都有贡献。前期活动主要在纯哲学方面,后来逐步转移到历史学理论方面。他的思想对20世纪西方历史理论以及艺术理论有较大影响。主要著作有《艺术哲学》《形而上学论》《新利维坦》和死后出版的《自然的观念》《历史的观念》等。

英国历史学家柯林伍德

在哲学思想上,柯林伍德基本上继承19世纪英国唯心主义与20世纪欧洲大陆新黑格尔主义的传统,反对当时流行的实在论。

柯林伍德受18世纪意大利思想家维柯和新黑格尔主义者克罗齐的影响,强调精神活动在历史中的作用和历史学家的主观认识能力。他发展克罗齐"一切历史都是当代史"的观点,提出了"一切历史都是思想史"的命题。他的历史观点主要反映在《历史的观念》一书中。

第一,柯林伍德认为"一切历史都是思想史"。这个观点是柯林伍德在《历史哲学纲要》中提出的,后来在《历史的观念》中进一步发挥,从而产生了广泛的影响。他认为,"历史的过程不是单纯事件的过程而是行动的过程,它有一个由思想的过程所构成的内在方面;而历史学家所要寻求的正是这些思想过程"。一切历史都是思想史。因此一切历史,都是在历史学家自己的心灵中重演过去的思想。①历史学的证据不是证词(遗文、遗物),而是探求行动者的思想和古人的思想方式。他说:"对历史学家来说,所要发现的对象并不是单纯的事件,而是其中所表现的思想。"②他反对传统史学中"剪刀加浆糊"的研究方式,反对从文献资料中爬梳史料论证事实的研究方法,反对引用权威的观点,认为应该大胆的批判权威,直接从第一手材料中总结归纳出思想来,这才是历史研究的真谛。

第二,他认为,历史学是关于心灵的知识。柯林伍德反对19世纪以来历史学向自然科学看齐和实证主义思潮,认为自然科学基于由观察和实验所认知的自然事实,史学基于由反思所肯定的心灵事实;自然的事实是单纯的现象,背后没有思想,自然科学家不用研究自然是怎么想的;而历史事实背后有生命和灵魂存在,历史学家要研究人们是怎么想的。这就是自然科学与历史学的不同。同时,历史学也与心理学不同。心理学研究的是直接经验和感觉,尽管这些也是心灵的活动,但不是思想的活动。柯林伍德不承认社会历史是自然史的继续,无视历史的物质基础,并反对赋予历史学探寻因果关系和人性规律的任务。他说:"历史学家不需要也不可能在寻找事件的原因和规律方面与科学家竞赛。"③科学家感知到了事物而要探究其中原因、关系并归类,而历史研究的任务就是重演过去的思想,发现了思想就是已经理解,没有必要再去探讨其因果关系。但这种重演不是简单的重复和照搬,而是要把过去的思想纳入现在思想之中,使过去的思想能过发展和升华,从而沟通人类过去与现在的联系,描绘人类前进的轨迹和历程。

第三,他倡导历史想象的能力。柯林伍德认为,要重演和理解古人的思想,就要有充分有力的想象力。"历史想象力严格说来并不是装饰性的而是结构性的……它不是作为幻想在随心所欲地活动着,而是以其经验的形式在活动着。"④历史的想象是经验的想象、知觉的想象,是靠批判的思维来获得的,它是构造的性,不是无根据的幻想。这是我们认识别人的心灵、一个团体或一个时

---

① [英]柯林伍德著:《历史的观念》,何兆武译,中国社会科学出版社1986年版,第244页。
② 同上,第243页。
③ 同上,第243页。
④ 同上,第273—274页。

代集体心灵的历史方法。

(三)对克罗齐和柯林伍德历史观点的评判

克罗齐和柯林伍德都受到黑格尔"绝对精神"的极大影响,认为历史是精神运动、发展的过程。他们揭示了历史与思想和当代性的统一,具有深刻和发人深省的创见,但他们处理历史与思想和当代性那种绝对化的态度却并不可取。历史研究固然反映一定的思想性和当代性,但历史并不完全等同于思想和当代。

当然,克罗齐史学思想的"当代性"也不是空中楼阁,而是建立在自古代希腊以来的西方史学关注现实的传统上。古希腊史学家戴奥尼西曾说,"历史是一种以事实为训的哲学",这一传统一直延续到现当代。美国历史协会主席里德认为,"历史学家的社会责任在于为当前而解释过去"。英国历史学家克拉克也认为,"历史不是人类生活的延续,而是思想意识的延续"。"当代性"是历史学的基本属性,克罗齐给了我们有益的启示。

克罗齐和柯林伍德的历史观都是唯心主义的,唯心主义一元论成为他们最鲜明的特征。他们否定历史本身有其客观的发展规律,而把规律归结为个别的、特殊的历史事件的集合。他们虽然认为历史是进步的,但却不承认历史的发展规律,而只强调对历史事件的主观评价。

柯林伍德强调历史学家的作用,认为历史就是历史学家头脑中主观的产物,就好像历史就是历史学家创造的,将历史与思想绝对等同,不自觉地滑到主观唯心主义的泥潭,造成历史的随意性和虚无主义。

到20世纪30年代,意大利马克思主义理论家葛兰西(1891—1937)曾对克罗齐史学思想进行过尖锐、严肃的批判,使意大利从克罗齐时代进入了葛兰西时代,但葛兰西从没因此而否定克罗齐有价值的内容,这也是我们应该采取的正确态度。

八、西方史学的新领域和新方法

第二次世界大战以来,欧美各国形成了多种历史流派,他们广泛借鉴自然科学和社会科学的研究方法,开辟了许多新的领域,使历史研究呈现出五彩缤纷的色彩。

(一)比较史学

用比较的方法研究历史古已有之。现代意义的比较史学,一般认为开始于1928年法国年鉴学派史学家马克·布洛赫发表的《欧洲社会历史的比较研究》,他提出了"假设验证"的比较方法,在史学界具有广泛的影响。

二战以后,比较方法风靡欧洲史坛,尤其美国更为突出。美国历史协会和《美国历史评论》专门研讨比较史学的原理和方法,涌现出了一批有价值的研究成果。他们对日本和俄国的现代化进行比较,对独裁和民主的社会根源进行比较,把美国的西进运动与加拿大、澳大利亚、南非、阿根廷、巴西的边疆扩张进行比较等,使旧的课题焕发出新的光彩。

1980年,美国学者雷蒙德·格鲁发表《比较史学的论证》一文,系统回顾了比较史学的发展。他把比较史学分为四类:对文明体系的比较研究,如斯宾格勒、汤因比的著作;对文明中心题目的比较研究,如对宗教、国家、社会的比较;对具体历史现象的比较研究,如对生产方式、行业、工业化程度、不同革命、现代教育制度的比较等;对机构的比较研究,如教会、党派、银行等。

比较史学不像通史或断代史那样连续不断的叙述历史,也不像哲学家那样全面系统地获取历史的意义,而是截取历史过程中几个对象进行对比,探讨历史的一般规律或个性特点。但双方要有一定相似性才能进行比较,透过现象揭示双方的"异中之同和同中之异",不能把互不相干的史实罗列在一起,结果会适得其反。

(二)计量史学

用数据统计和分析的方法研究历史就是计量史学,它是现代史学的一个突出特征。现代意义的计量史学开始于二战以后。计量史学要求首先对资料、情报、数据进行系统的收集,其次要对数据和情报进行统计、分析处理,最后来分析文化现象和结论。

计量史学在法国和美国较为突出。20世纪20年代,法国史学家西米昂运用计量的方法分析货币流通的变化,奠定了计量史学方法的基础。20世纪50年代,美国出现了以广泛采用计量方法研究历史问题的新经济史学派。

计量史学从传统的定性分析走向定量分析,从传统的文字语言变成了数学语言,使历史研究更加精确;扩大了史料范围,如选民登记、教区档案、法庭记录、公司账本、结婚登记、病历记录、家谱、税单等,都成为计量的对象;转换了研究视角,确立了"自下往上看的历史学",通过大量的下层群众的数据,才能反映出选民群体的政治倾向、生活水平的变化、社会治安的状况等,具有明显的优越性。

(三)心理史学

心理史学是心理学与历史学跨界合作而产生的一门新学科,它借助心理分析的理论和方法,探索分析人类过去的行为,阐明历史现象和历史进程,进而推断社会未来的发展。

心理史学发端于20世纪前期奥地利心理学家西格蒙德·弗洛伊德(Freud Sigmund,1856—1939)。弗洛伊德是维也纳犹太籍的神经病医生,现代精神分析学派的创始人,著有《梦的解析》(1900)、《论无意识》(1915)、《自我与本我》(1923)、《焦虑问题》(1926)等,提出本能驱动的理论和自我、本我、超我的人格结构理论。

本我即原我,指原始的自己,包含生存所需的基本欲望、冲动和生命力。本我是一切心理能量之源,按快乐原则行事,不理会社会道德、外在的行为规范。它唯一的要求是获得快乐,避免痛苦,目标乃是求得个体的舒适、生存及繁殖,它是无意识的,不被个体所觉察。

自我,原意即指"自己",是自己意识到的思考、感觉、判断或记忆的部分。自我的机能是寻求"本我"的冲动,同时保护整个机体不受伤害,它遵循"现实原则",为本我服务。

超我,是人格结构中代表理想的部分,它是个体成长过程中的内化道德规范,内化社会及文化环境的价值观念,其机能主要在监督、批判及管束自己的行为。超我的特点是追求完美,它与本我一样是非现实的,超我大部分也是无意识的。超我遵循的是"道德原则",要求自我按社会可接受的方式去满足本我。

弗洛伊德的精神分析具有其独特的贡献,但他用人的本能冲动和欲望来解释人的行为和历史现象,把人与动物等同起来,使历史研究陷入生物决定论的泥潭。比如《达·芬奇对童年记忆的回忆》就是弗洛伊德用心理学观点研究达·芬奇的名著。

1912年,弗洛伊德率先运用精神分析法研究达·芬奇,写出了关于达·芬奇的传记《童年的回忆——达·芬奇》。达·芬奇的性格非常奇特,他有时温柔得就像善良的女孩儿,有时又非常狂妄,怀疑一切,蔑视权威。他的绘画艺术本已达到很高水平,但却花费大量时间从事与绘画毫无关系的科学研究活动,如研究鸟类飞行、植物的营养等。佛洛伊德认为这些矛盾反映了达·芬奇的心理变态,心理变态又根源于达·芬奇的童年经历。达·芬奇生于1452年,是一个公证人和一个农家姑娘的私生子,后来他父亲抛弃了他母亲,和一个出身高贵的姑娘结婚,达·芬奇便同母亲一起生活,直到5岁才回到父亲身边。

佛洛伊德认为这5年恰恰是达·芬奇性格和心理形成最重要的时期,由于没有父亲,引起了他个性的严重失态,并形成了女性化的性格和同性恋的倾向。达·芬奇的母亲加倍爱抚达·芬奇,刺激了达·芬奇对母亲的依恋和早熟。他认为蒙娜·丽莎迷人的微笑实际上就是他母亲的微笑,反映了他对母亲的情感和怀念。这本书被认为是心理史学最早的著作。另外,佛洛伊德还著有《歌德对童年的回忆》《托马斯·杰斐逊心理研究》等著作。

在心理史学方面有所成就的还有法国年鉴学派学者费弗尔,他提倡历史学和心理学的结合,并对心理史学进行了理论探讨。在《拿破仑》一书中,他曾对拿破仑性格的形成进行过心理分析。

二战以后,心理史学开始在整个西方兴起,美国仍然走在了世界的前列。早在1935年,美国史学家威廉·兰格出版了《帝国主义外交》一书中,就用心理方法分析了19世纪末英国的对外扩张。1957年12月,兰格担任了美国历史协会主席,在就职演说《下一个任务》中,呼吁把心理史学方法引入历史研究领域,建立一门新的史学。兰格的讲话成为美国心理史学真正形成的标志。

1958年,美国精神分析专家埃里克森(Erik H Erikson,1902—1994)出版了心理史学的经典性著作《青年路德:对精神分析与历史学的研究》,突破了弗洛伊德的理论框架,重视社会文化因素的影响,进一步推动了心理史学的发展。此外,埃里克森还写了《儿童期与社会》《甘地非暴力主义的起源》等著作,成为公认的西方心理史学的权威。

在埃里克森的影响下,美国的心理史学迅速发展,一批年轻的学者逐渐成长,他们大都受过历史专业和心理学专业双学位的训练,年富力强,成果卓著。到20世纪70年代末,美国已有30多所大学开设心理史学课程,借助精神分析学说撰写历史人物传记蔚然成风。美国《心理史学评论》(The Psychohistory Review)成为主要的心理学学术刊物,可见心理史学在美国的兴旺景象。

心理史学在欧洲的影响不大,二战后欧洲从事心理史学研究的人并不多。

但是欧洲心态史学的成果却为人公认。1924年,荷兰历史学家约翰·赫伊津哈出版《中世纪的衰落》①,对中世纪晚期人们的心态进行分析,是现代心态史学的开端。后来,心态史学的中心转移到了法国,而心理史学的中心则在美国。心态史学和心理史学的区别在于,心理史学主要针对个人而言,而心态史学主要针对群体开展研究。

(四)口述历史

口述历史(Oral History)就是通过访谈、口述搜集历史资料,撰写回忆录,这在中国或西方都早已有之。西方的《荷马史诗》《马可·波罗游记》是众所周知的口述史书,藏族的《格萨尔王传》、斯诺的《西行漫记》、溥仪的《我的前半生》也都是口述历史。

现代独立门类的口述史学发端于20世纪30年代的美国。由于关心普通人的生活,美国历史学家就到普通民众中采访,搜集史料,普通民众向他们口述过去的历史,这样口述史学就产生了。作为当代历史文献的新手段而正式创立口述历史学的,是美国哥伦比亚历史学家阿兰·内文斯。

1938年,内文斯提出了发展口述历史的倡议。1948年,在班克罗夫特基金(Bancroft Fund)的资助下,内文斯在哥伦比亚大学创建了第一个口述历史机构——口述历史研究室(Columbia University Oral History Research Office),用以记录、保存近代有意义的私人回忆资料,极大地推动了口述历史的传播。到20世纪60年代,美国已有近百个口述历史的专门研究机构,呈现出蓬勃发展的势头,并且从普通民众向上流社会发展,如没落的贵族、失意的政客、被推翻的统治者、卸任的总统、文化精英、社会名人、世界富豪等。1966年美国口述历史协会成立,为各个领域的地方史学家、图书档案工作者、学生、教师和记者提供专业指导和校园版的信息共享环境。

哥伦比亚大学口述历史研究室开展近现代重要历史和文化民俗的抢救工作,卓有成效,已保存了约7000份访谈、700万页的文字记录,包括美国、中国、阿根廷、中东诸多名流的口述史料,出版了如《李宗仁回忆录》《陈立夫回忆录》《胡适口述自传》《张学良口述历史》等优秀著作,具有生动和广泛的影响。

---

① [荷]约翰·赫伊津哈著:《中世纪的衰落》,刘军译,中国美术学院出版社1997年版。

(五)影视史学

影视史学是一个新生儿,1988年由美国历史学家海登·怀特首创,通过视觉影像和影片传达历史话语和人们对历史的见解的方式。影视史学不仅指电影电视,而且还包括静态平面的照片、图画,立体的雕塑、建筑等视觉资料。

影视史学与历史题材的影视文学剧作不同,不能存在虚构和演绎的成份,不能像《武则天》《唐明皇》《汉武大帝》《康熙王朝》《雍正王朝》等电视剧那样,而是以历史事实和历史文献为基准,运用视觉手段反映历史,如文献片一样。

总体来看,现代欧美史学流派存在一定的共性。在理论上,他们都反对把历史科学与自然科学一视同仁,不认为史学家能通过史料批判完全如实地再现历史,强调史学主体的作用。但正如杰·巴勒克拉夫所指出的,新史学各派在实践中仍然把"摆事实"即实证研究放在第一步,只是在第二步强调史家的解释和评价。在方法论上,他们广泛与社会科学各学科联姻,借用他们的理论和方法来研究历史,于是便出现了心理史学、社会史、口述史、结构主义史学、计量史学、新政治史等多种史学研究方法。在实践领域,他们都强调史学的社会功能,强调史学与现实社会的关系,克罗齐"一切历史都是当代史"的观点得到不同程度的认同。而这些研究上的共性也导致历史研究的领域的极大扩展,比如人口、种族、地理、气候、书籍、婚姻、家庭、生育、死亡、巫术、心理心态、选举、移民、节日、衣食住行等,由此也发现和应用了以前从未曾注意的资料。

由于方法的多样化和科学化,使许多问题的解决接近于可能,也促成20世纪70年代欧美历史学空前繁荣的景象。但是,随着研究的深入,许多新流派也暴露出理论的困境和方法的局限,需要进一步拓展和革新。

第三章 变革中的历史诉求：中国近现代史学流派

中国是一个有着悠久历史传统的国家，史学遗产源远流长。但是，近代以来，中国社会急剧变革，经济方式、政治制度、社会阶层、思想观念、精神文化、风气习俗等都经历了有史以来最深刻的激荡和变局。历史学家已不能像前辈那样，坐在书斋中神游于五千年文明之中，而必须面对现实，面对冲击和挑战，勇于变革，以使近代史学产生了许多变化的特点。

1. 与社会现实紧密结合

面对近代以来的变局，历史学家必须面对现实，考虑国家民族命运，迎接外来世界的挑战，调适自己的知识结构和心态，使旧学新知有机融合，从历史中寻找挽救时局、民族解放和国家富强的路径。

2. 与西方史学紧密关联

近代以前，中国史学一直处在封建社会的形态中，称为旧史学。近代以后，由于西方资产阶级思想和西方史学观点方法的影响和列强冲击，中国社会思想文化形态发生了变化，历史学也随之改变，近代意义上的历史学产生了，人们称为新史学。新史学从历史哲学到历史编纂，多受到西方史学理念、历史话语、思维方式、研究方法的影响。如杜威的实验主义、罗素的社会改良主义、本格森的生命哲学、杜里舒的新生机主义、李凯尔特的新康德主义、孔德的实证主义、赫尔德的历史哲学、兰普莱希特的文化史观、鲁滨逊的综合史观等，应有尽有。西方的史学著作也被介绍到了国内，成为启迪思想的催化剂。

3. 大师辈出，流派纷呈

近现代史学虽然时间短暂，但由于国内外各种思想潮流的传播和碰撞，封建旧史学与资产阶级新史学，资产阶级改良派史学与资产阶级革命派史学，资产阶级史学与马克思主义史学等交锋和争论，借鉴和融合，产生了许多史学大师，形成了许多史学流派。

第三章 变革中的历史诉求：中国近现代史学流派

对于中国近现代史学流派的划分，众说纷纭。①代表性的意见有冯友兰提出的疑古、信古、释古说，后来被齐思和采用；②有钱穆提出的传统派（记诵派）、革新派（宣传派）、科学派（考订派）之划分；③有周予同提出的史料派、史观派之划分；④许冠三提出的史学新义派、考证学派、方法学派、史料学派、史观学派、史建学派等划分。⑤还有人提出文化民族主义史学、文化批判主义史学与马克思主义史学三个流派。⑥这些流派划分各有道理，反映了他们对中国现代史学的深刻理解和宏观把握，颇具卓识。⑦我们择其重要而为大家公认的流派加以介绍。

一、晚清新史学的发端

（一）梁启超的新史学

梁启超（1873—1929），字卓如，号任公，又号饮冰室主人，广东新会人。他是今文经学大师、政治改革家康有为的学生，戊戌变法的领导者之一。

1901年，梁启超在《清议报》发表《中国史叙论》。1902年，又在《新民丛报》发表《新史

中国近代新史学的倡导者梁启超

---

① 胡逢祥、张文建著：《中国近代史学思潮与流派》，华东师大出版社1991年版；张书学著：《中国现代史学思潮研究》，湖南教育出版社1998年版。
② 冯友兰著：《中国哲学史补》，商务印书馆1936年版；齐思和：《近百年来中国史学的发展》，《燕京社会科学》第2卷，1949年10月。
③ 钱穆著：《国史大纲·引论》，商务印书馆1940年版，第3页。
④ 周予同：《五十年来中国之新史学》，《学林》第4期，1940年2月。后收入《周予同经学史论著选集》，上海人民出版社1983年版，第93页。
⑤ 许冠三著：《新史学九十年》，岳麓书社2003年版。
⑥ 盛邦和：《20世纪上半叶中国史学的流程与流派》，《史学理论与史学史研究》2005年第5期。
⑦ 参见侯云灏《20世纪前期中国史学流派略论》，《史学理论研究》1999年第2期。

学》,激烈地批判传统史学,提出了"史学革命"的口号,震动了知识界。梁启超号称中国之新民,精力旺盛,学问广博,思想敏锐,文风流畅,影响了几代热血青年。

他研究学问的核心是历史学,既有中国史,又有外国史;既有古代史,又有当代史;既有通史,也有专史;既有微观的个案研究,也有宏观的通论研究;既有理论研究,也有史实考证,是一个百科全书式的历史学家。20年后,他又发表《中国历史研究法》(1921)、《中国历史研究法补编》(1926—1927),继续批判传统史学,但言辞缓和多了,分析也较为缜密。

1. 批判中国传统史学

关于对"中国之旧史"的批判,贯穿于《中国史叙论》和《新史学》两篇文章之中①。他认为中国史学也取得了一定的成就,但却是"陈陈相因,一丘之貉",没有生机活力和创新精神,不能引领社会前进。梁启超指出中国旧史学有"四弊二病三恶果"。

"四弊"是:"一曰知有朝廷而不知有国家",人们只知道朝廷,没有国家概念,因此产生封建正统观念;"二曰知有个人而不知有群体",二十四史中的本纪列传不过是个人的罗列和无数墓志铭的集合体,看不到群体之间的力智德;"三曰知有陈迹而不知有今务",旧史都是前朝被推翻之后才修史,不涉及当代历史与社会现实,毫无现实作用;"四曰知有事实而不知有理想",旧史只是罗列事实,没有探究因果关系,不能鉴往知来,不开拓未来。

由于这四个弊端,又产生二个缺陷:一是"能铺叙而不能别裁",旧史只是平铺直叙的记载历史,不能鉴别真伪,裁定优劣,决定取舍,没有启人心智的价值;二是"能因袭而不能创作",旧史能够沿用、模仿前人的方法,而不能突破前人,有所创新。

上面的四个弊端和两个缺陷,造成了三个恶果,即"难读""难别择""无感触"。梁启超批判中国旧史学,常常以西方史学和史学家为例证。

他将中国史学分为正史、编年、纪事本末、政书、杂史、传记、地方志、学史、史学、附庸(外史、考据、注释)等10种22类,也慷慨地把司马迁、杜佑、郑樵、司马光、袁枢、黄宗羲奉为中国史学上的"六君子",但认为其余史家多碌碌无为,因人成事。他对历史下了一个定义:"史也者,记述人间过去之事实者也。"他区

---

① 以下引文,均见梁启超著《中国历史研究法》,中华书局2009年版。

分了旧史和近代史学的不同。"前者史家,不过记载事实;近世史家,必说明其事实之关系,与其原因结果。前者史家,不过记述人间一二有权力者兴亡隆替之事,虽名为史,实不过一人一家之谱牒;近世史家,必探察人间全体之运动进步,即国民全部之经历,及其相互之关系。"

他在《新史学》中说:"今日欲提倡民族主义,使我四万万同胞强立于此优胜劣败之世界乎?则本国史学一科,实为无老无幼无男无女,无智无愚无贤无不肖所皆当从事,视之为渴饮饥食,一刻不容缓者也。"他大声疾呼:"史界革命不起,则吾国遂不可救,悠悠万事,唯此为大。"所以梁启超要为"新史学"开辟道路,在思想观念上对中国史学进行近代化的改造。

2. 宣传进化史观

梁启超受英国赫伯特·斯宾塞社会达尔文主义和和赫胥黎天演论的影响,指出:"历史者,叙述进化之现象也。"他说的"历史",是指历史撰述,指出了"新史学"撰述的性质。他说:"进化者,往而不返者也,进化无极者也。凡学问之属于此类者,谓之历史学。"也就是说,历史学当以进化论为指导思想,考察和叙述种种进化现象,这就是"新史学"的本质。梁启超认为,"历史之真象"即运动规律"如一螺线",也就是说历史过程是螺线运动的。他的这个认识,把中国传统史学中的循环论提高到一个新的阶段。他将中国历史划分成上世史(黄帝至秦)、中世史(秦至清末)、近世史(清末以后),这与他老师康有为所谓据乱世、升平世、太平世之说不同。

梁启超认为进化史观必须重视人民群众中的作用。他说:"欲求进化之迹,必于人群""人类进化云者,一群之进也,非一人之进也。"因此,"历史所最当注意者,唯人群之事。苟其事不关系人群者,虽奇言异行,而必不足入历史之范围也"。从历史观的发展来看,从尊天命到重人事,从重视个人的作用到重视人群的作用,确实是一大进步。

3. 探求历史共性和规律

梁启超指出:"历史者,叙述人群进化之现象而求得其公理公例者也。"所谓"公理公例",就是共性和规律。梁启超认为,史学是由"客体"和"主体"结合而成的。所谓客体,"则过去、现在之事实是也";所谓主体,"则作史、读史者心识中所怀之哲理是也"。他在中国第一次提出了史学研究中的主体与客体问题。他阐述说:"有客观而无主观,则其史有魄无魂,谓之非史焉可也(偏于主观而略于客观者,则虽有佳书亦不过为一家言,不得谓之为史)。是故善为史者,必研究人群进化之现象,而求其公理公例之所在,于是有所谓历史哲学者出焉。历史与历史哲学虽殊科,要之,苟无哲学之理想者,必不能为良史,有断然矣。"

梁启超从历史客体与主体的关系着眼,提出历史理论研究的重要作用。他认为,历史哲学之所以重要,在于对从认识局部历史到认识全体历史、从认识史学本身到认识史学与他学之关系,都是必不可少的。更为重要的作用,即"所以必求其公理公例者,非欲以为理论之美观而已,将以施诸实用焉。历史者,以过去之进化导未来之进化者也。吾辈食今日文化之福,是为对于古人已得之权利,而继续此文明、增长此文明、孳殖此文明,又对于后人而不可不尽之义务也。而史家所以尽此义务之道,即求前此进化之公理公例,而使后人循其理、率其例以增幸福于无疆也。史乎!史乎!其责任至重,而其成就至难!"从公理公例中得到启示,并借以指导现在与将来,这是梁启超"新史学"的显著特点。

4. 提倡"民史"和通俗史学

梁启超反对封建专制,主张"伸民权",普及历史知识,开发民智,提出撰写人民群众的历史,并为下层民众能够看懂。他说,今后写历史,不应该只写"君史"和"朝史",而应该关心普通老百姓的生活和国家的命运,写国史和民史。同时史学要通俗化,使人易懂,启人心智,因此提倡撰写历史小说。

1902年11月,他在日本主持创办《新小说》月刊,成为通俗史学的主要阵地。《新小说》设有历史小说、政治小说、科学小说、哲理小说、冒险小说、侦探小说、外交小说、社会小说、法律小说等。其中历史小说如《洪水祸》《东欧女豪杰》《痛史》等。梁启超在创刊号上发表《论小说与群治之关系》,直接推动了通俗史学的繁荣,使通俗史学在民国初年风行一时,著名的如蔡东藩(1877—1945)的《中国历代通俗演义》44册,从秦始皇一直写到1920年。

梁启超对"中国之旧史"的批判,为"史界革命"和"新史学"开辟了道路,对中国史学思想观念的转变具有积极的作用。但也必须看到,梁启超的这种对旧史的批判,在立论上往往得失参半,在结论上也是误解强于精审,谬误多于正确。究其原因,主要有两条:一是这种批判不是建立在冷静的、科学分析的基础上,而带有明显的武断和感情色彩。二是他错误地认为,在"新史学"和"旧史学"之间存在着一道鸿沟,处于对立状态,所以要彻底否定"中国之旧史"。《新史学》的成就,在提倡史学之"新"的方面,有首开风气的历史作用;而在批判旧史学之"旧"的方面,虽也提出一些有价值的见解,但还不能理性的看待问题。

在生命的最后十年,梁启超撰写了《清代学术概论》《先秦政治思想史》《中国近三百年学术思想史》等,由他的朋友林志钧编入《饮冰室合集》(分文集和专集两部分)的专集中。梁启超死时仅56岁,但给后人留下丰富的文化遗产。他研究历史的最大特点,是利用历史为政治服务,充满经世致用的思想。他为了保国保种保教、振奋民族精神、变革中国政治、宣传爱国主义而研究历史,成为中国当时思想界的精神导师,激励了中国几代知识分子。他的文笔流畅,议论风生,笔端常常带着感情,阅读起来引人入胜,启人心智。

(二)夏曾佑《中国历史教科书》

夏曾佑(1863—1924),字穗卿,号碎佛,笔名别士,浙江仁和(杭州)人,被梁启超誉为"晚清思想界革命的先驱者"。"别士"之名,出于《墨子》,与"兼士"对称。

夏曾佑的父亲夏鸾翔是位数学家,不幸早逝,但夏曾佑没有因此影响学业。他14岁入泮,26岁中举,28岁(1890)中进士,后任清政府礼部主事,官小职闲,专心于读书治学,崇尚今文经学。在北京期间,结识了梁启超、谭嗣同等维新志士,参与创办《时务报》《国闻报》,接受达尔文的进化论,宣传维新变法思想,成为戊戌变法的思想先驱者之一,也成为"新诗"运动的倡导者。

戊戌变法失败后,夏曾佑选授安徽祁门知县。1902年,他在上海丁母忧期间,应商务印书馆约请开始编写《最新中学中国历史教科书》。这部书原来打算写5册,但实际上只写了3册。1904年(光绪三十年)出版了第1册,1906年就发行6版。1906年出版了第2册、第3册,1909年(宣统元年)均发行了5版。当时以新史学观点编写和引进的通史较多,但夏曾佑的《最新中学中国历史教科书》是中国近代史学史上"第一部有名的新式通史"。1933年,商务印书馆重新印行时,书名改为《中国古代史》,并由中学教科书升格为"大学丛书"。

近代新史学的传播者夏曾佑

1912年民国成立后,受蔡元培邀请,夏曾佑任教育部社会司司长。1916年,任京师图书馆馆长,思想逐渐保守。

夏曾佑未发表过纯历史或史学理论的著作,通过《中国历史教科书》和几篇散论,可以看出他的历史思想。

1. **宣传进化论思想**

夏曾佑比较早地接受了"物竞天择、适者生存"的天演论观点和历史进化论思想,认为此说可破除古代神造史观,并指导对中国历史的研究。在《神农氏》一节则明确指出,凡文明之国,其进化历程必由渔猎社会而游牧而耕稼,社会得以前进,只是为时有迟速而已。这就既肯定了历史发展的普遍规律性,又肯定了各地区发展的不平衡性。

在《三国末社会之变迁》中,他肯定优胜劣败之理是世界公例。在分析游侠绝灭的原因时,试图说明"其中有天演之理存焉"。他还认为,不能依道德准则衡量历史进化现象。在《禹之政教》中,他说:"至禹乃确立传位之定法。盖专制之权渐固,亦世运进步使然,无所谓德之隆替也。"实在难能可贵。

夏曾佑认为,历史进化以思想学术为主因,其他历史因素只能尾随其后。如《战国之变古》说:"古今人群进化之大例,必学说先开,而政治乃从其后。"他认为不是所有历史事物都进化,有些文化事物不但不进化,而且还退化。例如《文学源流》认为,《说文》所载名物多至九千,而近代通行的只有两千余,说明今不如古,汉以后的中国学问是退步的。夏曾佑还流露出历史循环论思想。在《文帝黄老之治》中,他分析了中国历史上太平与革命的相互交替,说"天道循环,往而必返"。

2. **探求历史因果规律**

夏曾佑编著历史读本的目的,在于"发明今日社会之原"。他依据进化论观点,认为现实社会的发展变化无不具有历史原因。找到了历史原因,也就找到了现实变化的依据。

夏曾佑相信历史因果关系的存在,在叙述或分析历史现象时总是去寻找深层原因。在教科书《叙》说:"运会所遭,人事将变。目前所食之果,非一一于古人证其因,即无以知前途之夷险。"在第二册《读本期历史之要旨》中说:"至于今日,天下之人,环而相见,各挟持其固有之文化,以相为上下。其为胜为负,岂尽今人之责哉,各食其古人之报而已矣。"在解释古人相信鬼神和老孔墨三家兴衰的原因时,都是依据历史因果联系的思想解释具体历史现象。他认为对现实的改造或变革,必须考虑本国的历史文化背景,并作《论变法必以历史为根本》一文专门申论,无疑是正确的,但有时也出现一些生搬硬套的解释。

夏曾佑承认存在"天定"的规律。在《论中日分合之关系》说:"天下有自然之势,非人力所可逃,往往经数千百年之久,神光离合,起伏万端,而其终也,仍归于此天然之局。此所以哀叹于天定之不可逃也。"所谓"天定",是指自然规律。历史中也存在与天定相似的规律,即公例。他认为"历史,有一公例"。这种公例,乃由因果关系构成,故"天下无无因之果",所以在叙述或分析历史现象时就要去寻找深层原因。

3. 首次划分历史阶段

夏曾佑有宏观把握历史发展脉搏和线索的能力,历史抽象能力很高,突出反映在他对历史发展阶段的划分上。教科书《凡例》说:"是编分我国从古至今之事为三大时代,又细分为七小时代。每时代中于其非凡之事加详,而于普通之事从略。如言古代则详于神话,周则详于学派,秦则详于政术是也。"《古今世变之大概》具体讲述了他的历史阶段划分学说,即上古:(1)传疑期,开辟到周初;(2)化成期,周中叶至战国。中古:(3)极盛期,秦至三国;(4)中衰期,晋至隋;(5)复盛期,唐。近古:(6)退化期,五季宋元明;(7)更化期,清。如此高度概括的历史划分,使纷繁复杂的历史现象和历史发展过程显得眉目清楚,便于把握。上古、中古、近古的划分法,也突破了传统史学完全依照王朝体系划分历史的框架,是划分中国古代和近代历史的首次尝试,反映了他试图整体把握历史走向的能力。

在对某一阶段历史的论述中,夏曾佑也经常对其进行更加具体的阶段划分。例如《禹之政教》认为禹政乃古今一大界,《周之关系》将周人历史分为三期,《春秋制度之大概》列战国为古今大界,《秦之自出》以秦区别古今世界,《凉州诸将之乱》把三国视为时代转变的分界等。划分阶段时,夏曾佑还比较重视某些专门领域的相对独立性,避免造成历史单一化。如《晋南北朝隋之行政机关》提出古今行政机关的变化,与宗教、政治、学术、民风的发展并不协调一致,应给予另行划分;《三国末社会之变迁》又根据"士"这一非凡社会阶层的特点,对"士"的发展给予另外一种划分。这些都是夏曾佑历史著作的精华所在。

4. 历史著作要"易传"

夏曾佑认为,历史著作在读者阅读、接受乃至消费过程中,存在"易传"和"不易传"两种情形,从中可看出史书产生社会影响的深度和广度,间接反映史书本身的构成特征以及大众的一般性阅读心理。夏曾佑说,纪事之书的"传人"功能最强,所以传之易或不易的原因则是多方面的。一是书中所用语言文字,必须是一个国家或民族通用的大众语言;二是应力求接近口语;三是语言应力求详尽,节省读者脑力;四是应多叙述人类日常生活中熟悉的事情或事物。具备了这四条,纪事之书的流传就容易,否则就难。

这四点是从写作角度而言的,实际上他还提到第五点,即从接受者、阅读者的角度来说,认为符合读者心理的虚事易传,违反读者心理的实事不易传。史书应当考虑读者的接受心理,但把"虚事""实事"作为区别就有些牵强。有了五大区别,夏曾佑得出结论:"据此观之,其具五不易传之故者,国史是矣,今所称之《二十四史》俱是也;其具五易传之故者,稗官小说是矣,所谓《三国演义》《水浒传》《长生殿》《西厢》《四梦》之类是也。"也就是说,艺术作品比科学史书轻易流传。历史学要想充分发挥社会效益,就应当充分利用"易传"功能。夏曾佑在史书接受问题上的思想非常可贵,独树一帜,但他没有区分历史研究与艺术作品如小说的区别。他还说:"有人身所作之史,有人心所构之史,而今日人心之营构,即为他日人身之制作,则小说者又为正史之根矣。若因其虚而薄之,则古之号为经史者,岂尽实哉。"①"由心构史"提出了历史认识主体的问题,企图为未来指明道路,洞悉到一个重大的史学理论问题,可惜未能展开。他提出史书接受的动机,在于救亡图存,开发民智,利用史学的通俗形式教育民众,这同梁启超尔后提倡小说的动机完全一致。

夏曾佑是中国近代新史学流派的重要人物,他将中国传统的今文经学中公羊三世说与西方进化论相结合,从事新史学的实践,取得了可喜的成绩。他的《最新中学中国历史教科书》是近代中国尝试用进化论思想研究中国历史的第一部著作,也是20世纪新式中国通史的第一部成名作,在历史变局时期起到了巨大的影响,受到梁启超、胡适、鲁迅等的赞扬和肯定。由于时代的局限,他的史学观点并不系统,不成体系,许多说法值得商榷,但其开风气之先的作用不可否认。

二、国粹学派

国粹学派是在民族危机和传统文化危机背景下产生的资产阶级知识分子文化派别,他们维护和崇尚中华民族固有的文化精华和文化遗产,排斥外来宗教文化的渗透和入侵。1905年2月,邓实、黄节、刘师培等在上海成立国学保存

---

① 严复、夏曾佑:《国闻报附印说部缘起》,《国闻报》,光绪二十三年(1897)10月。

会,出版《国粹学报》,设立藏书楼,并准备建立国粹学堂,广泛开展学术活动。1906年6月,因反清而被捕的章太炎出狱,他在东京留学生欢迎会上发表演说,宣布要"用国粹激动种姓,增进爱国的热肠"。他被孙中山迎至日本后,在《民报》上连续发表宣扬国粹的文章,在东京成立"国学振起社",自任社长,主讲国学,发行讲义,与国内的《国粹学报》相呼应,形成一股强大的国粹主义思潮。

国粹派的行政首脑是邓实,文字主帅是刘师培,精神领袖是章太炎,代表人物还有黄节、陈去病、马叙伦、陆绍明、柳亚子等,后来王国维也曾积极为《国粹学报》撰写稿件。

(一)邓实和国学保存会

邓实(1877—1951),字秋枚,广东顺德人。生于上海,早年丧父,与弟邓方(字秋门,近代知名诗人)相依为命。从青年时代起,便崇拜顾炎武,喜为经世通今之学,讲求有用之文,想以学问报效国家。19岁南归广东,在经学名家简朝亮的简岸草堂就读,与同学黄节结为知交。1902年在上海创办《政艺通报》,介绍西方学说。他认为15世纪是欧洲古学复兴之世,20世纪则是亚洲古学复兴之世。西学传入,很多人感到吃惊,实际上西学与我

国粹派行政首脑邓实

国先秦诸子的思想大都相符。所以,学问无所谓中西,无所谓新旧,只有把古今中外的学问"会而通之",才能算得上是"通人"。邓实平生致力于珍本古籍的收藏,所藏多秘籍,以清廷禁毁书为多,藏书处命名"风雨楼",并编撰有《风雨楼书目》。在主持《政艺通报》的过程中,邓实逐步形成了保存传统文化,发扬传统文化的想法。1905年2月,他与黄节(1873—1935)等在上海成立国学保存会,出版《国粹学报》,请章太炎写发刊词。章太炎说:"同仁痛国之不立而学之日亡,于是瞻天与火,类族辨物,创为《国粹学报》,以告海内。"《国粹学报》宣传排满革命,保存国粹旧籍,形成国粹派。

国学保存会的开办费500元是邓实和黄节两人捐助的,邓实捐了300元,黄节捐了200元。国学保存会每月活动一次,聘请刘师培等人为讲师。为保存传统文化,发扬传统文化,邓实等国粹派同人准备在上海四马路建立国学保存

会藏书楼,收藏大量珍本古籍。1906年10月,藏书楼建成开放,约有藏书六万卷,其中邓实捐存了3000册,各种旬报1000册,黄节捐存了4000册,刘师培捐存了660册。藏书楼的宗旨是:庋藏古今载籍,搜罗秘要图书,以供本会会员及会外好学之士观览。它不仅向国学保存会同人开放,也对社会上的好学之士开放。开放的时间是每日的上午8时至下午5时,专门辟有一阅览室供读者阅览;进楼阅书须购买阅书券,阅书券分三种,一日券每张五分,一月券每张一元,长年券每张十元。藏书楼编有藏书目录供读者查询,对阅者来说甚为便利。顾颉刚到上海,就曾经到藏书楼看过书。邓实不是一个大实业家,也不是一个官僚,他为了收藏古人之书已达到了倾家荡产的地步,但国学保存会的各项活动还是艰难地开展着。

废除科举制度后,新式学堂应运而生,需要大量的教科书,而当时社会上流行的国学教科书,不是译自日本,就是草率而成,应用价值不大。国粹派认为,新式国学教科书是普及国学最重要的工作,所以计划用两年时间,按照新式学堂的章程,重新编写五种国学教科书,把我国五千年学术中精要大义,皆融会在教科书之中。少年学习之后,能对国学有一个基本了解,然后再去学习西方科学知识,才能成就大事业。这五种教科书是:伦理教科书、经学教科书、中国文学教科书、中国历史教科书、中国地理教科书。教科书出版后,公私学校,无不采用,当作课本,清政府的学部也予以承认,并夸赞教科书宗旨纯正,文理明通。刘师培编写的《中国历史教科书》则被学者赞誉为"中国史书中空前之著述"。

1912年,孙中山就任中华民国临时大总统后,邓实等人认为革命已经成功,国学保存会的会员也星散各处,国学保存会就基本上解体了。但藏书楼一直坚持到1932年,因经费困难,最后关闭,藏书由邓实捐给复旦大学图书馆。藏书楼的关闭,也就意味着邓实藏书生涯的结束,取而代之的是以书画自娱的生活,但这丝毫无损于邓实藏书家的身份和国粹派的首脑地位。其主要著作有《史学通论》《政治通论》《民史总叙》《古学复兴论》《国学讲习记》《国学真论》《国学原论》《国学微论》《国学通论》《国学今论》等。

国粹派以"研究国学,保存国粹"为口号,一边进行学术研究,一边从事政治与文化活动。国粹派有自己的专门组织国学保存会,有专门的学术阵地《国粹学报》,有固定的活动场所上海四马路老巡捕房东首惠福里,有比较周密的管理制度,如财务报告制度,有专门的藏书楼上海四马路老巡捕房东面辰字24号;还曾经组织编写《国学教科书》《各省乡土教科书》,刊刻"国粹丛书""国粹丛

第三章 变革中的历史诉求：中国近现代史学流派

编"《神州国光集》，创办国粹学堂等，活动有声有色，是一个组织管理工作做得比较好的学术流派。①

(二) 章太炎和刘师培

章太炎与刘师培都是晚清国粹大潮中大师级学者和政治上的活跃人物，二人学术造诣深厚，志趣相近，在交谊上经历了从友善到分道扬镳的过程。刘师培背叛革命，章太炎粹为儒宗，但在思想方面，二人均信仰无政府主义，致力于驱散儒家经学的神圣光环，对近代诸子学、史学等学科颇有贡献。

章太炎(1869—1936)，初名学乘，字枚叔，号太炎，后易名炳麟。浙江余杭人。清末民初民主革命家、思想家、著名学者，研究范围涉及小学、历史、哲学、政治等，著述甚丰。他早年到杭州诂经精舍随同朴学大师俞樾学习，收获颇多。1897年任《时务报》撰述，因参加维新运动被通缉，流亡日本。1900年剪除辫发，立志革命。1903年因发表《驳康有为论革命书》并为邹容《革命军》作序，触怒清廷，被捕入狱。

1906年6月章太炎出狱后，孙中山迎其至日本，参加同盟会，主编《民报》，与改良派展开论战。在东京留学生欢迎会上，章氏发表演说，认为当前最紧要的："第一，是用宗教发起信心，增进国民的道德；第二，是用国粹激动种姓，增进爱国的热肠。"②什么是国粹，章太炎认为，国粹就是国家的历史。他说："为甚提倡国粹，不是要尊信孔教，只是要人爱惜我汉种的历史。这历史，就是广义的说，一是语言文字，二是典章制度，三是人物事迹。"③他在《民报》发起"国学讲习会"，第二年又成立"国学振起社"，主讲国学，发行讲义，与国内的《国粹学报》相呼应，使国粹主义

国粹派精神领袖章太炎

---

① 郑师渠著：《晚清国粹派文化思想研究》，北京师范大学出版社1997年版。
② 汤志钧编：《章太炎政论选集》上册，中华书局1977年版，第272页。
③ 同上，第276页。

思潮在日本流行。

　　国学根基深厚的章太炎，毅然承担起学统继任的大旗，企图以国学救国。他说："上天以国学付余，自炳麟之初生，以至于兹，三十有六岁。……至于支那闳硕壮美之学，而遂斩其统序，国故民纪，绝于余手，是则余之罪也。"①由于章氏声名远播，前来受业的弟子众多，比如黄侃、朱希祖、钱玄同、周树人、周作人等，几乎都是20世纪初中国文化界顶尖人物。虽然周氏兄弟没有在传承国学上走下去，但黄侃等大多数弟子基本接受了章太炎研治国学的路径。后来，章太炎将他自己的讲课笔记整理出版，定名为《国故论衡》。该书分为三卷，上卷论"小学"（文字、音韵、训诂）；中卷论文学；下卷论诸子，即哲学思想。

　　1911年上海光复后，章太炎回国，主编《大共和日报》，并任孙中山总统府枢密顾问，曾参加张謇统一党，散布"革命军兴，革命党消"言论。1913年宋教仁被刺后，他到北京总统府大骂袁世凯包藏祸心，为袁禁锢，袁死后被释放。

　　1913年后，章门弟子大量进入北京大学，成为北京大学文学、历史两科和国学研究所的主导人物，如讲授历史的朱希祖，讲授文学的黄侃、马裕藻、钱玄同、沈兼士和周氏兄弟等，他们控制着北京大学教授评聘和学科内容的安排，使章太炎的观念直接影响到当时的学术形态。

　　但是，随着欧美留学回国学者进入北京大学，特别是胡适开始讲授中国哲学史，不久又执掌文学院，使章门弟子逐渐失去对北京大学学术氛围的影响，国学研究从思想到方法都发生了根本变化。

　　1917年9月，孙中山在广州就任护法军政府大元帅，掀起了护法运动，以章太炎为护法军政府秘书长。1922年主张联省自治，后反对国共合作。1926年应孙传芳聘请，到南京任"修订礼制会"会长。1927年被国民党上海市党部指名为第一号学阀，遂闭门杜客，对国事、学术俱持缄默。"九一八"事变后反对日本侵略。1934年由上海迁居苏州，主持章氏国学讲习会，主编《制言》杂志。晚年赞助抗日救亡运动。

　　刘师培（1884—1919），字申叔，江苏仪征人，是清代学者刘文淇的曾孙、刘贵曾之子。幼承家学，饱读经史，光绪二十八年（1902）中举人，次年会试落第，开始接触种族革命思想。1904年秋，到上海结识章太炎、蔡元培等，改名光汉，参加反清革命，成为一名激进的革命党人。章太炎赞叹其国学深厚不已，曾对

---

① 《癸卯狱中日记》，《章太炎全集》第4册，上海人民出版社1985版，第144页。

刘光汉说:"国粹日微,赖子提倡"之类的话。同时,刘师培与章太炎同入国学保存会,成为国粹派的重要人物。刘师培与何震结婚后,夫妇二人都参加革命活动,被上海革命党人比作普鲁东和索菲娅。

1907年春节,应章太炎等邀请,刘师培夫妇东渡日本,结识孙中山、黄兴、陶成章等革命党人,参加同盟会东京本部的工作。同年6月,受日本无政府主义思潮的影响,刘师培夫妇创办《天义报》和《衡报》,宣传无政府主义和社会主义理论,同时组织翻译《共产党宣言》等,继续为《国粹学报》撰稿,在同盟会之外另立旗帜。由于留日期间费用巨大,又因革命党内部矛盾等原因,章太炎拟赴印度学佛,刘师培接受两江总督端方收买,投向清朝阵营,并与章太炎关系恶化。

1908年11月,刘师培夫妇回国,为清朝效力。端方调任直隶总督,刘师培随任直隶督辕文案、学部咨议官等职。1911年随端方南下四川镇压保路运动,在资州被革命军拘捕。辛亥革命胜利后,章太炎刚返回祖国,即奔走营救,后由孙中山保释。但刘师培自觉无颜相见,故在四川不出,后任成都国学院副院长兼四川国学学校课程,讲授《左传》《说文解字》等,还发起成立四川国学会。1913年,刘师培夫妇回到上海,国粹派人士不念旧恶,奔走往还,刘师培感念世道沧桑,于是"申叔殊感枚叔厚谊,复言归于好"。

1915年8月,刘师培又与杨度、严复等发起成立筹安会,作《君政复古论》,为袁世凯称帝鼓吹,失败后流落天津。1917年被蔡元培聘为北京大学教授,讲授中古文学、《三礼》《尚书》和训诂学,并在北京大学附设的国史编纂处兼职。但病情严重,上课有气无力。

在北大期间,刘师培继续为保存国粹而努力。1918年夏,刘师培等人计划复刊《国粹学报》,但未成功。后又准备创办《国故》月刊。1919年1月,刘师培与黄侃、朱希祖、马叙伦、梁漱溟等在其寓所成立"国故月刊社",自任总编辑,"以昌明中国固有之学术为宗旨"。可见《国故》月刊与《国粹学报》是一脉相承的。1919年11月,刘师培因肺结核病逝于北京,终年36岁。刘师培"英年早逝",其妻何震削发为尼。刘师培主要著作由南桂馨、钱玄同等搜集整理,编为《刘申叔先生遗书》。

刘师培作为经学大师,善于把近代西方社会科学研究方法和成果,吸收到中国传统文化研究中来,开拓了传统文化研究的新境界,成果很多。在日本时,他与章太炎齐名,当时有"二叔"的说法。他在北京大学时编的《中国中古文学史》讲义,影响较大。鲁迅先生在1928年时说:"我看过的已刊的书(指中国文学史),无一册好。只有刘申叔的《中古文学史》倒要算好的,可惜错字太多。"在《魏晋风度及文章与药及酒之关系》的著名演讲中,鲁迅推荐说:"研究那时的文学,现在较为容易了,因为已经有人做过工作……辑录关于这时代的文学评论有刘师培的《中国中古文学史》……对于我们的研究有很大的帮助,能使我们看出这时代的文学的确有点异彩。"同时声明:"我今天所讲,倘若刘先生的书里已详的,我就略一点;反之,刘先生所略的,我就详一点。"①

刘师培在新文化运动中的言行尤其是出任《国故》总编辑的举动,不可简单归结为"倒退复古"、与新思潮相对抗。他不过是秉承一贯的文化观念行事,但在当时的特殊语境下,客观上站到了新文化的对立面。如果超越背景来看,其中是非功过,还有待重新思考。

(三)国粹派史学的基本观点

在民族危机和传统文化危机的背景下,国粹派想借助中国文化抵制西方思潮的侵袭,适应排满革命的需要。他们以复兴中国文化为己任,既是激烈的排满革命派,又是热衷于整理和研究中国古代历史文化并推动其现代化的国学大家。

国粹派史学认为,国学是国家认同的关键,国学兴则国家兴。"国粹"一词,来自日本,指国家固有的文化精华。日本国粹派反对明治政府盲目的欧化政策。晚清兴起的中国国粹派看到民族危机与文化危机的一致性,相信文化危机是更本质、更深刻的民族危机,于是提出"保种、爱国、存学"口号,呼吁重视保持民族文化的独立性,反映出20世纪初国人思想向传统文化的回归,国粹思潮是资产阶级民主革命思潮在传统学术文化领域的延伸。

由于对"国粹"的理解存在差异,因此"国故"便成为大家都可接受的词汇。章太炎坚信国学是国家认同的关键,是面对西方挑战的精神动力,在他撰写的《国学讲习会序》中说:"夫国学者,国家所以成立之源泉也。吾闻处竞争之世,徒持国学固不足以立国矣。而吾未闻国学不兴而国能自立者也。"

章太炎在东京留学生欢迎会上就批评当时的欧化主义风潮说:"近来有一种醉心欧化的人,总说中国人比西洋人所差甚远,所以自甘暴弃,说中国必定灭

---

① 《鲁迅选集》第2卷,人民出版社1983版,第378页。

亡,黄种必定剿绝,因为他不晓得中国的长处,见得别无可爱,就把爱国爱种的心,一日衰薄一日。"①

1912年2月,章门弟子马裕藻、钱玄同、朱宗莱、沈兼士、龚宝铨、朱希祖、范古农、许寿裳等发起"国学会",请章太炎担任会长。他在《民立报》发表的《国学会缘起》中说:"先民不作,国学日微,诸言治兴学,以逮艺术之微音,罔不圭臬异国,引为上第。古制沦于草莽,故籍鬻为败纸,十数稔于兹矣。……语曰:'国将亡,本必先颠。'典章制度名物训诂,玄理道德之源,粲然莫备于经子,国本在是矣。今言者他不悉知,唯欲废绝经籍,自诩上制,何其乐率中国而化附于人也。方当匡复区夏,谓宜兴废继绝,昭明固有,安所得此亡国之言,以为不祥之徵耶?……学术之败,于今为烈,补偏救弊,化民成俗,非先知先觉莫能为,为亦不能举其效。"②这显然是章太炎和国粹派主张的"学术亡而国亡"的道理。

国粹派认为,国粹以历史为主,历史是确立国家独特性的文化标准。1925年,章太炎就说:"历史为祖孙相传之信物,凡伟大之人物,皆由参考历史得来。参考历史,如打棋谱,善弈者必善打棋谱,否则虽解弈理,终非能手。"③

章太炎说:"盖凡百学术,如哲学、如政治、如科学,无不可与人相通,而中国历史,断然为我华夏民族之历史,无可以与人相通之理。"④所以他注重史学研究,指出"国粹以历史为主",希望以历史来激励人民的爱国心,以历史来启发社会文明的发展。

20世纪初,梁启超掀起"史界革命",批判封建旧史学,倡导资产阶级新史学,对此,章太炎、刘师培均表赞同。章太炎撰写《尊史》《征七略》《哀焚书》《哀清史》等一组文章,开始构建其史学理论。他认为封建史学缺乏理想,文明史不详,真实性可疑,主张改革史体,扩大史家视野,提高史学理论水平。他认为史学可增长人们的爱国心,培养人民的民族主义。他说:"民族主义如稼穑然,要以史籍所载人物、制度、地理、风俗之类为之灌溉,则蔚然以兴矣"。⑤刘师培也注重以历史来培养民族、民主革命的情绪,强调以进化论来指导历史研究。和章

---

① 汤志钧编:《章太炎政论选集》上册,中华书局1977年版,第276页。
② 姚莫中等:《章太炎学术年谱》,山西古籍出版社1993年版,第196页。
③ 汤志钧编:《章太炎年谱长编》,中华书局1979年版,第823页。
④ 章太炎:《论经史儒之分合》,《国风月刊》卷八,第5期(1935年12月)
⑤ 章炳麟著:《章太炎全集》第4册,上海人民出版社1985版,第371页。

太炎不同的是，刘师培强调以史致用，主张六经皆史，把经书看作史书和史料。

章太炎认为国学是培养民族主义情感不可替代的方法，他说："为甚要提倡国粹？不是要人尊信孔教，只是要人爱惜我们汉种的历史。这个历史，广义说，可以分为三项：一是语言文字，二是典章制度，三是人物事迹。"他说，要消灭一个国家，就必须先消灭这个国家的史书。有史书在，这个国家就不会亡。

在史学成就上，章太炎是支离片断的，他曾有一个宏大的规划，拟编《中国通史》100卷，但一直未动手，只留下了《略例》和《目录》，附于《哀清史》之后。从《目录》中可知，他的"中国通史"分表、典、记、考纪、别录五部分，相当于纪传体正史的表、志、本纪、列传，这在史书体例上也没有突破。另外，因光绪末年在日本发现《南疆逸史》，他又想编《后明史》，最终也未动手。章太炎对典章制度较为重视，在学术史研究上，对一些事件"翻案"，如肯定太平天国，以及注重考据、索引、钩沉等，对后世产生一定影响。

刘师培相对重视对历史的研究。1905—1906年，他撰写了《中国历史教科书》，由国学保存会出版，讲上古史事，断限到西周，首次研究了中国原始社会的历史。此书晚于夏曾佑的《最新中学中国历史教科书》，影响不及夏曾佑的书。与章太炎不同，刘师培以经书作史料，重视考古材料，也能吸收史学界的新观点，如进化史观、地理环境决定论、汉民族西来说等。刘师培写过史学考证文章，如《秦四十郡考》《辽史地理考》等。他的《周末学术史序》，是我国第一部以学术史命名的著作。

国粹学派宣传民族主义。民族主义是孙中山三民主义之一，也是晚清时期主要的社会思潮。1905年，孙中山在东京留学生欢迎会上发表演讲，说："思想进步，民族主义大有一日千里之势，充布与各种社会中，殆无不认革命为必要者。"

孙中山的旧民族主义，是推翻满族人的统治，建立汉族人的政权。邹容在《革命军》中提出，"满族人"根本就不属于"中国人种"，而是西伯利亚人种中的蒙古人，要求"驱逐住居中国之满洲人，或杀以报仇"。陈天华在《警世钟》中大声疾呼："满人若是帮助洋人杀我们，便先把满人杀尽。"章太炎在日本讲学时说："若能明了中国的历史文化，我想即使是全无心肝的人，那爱国爱种的心，必定风发泉涌，不可遏抑的。"

国粹派广泛学习西方的民权思想和历史进化学说。1903年夏天，刘师培利用闲暇，学习卢梭的《民约论》，以笔记形式写成《中国民约精义》一书。他认为卢梭的思想在中国古代圣贤那里已经存在,并从民权的立场抨击封建专制制度。他说:"文明之国,有君叛民,无民叛君。叛民之罪,是为大逆。""立国之公理,是以少数人服从于多数人,不可使多数人服从于少数人。"1906年,章太炎作《俱分进化论》,发展了达尔文、斯宾塞的进化论学说,认为善进化,恶也进化,双方并进,如影随形,所以人类社会永远达不到尽善尽美的境界。他们强调独特的"中西文化观",主张在效法西方、改革中国政治的同时,必须立足于复兴中国的固有文化,从传统文化中发掘出近代化所需要的东西。

国粹派思潮在辛亥革命前几年,影响颇大。它在配合宣传同盟会政纲,抵制盲目西化,改变学术风气等方面,起了一定的积极作用。但它对传统文化因袭的负担太重,不能正确处理继承与批判的关系,一味地鼓吹发扬国粹,在客观上又配合了封建守旧派和君主立宪派的需要。辛亥革命后,逐渐蜕化为复古保守势力,起了阻碍革命的作用。

三、胡适实用主义史学与史料学派

1915年9月,正当袁世凯准备复辟称帝时,陈独秀在上海创办《青年杂志》(第二卷改称《新青年》),发起了新文化运动。1917年1月,著名教育家蔡元培就任北京大学校长,实行"思想自由""兼容并包"的方针,聘请陈独秀为北大文科学长,《新青年》编辑部随之迁入。此后,李大钊、刘半农和刚从美国留学归来的胡适先后应聘到北京大学,与已在北大的钱玄同等一起,成为新文化运动的中坚力量。

新文化运动提倡民主、科学和新文化、新道德,反对专制和迷信,对以儒学为代表的旧道德、旧礼教、旧文化展开猛烈的攻击,成为空前的思想解放运动,对近现代中国史学产生了划时代的影响,开辟了近现代史学的新局面。在胡适实用主义影响下,形成了傅斯年的史料学派和顾颉刚的疑古学派。在马克思主义影响下,形成了李大钊、郭沫若的马克思主义史学。其他各种流派也受到西方史学思想和国内新思潮的影响,呈现出不同的史学观念和价值取向。

(一)胡适实用主义史学

胡适(1891—1962),原名嗣穈,学名洪骍,后改名胡适,字适之,取自进化论"物竞天择,适者生存"之意。安徽绩溪人。现代著名学者,因提倡白话文和新文学而成为新文化运动的风云人物。

胡适在老家受过9年私塾教育,打下一定的古文基础。后到上海梅溪学堂、澄衷蒙学堂求学,受到进化论思想的影响。1906年考入中国公学,1910年考取庚子赔款留学生,进入美国康乃尔大学农学院,后转入文学院学哲学。1915年进入哥伦比亚大学研究院,师从哲学家杜威学习实用(实验)主义哲学,并服膺一生。

1917年7月毕业回国后,任北京大学教授,加入《新青年》编辑部,积极提倡"文学改良"和白话文学,成为新文化运动的重要人物。他反对五四运动和马克思主义传播,提

新文化运动的旗手胡适

出"研究问题,输入学理,整理国故,再造文明"的口号。1922年5月,胡适任北京大学教务长兼代理文科学长,同月创办《努力周报》,宣传自由主义思想。1923年北京大学出版《国学季刊》,胡适为编辑部主任,撰写了《发刊宣言》。他说:"中国的一切过去的文化历史,都是我们的'国故';研究这一切过去的历史文化的学问,就是'国故学',省称为'国学'。"①《国学季刊》陆续出版了7卷,直到1952年,对推动国学研究产生了广泛而深远的影响。1928年3月,与徐志摩等创办《新月》月刊,任中国公学校长,倡导人权运动。1932年任北京大学文学院院长兼中国文学系主任,与傅斯年等创办《独立评论》,拥蒋反共,但赞成抗日。抗战时期,出任中国驻美国大使。1946年任北京大学校长。1949年寄居美国,后去台湾,出任台湾"中央研究院"院长。

胡适一生获得36个博士学位,学识渊博,名扬天下,他在文学、哲学、史学、考据学、教育学、伦理学等诸多领域均有建树,至今无人望其项背。1919年2月,他出版《中国哲学史大纲》(上卷),采用西方近代方法研究中国先秦哲学,把孔子和儒学放在一定的历史条件下,用"平等的眼光"与诸子进行比较研究,破除了儒学独尊的地位和神秘色彩,具有开创性的影响。他的重要著作收录在《胡适文存》《胡适学术文集》中,近人编有《胡适文集》,其作品广为流传。

胡适是一位历史感极强的学者,他认为自己最感兴趣是历史学。他晚年曾

---

① 胡适著:《胡适文集》第3册,欧阳哲主编,北京大学出版社1998年版,第10页。

说:"有时我自称为历史家;有时又称为思想史家。但我从未自称我是哲学家,或其他各行的什么专家。"①但是,相对于其它领域丰硕的研究成果来说,学术界对胡适史学思想的研究却相当薄弱。

1. 多元渐进的历史进化观

胡适坚持渐进的历史进化观,反对社会革命。他说:"文明不是笼统造成的,是一点一滴的造成的。进化不是一晚上笼统进化的,是一点一滴的进化的。"②他认为这种渐进的历史演化观才是科学的,有科学的进化论作根据,辩证唯物史观是出于黑格尔的玄想而非生物学的实证。他说,进化是一种很复杂的现象,决没有一个简单的目的地可以一步跳到,更不会有一步跳到之后可以一成不变。要在中国建立一个"治安的、普遍繁荣的、文明的、现代的统一国家",但却面临"五鬼闹中华"的局面。"我们的真正敌人是贫穷,是疾病,是愚昧,是贪污,是扰乱。这五大恶魔是我们革命的真正对象,而它们都不是用暴力的革命所能打倒的。打倒这五大敌人的真革命只有一条路,就是认清了我们的敌人,认清了我们的问题,集合全国的人才智力,充分采用世界的科学知识与方法,一步一步地作自觉的改革,在自觉的指导之下一点一滴的收不断的改革之全功。不断的改革收功之日,即是我们的目的地达到之时。"③同时,胡适也明确反对历史单因论,认为历史前进是由多方面促成的,除了"经济史观"外,还有思想文化的作用,这就是他"要从在思想文艺的方面替中国政治建筑一个非政治的基础"的原因。④

胡适认为,社会历史(大我)是由无数个人(小我)构成和不断创造出来的,因此人人在历史中都有他的地位和作用,不仅历史伟人可以不朽,普通的民众同样可以不朽。个人造成历史,历史造成个人。他反对中国传统的立德、立功和立言的"三不朽论"的"英雄史观",认为"冠绝古今的道德功业固可以不朽,那极平常的'庸言庸行',油盐柴米的琐屑,愚夫愚妇的细事,一言一笑,也都永远不朽。"⑤这种人人创造历史的观念具有民主精神,是对传统英雄史观和帝王

---

① 胡适著:《胡适文集》第1册,欧阳哲主编,北京大学出版社1998年版,第214页。
② 《胡适文集》第2册,第558页。
③ 《胡适文集》第5册,第361—362页。
④ 《胡适文集》第3册,第370页。
⑤ 胡适著:《胡适文集》第2册,北京大学出版社1998年版,第530页。

史观的革命。

2. 实用主义的史学价值观

胡适的历史认识思想主要源于杜威的实用主义,强调知识或思想(真理)的效用与价值。胡适重视认识主体的作用,强调人的主体认识(感觉)对认识结果的决定作用。他说:"实在是我们自己改造过的实在。这个实在里面含有无数人造的分子。实在是一个很服从的女孩子,她百依百顺的由我们替她涂抹起来,装扮起来。"①有学者将这段话演绎为"历史是任人打扮的小女孩"也并不为过。因为按照胡适的逻辑,历史也是一种"实在",历史被不同观点的人研究后,自然就会得出不同的结论,历史也就成了"任人打扮的小女孩"。

从实用主义观点出发,胡适主张史学致用,无用的历史也就没有价值。他说:"真理原来是人造的,是为了人造的,是人造出来供人用的,是因为他们大有用处所以才给他们'真理'的美名的。"②他提出的新文化运动的纲领"研究问题,输入学理,整理国故,再造文明",就体现了他的目的性。胡适主张治学应当与社会和人生实际相结合,表明了他功利主义的学术观。

3. "大胆的假设,小心的求证"史学方法

胡适十分重视方法的运用,他晚年说:"'方法'实在主宰了我四十多年来所有的著述。"③1921年11月,胡适在总结清代学者的治学方法时,提出了"大胆的假设,小心的求证"的方法。1931年11月,在介绍自己思想时,再次说明自己的科学方法就是"大胆的假设,小心的求证"10个字。④

胡适自称两个人对他影响最大,一个是赫胥黎,一个是杜威。赫胥黎教给他怎样怀疑,不信任一切没有证据的东西,这是存疑主义,一切都要拿证据来。杜威教给他怎样思想,处处要顾及当前的问题,对当前无用即没有价值的,不予关注,这是实用(实验)主义。

存疑的方法就是把不可信、拿不准的历史暂时搁置起来,进行考证研究,即审定史料。他在《中国哲学史大纲》中说:"审定史料乃是史学家第一步根本工夫。西洋近百年来史学大进步,大半都由于审定史料的方法更严密了。"他批评

---

① 同上,第226页。
② 同上,第265页。
③ 同上,第1册,第265页。
④ 同上,第5册,第105页。

中国传统史学说,"中国人作史,最不讲究史料。神话官书,都可作史料,全不问这些材料是否可靠。却不知道史料若不可靠,所作的历史便无信史的价值"。所以"凡审定史料的真伪,须要有证据,方能使人心服"。这种证据可分五种,通过史事、文字、文体、思想、旁证来进行。①关于史料的整理,约有三种方法,即校勘、训诂和贯通。校勘是对书的版本的整理,训诂是对书的字义的整理,贯通是对脉络条理的整理。

审定和整理史料,是为了求证,求证要解开存疑的问题,就要"大胆的假设,小心的求证"。他说,假设不大胆,就不能有新发现。证据不充分,就不能使人信服。"没有证据,只可悬而不断,证据不够,只可假设,不可武断;必须等到证实之后,方才奉为定论。"②

比如考证《水浒传》《红楼梦》,胡适假设元代还没有《水浒传》,考证出《水浒传》七十回以前是施耐庵所作,七十回以后为罗贯中所作。又假设《红楼梦》是曹雪芹的自传,然后寻找证据,进行考证,结果虽然推翻了最初的假设,但却摸清了曹雪芹的家世。假设是在现有知识和经验的基础上,通过想象大胆猜想,提出的假定命题,但求证是要有目的地搜集整理资料,以严谨科学的态度进行的验证过程。

胡适的"十字法"历来评价不一,但肯定者居多。季羡林就说:"胡适提出来的'大胆的假设,小心的求证',我认为是不刊之论,是放之四海而皆准的方针。古今中外,无论是社会科学,还是自然科学,概莫能外。"③

胡适还很重视比较研究的方法,在"整理国故"中,就用比较的研究来帮助国学材料的整理与解释。他说:"比较的研究是我们应该提倡的。有许多现象,孤立的说来说去,总说不通,总说不明白;一有了比较,竟不须解释,自然明白了。"④"大胆的假设,小心的求证"是胡适最根本的方法,其他如史料的审定与整理、历史的比较研究等,是在具体史学研究领域中的体现。

胡适的史学思想相当丰富,他提出了不少具有现代意义的学术话题,极大地推动了中国现代史学和文化事业的建立与发展。他培养和影响了一代中国

---

① 《胡适文集》第6册,北京大学出版社1998年版,第172—175页。
② 同上,第5册,第105页。
③ 季羡林:《牛棚杂忆》,中央党校出版社1998年版,第279页。
④ 《胡适文集》第3册,北京大学出版社1998年版,第16页。

学者,如傅斯年、罗家伦、顾颉刚、罗尔纲、吴晗、冯友兰、季羡林、俞平伯、周汝昌等,都是大师级的学者。同时,胡适的史学思想又常常表现出矛盾性和局限性,尤其是在历史观、史学认识论和价值论方面,又影响和制约了他的思想发展和史学实践。

(二)傅斯年与史料学派

1. 傅斯年其人

傅斯年(1896—1950),字孟真,近代著名史学家、文学家。祖籍江西永丰,生于山东聊城。其先祖为清朝第一个状元傅以渐,曾官至兵部尚书、武英殿大学士。1909年就读于天津府立中学堂。1913年考入北京大学预科,1916年升入北京大学文科国文门。由于受到民

史料学派倡导者傅斯年

主与科学新思潮的影响,1918年夏与罗家伦等组织新潮社,创办《新潮》月刊,提倡新文化,影响颇广,成为北大学生会领袖之一。五四运动爆发时,傅斯年担任游行总指挥,风云一时。后受胡适思想影响,反对"过激"运动,不久退出学运。1919年夏大学毕业后,考取庚子赔款的官费留学生。他先后进入伦敦大学研究院、柏林大学哲学研究院,学习实验心理学、生理学、数学、物理以及爱因斯坦的相对论、勃朗克的量子论等,还对比较语言学和考据学发生兴趣。1926年冬回国,翌年春出任广州中山大学教授兼文学院院长。1928年6月,蔡元培在上海创办中央研究院,他于11月在广州创立中央研究院历史语言研究所并长期担任所长,主编《历史语言研究所集刊》。1929年春,历史语言研究所从广州迁往北平,傅兼任北京大学教授。他以耿直狷介著称,以脾气暴躁著称,以疾恶如仇著称,以雄才独断著称。史语所的人私下里称他为"傅老虎",但都服他尊敬他。1932年,他参加胡适主持的《独立评论》社,拥蒋反共,但赞成抗日,对南京政府的外交路线有所批评。1937年春,兼代中央研究院总干事。抗战爆发

后,任国民参政会参政员,兼任西南联大教授,主张抗战,抨击贪官污吏。抗战胜利后,一度代理北京大学校长。1948年当选南京政府立法委员。1949年1月,随历史语言研究所迁至台北,并兼台湾大学校长。

傅斯年在政治上亲蒋反共,要求严惩贪官污吏,整制政风,反对"中国走布尔什维克道路";在学术上,信奉考证学派传统,主张纯客观科学研究,注重史料的发现与考订,发表过不少研究古代史的论文,并多次去安阳指导殷墟发掘。他主持历史语言研究所期间,延揽一流人才,作出不少成绩。主要著作有《东北史纲》(第一卷)、《性命古训辨证》《古代中国与民族》(稿本)、《古代文学史》(稿本),发表论文百余篇,如《夷夏东西说》《论孔子学说所以适应于秦汉以来的社会的缘故》《评秦汉统一之由来和战国人对于世界之想象》等,存有《傅孟真先生集》6册。

2. 傅斯年的史学思想

傅斯年留学英、德6年,深受兰克史学的影响,认为史学的生命与宗旨所系就是史料,提倡以自然科学的方法来研究社会科学,把历史学等同于自然科学,提出"史学便是史料学"的著名观点。

第一,"史学便是史料学"。傅斯年自1927年在中山大学《中国文学史》课堂上讲授"史料略论"到1928年发表《历史语言研究所工作之旨趣》,直至20世纪30年代讲述《史学方法导论》,发表《〈史料与史学〉发刊词》等文章,一再强调"史学便是史料学"。

在《历史语言研究所工作之旨趣》中,他说:"历史学不是著史;著史每多少带点古世中世的意味,且每取伦理学家的手段,做文章家的本事,近代的历史学只是史料学,利用自然科学供给我们的一切工具,整理一切可以逢着的史料。"①20世纪30年代,他在北大讲授《史学方法导论》时还说:"史学的对象是史料,不是文词,不是伦理,不是神学,并且不是社会学,史学的工作是整理史料。"②傅斯年还在《考古学的新方法》中强调:"历史这个东西,不是抽象,不是空谈……历史的对象是史料。离开史料,也许可以成为很好的哲学和文学,究其实与历史无关。"③傅斯年"史学便是史料学"的主张,有三个层次的内涵,即"史学的对

---

① 傅斯年著:《史学方法导论》,吉林人民出版社2013年版,第55页。
② 傅斯年著:《史学方法导论》,吉林人民出版社2013年版,第5页。
③ 同上,第48页。

象是史料""史学的进步有赖于史料的增加""史学的工作是整理史料"。

史学的进步关键在于史料的增加,"凡一种学问能扩张他所研究的材料便进步,不能的便退步"。①所以,傅斯年强调要千方百计的找寻和扩充史料。他说,从司马迁到司马光,中国史学之所以不断进步,那是因为他们能够使用各种各样的材料,做到"地方上求材料,刻文上抄材料,档库中找材料,传说中辨材料"。后来史学不再进步,是由于史料没有扩充,他改写白居易诗句以说明问题,"我们不是读书的人,我们只是上穷碧落下黄泉,动手动脚找东西"。②

史料可以分为直接史料和间接史料。凡未经中间人修改、省略、撰写的就是直接史料,经过中间人修改、省略、撰写的就是间接史料。比如《周本纪》是间接史料,毛公鼎是直接史料;《殷本纪》是间接史料,甲骨文是直接史料;《明史》是间接史料,明档案是直接史料等。直接史料较为可信,间接史料因转手容易被人篡改;但有些直接史料是孤立的,孤证不立,有些间接史料反而经过缜密考证值得信赖。所以直接史料和间接史料要相互借鉴使用。总之要让史料说话,"一分材料出一分货,十分材料出十分货,没有材料便不出货"。③

第二,建设绝对客观的历史学。傅斯年深受德国兰克学派史学思想的影响,否认史学应该为现实服务,主张为历史而研究历史,排除任何主观色彩的存在。他在历史语言研究所说:"本所同人之治史学,不以空论为学问,亦不以'史观'为急图,乃纯就史料以探史实也。史料有之,则可因钩稽有此知识,史料所无,则不敢臆测,亦不敢比附成式。此在中国,固为司马以至钱大昕之治史方法,在西洋,亦为软克(兰克)、莫母森(蒙森,Mommson)之著史立点。史学可为绝对客观者乎?此问题今姑不置答,然史料中可得之客观知识多矣。"④他要求研究史学的人应该要完全消灭主观,消灭自我,"断断不可把我们的主观价值放进去"。历史学不是"史论"或"历史哲学""古来思想家无一定的目的,任凭他的理想成为一种思想的历史——历史哲学。历史哲学可以当作很有趣的作品看待,因为没有事实做根据,所以和史学是不同的。"⑤在他的眼中,"历史本是

---

① 同上,第58页。
② 同上,第60、63页。
③ 同上,第61页。
④ 《〈史料与史学〉发刊词》,《傅斯年全集》第4册,台湾联经出版事业公司1980年版,第356页。
⑤ 傅斯年著:《史学方法导论》,吉林人民出版社2013年版,第48页。

一个破罐子,缺边掉底,折把残嘴,果真由我们一起整齐了,便有我们的主观分数加进去了"。①傅斯年强调绝对客观的历史学虽不现实,但对当时学术界存在的空疏学风、放言史观、生搬硬套等不良现象有着积极意义。

第三,史学研究的方法。傅斯年的史学思想也包括他的史学方法论在内,他一生都在研究史学方法及其运用。傅斯年的史学方法主要有两个,一是历史比较法,二是以语言文字入手治思想史的方法。

傅斯年强调,光了解史料的重要性还不够,要以正确的方法对待史料、整理史料,这种方法便是比较。傅斯年在讲"史学便是史料学"时候说:"史学便是史料学:这是我们讲这一课的中央题目。史料学便是比较方法之应用,这是我们讨论这一篇的主旨。"他进一步说:"历史的事件虽然一件只有一次,但一个事件既不尽止有一个记载,所以这个事件在或种情况下,可以比较而得其近真;好几件事情又每每有相关联的地方,更可以比较而得真头绪。"他认为比较不同的史料,是史学家通向历史真实的必由之路。运用比较方法,是治史料学的最基本、最重要的方法。他明确表示:"假如有人问我们整理史料的方法,我们回答说:第一是比较不同的史料,第二是比较不同的史料,第三还是比较不同的史料。"②

傅斯年归结了八种相互印证的比较方法,即直接材料对间接材料;官家的记载对民间的记载;本国的记载对外国的记载;直说与隐喻;不经意的记载对经意的记载;本事对旁涉;近人的记载对远人的记载;口说的史料对著文的史料。傅斯年一方面吸收了我国古代的优良传统,同时也借鉴了近代史家如王国维、陈寅恪等的比较方法,使历史比较法广为重视。

傅斯年继承由训释文字入手探究文章的义理的中国传统的治学方法,认为"思想不能离语言,故思想必为语言所支配,一思想之来源与演变,固受甚多人文事件之影响,亦甚受语法之影响。思想愈抽象者,此情形愈明显。"③要运用精密深邃的思想,不得不先用精密深邃的语言。他撰写了《性命古训辨证》一书,解决了"性""命"起源问题,充分显示出了从语言入手治思想史的优越性。他也把这种方法贯彻到实践当中,特别是把语言学与历史学合并在一个学术研究

---

① 《傅斯年全集》第4册,台湾联经出版事业公司1980年版,第500页。
② 傅斯年著:《史学方法导论》,吉林人民出版社2013年版,第5页。
③ 《傅斯年选集》,天津人民出版社1996年版,第73页。

机构中,使得研究人员既有分工又有合作,创造了一个自觉运用语言文字知识研究历史的学术环境。

3.傅斯年的对中国学术事业的贡献

傅斯年一生的学术事业,都是以历史语言研究所为基础展开的。他从1928年担任历史语言研究所所长直到去世,培养了大批历史、语言、考古、人类学等专门人才。20世纪初期,中国四大文献的发现,即殷墟甲骨文、敦煌文书,新疆、甘肃、内蒙等地的汉晋木简,内阁大库明清书籍档册,傅斯年居其二,实为功不可没,对中国近现代史学和学术界产生了巨大而深远的影响。①

第一,培养了一大批优秀人才。1927年秋天,傅斯年回国后不久,就在中山大学创办"语言历史研究所",后又筹备、担任建立中央研究院历史语言研究所所长,就聘请一大批著名学者到史语所从事历史研究工作,如陈寅恪、徐仲舒、赵元任、李方桂、罗常培、李济、董作宾、梁思永。迁到北平后,他将初期的八个组合并为历史、语言、考古三组,分别以陈寅恪、赵元任、李济为主任,注意将集体攻关研究和学术分工相结合。1927—1937年是史语所的鼎盛时期,傅斯年收罗很多人才,其中不少人后来成为大家,如陈槃、石璋如、劳幹、胡厚宣、夏鼐、周一良、全汉升、邓广铭、王崇武、马学良、严耕望等。史语所虽经战乱等原因而历9次搬迁,仍拥有研究人员58人,发表专著76种,发表论文500多篇。许多专著都是传世之作,如陈寅恪的《隋唐制度渊源论稿》、傅斯年的《性命古训辨证》、岑仲勉的《元和姓纂四校记》、全汉升的《唐宋帝国与运河》、严耕望的《两汉太守刺史表》等。②这些人或多或少都受过傅斯年的培养,都或多或少继承了他严谨的重材料、重考证的学风。

傅斯年提出三个口号:"一、把些传统的或自造的'仁义礼智'和其他主观,同历史学和语言学混在一起的人,绝对不是我们的同志!二、要把历史学和语言学建设得和生物学地质学等同样,乃是我们的同志!三、我们要科学的东方学之正统在中国!"③以史语所为核心,以《历史语言研究所集刊》为主要阵地,在傅斯年的领导下,形成了有鲜明特色的史料学派。

第二,抢救、整理明清档案。明清朝内阁大库的档案,内有诏令、奏章、则

---

① 王国维:《最近二三十年中国新发见之学问》,《学衡》第45期,1925年。
② 焦润明:《傅斯年与科学史学派》,《史学理论研究》2005年第2期。
③ 傅斯年著:《史学方法导论》,吉林人民出版社2013年版,第64页。

例、移会、贺表、三法司案卷、实录、殿试卷及各种簿册等,是极珍贵的第一手历史资料。从晚清宣统元年(1909)国库房损坏搬出存放后,管理不善,潮湿腐烂,鼠吃虫蛀,损失极为严重。其中一次历史博物馆主管者以经费缺乏,曾以大洋4 000元的价格将此8000麻袋总计15万斤的档案卖给造纸商拿去造纸。著名考古学家马衡大声疾呼,由傅斯年呈请中央研究院院长蔡元培做主,才以1.8万元将这批几乎要进造纸厂的档案买下,然而已由15万斤减为十二三万斤,少了2万多斤。他以历史语言研究所为基础,抢救整理明清档案,出版《明清史料》甲乙丙丁编40大册。在整理明清内阁大库档案的过程中,发现明内阁进呈熹宗实录稿散叶千余张,于是于1933年7月,开始校勘《明实录》,先后参加工作的有数十人,历时39年才得以完成,校印本《明实录》是现存《明实录》中最完全的一个本子。此外,傅斯年还为史语所收集到居延汉简13000多片、金石拓片25000余种330000多幅以及许多敦煌卷册与善本书。"抢救下这批十分珍贵的档案材料,傅斯年是有大功的。"①

第三,科学发掘河南安阳殷墟。在傅斯年领导史语所的同仁科学发掘河南安阳小屯殷墟之前,殷墟甲骨片的出土已有30多年的历史。19世纪末叶,安阳一带的农民在耕地时偶然发现了一些甲骨片,药材商人便当做龙骨来收购。金石学家王懿荣看到这种甲骨片,认识它的价值,便多方购求,此后逐渐引起学者的注意。19世纪末和20世纪初,先后出版了刘鹗的《铁云藏龟》、孙贻让的《契文举例》、罗振玉的《殷墟书契》等。其后,王国维利用甲骨文研究商朝历史,写出《卜辞中所见殷先公先王考》和《殷周制度论》等名作。

这样,小屯殷墟出土甲骨名扬海内外,古董商、药材商蜂拥而至,一面搜购,一面聚众私掘;外国"代表团""考古家"也都进来高价购买甲骨,殷墟现场受到严重破坏。

1928年,傅斯年呈请中央研究院院长蔡元培批准,由史语所考古组正式组织人员去小屯发掘。从1928年到1937年,10年时间,殷墟发掘大小共进行15次。规模最大的一次是在1935年夏发掘的第13次,傅斯年偕同法国汉学家伯希和来到安阳。石璋如回忆说:"那时是殷墟第13次发掘,所用人力在300人以上,为殷墟发掘以来规模最大的一次。也是中国的考古工作在国际间最煊赫的时期。约在5月中旬,气候已经相当的热了,他和法国的东方学者伯希和先

---

① 何兹全:《傅斯年的史学思想和史学著作》,《历史研究》2000年第4期。

生到达安阳……伯希和先生对着那样伟大的陵墓，那样排列整齐的小墓，那样大量并精美的灿烂的器物，在孟真所长面前，不断的惊讶和赞叹！""九一八"事变以后，日寇侵我形势日急。殷墟发掘被迫停止下来。在中国近代科学考古史上，傅斯年是第一功臣。①安阳考古不仅宣布了现代考古学的诞生，而且使甲骨学和殷商史成为时代的现显学。

傅斯年的史料学派是对胡适实证主义史学的注解，他以乾嘉史学为依托，以兰克史学为外援，把中国实证主义史学推向了顶峰，成为当时的主流学派，影响深远。胡适对傅斯年知之最深，评价很高，他说："孟真是人间最稀有的天才。他的记忆力最强，理解力也最强。他能作最细密的绣花针工夫，他又有最有胆的大刀阔斧本领。他是最能做学问的学人，同时他又是最能办事，最有组织才干的天生领袖人物。他的情感是最有热力，往往带有爆炸性的；同时他又是最温柔、最富于理智、最有条理的一个可爱可亲的人。这都是人世最难得合并在一个人身上的才性，而我们的孟真确能一身兼有这些最难兼有的品性与才能。"②台湾学者杜维运也认为："自晚清迄今百年间的新史学，其创获辉煌成绩者，不是梁启超、何炳松所倡导的新史学，而是傅孟真先生所实际领导的新史学。找出一个新方向，领导一个学术群体，共同从事史学研究，历久而不衰，在中国历史上，甚少前例。有之则自孟真先生领导中央研究院历史语言研究所始。这是中国史学史上的新猷，甚值珍视。"③

四、顾颉刚和古史辨派

如果说傅斯年的史学是对胡适实证主义史学的注解，那么，顾颉刚的古史辨派就是对胡适的存疑精神的最好发挥。在新文化运动中，受胡适"整理国故"的影响，顾颉刚对中国古代历史和典籍开始辨伪工作。1923年他与钱玄同发起了古史辨伪的讨论，并于1926年出版了《古史辨》第1册，产生了极大的轰动效应，人称"古史辨派"，也称作"疑古学派"。到1941年《古史辨》共出版了七大册，包括350篇文章325万多字。其中第一、二、三、五册由顾颉刚编著，第四、六册由罗根泽编著，第七册上中下三册由吕思勉、童书业编著。1982年，上海古

---

① 何兹全：《傅斯年的史学思想和史学著作》，《历史研究》2000年第4期。
② 胡适：《傅孟真先生遗著·序》，北京大学出版社2013年版，第40页。
③ 杜维运：《傅孟真与中国新史学》，《当代》(台北)第116期，1995年12月。

籍出版社重新影印,又增加了讨论古代地理《古史辨》第八册。古史辨派除顾颉刚、钱玄同外,还有杨向奎、童书业、杨宽等人,从20世纪20年代延续到40年代,涉及领域之广,关联学者之多,近代以来所未有。由此也引起了激烈的争论,一直持续到现在。

(一)顾颉刚和古史辨派的产生

顾颉刚(1893—1980),江苏苏州人。原名诵坤,字铭坚,是现代古史辨学派的创始人,也是中国历史地理学和民俗学的开创者,在中国近现代学术发展史上有着重要影响。"解放前,日本学者,特别是名牌大学如东京、京都、帝大教授,都看不起中国学者,唯对于顾颉刚先生和陈垣先生,则推崇备至。"①

1913年顾颉刚考入北京大学预科,1916年进入北大哲学门学习。他身处新文化运动的中心,受到五四时期思想解放的影响,尤其佩服胡适的新思想。他在《古史辨·自序》中说,哲学系中讲《中国哲学史》一课的,第一年是陈汉章(字伯强)讲。他从伏羲讲起,讲了一年,

古史辨派的开创者顾颉刚

才讲到商朝的《洪范》。因为顾颉刚认同康有为《孔子改制考》对古文经和上古史系统的怀疑,知道这些材料大都靠不住,但不忍有所非议。第二年,改请胡适来教,许多同学都认为他才从美国回来,讲不好。胡适不管以前的课业,重编讲义,头一章是"中国哲学结胎的时代",用《诗经》作时代的说明,丢开唐、虞、夏、商,径从周宣王以后讲起。"这一改把我们一班人充满着三皇五帝的脑筋骤然作一个重大的打击,骇得一堂中舌桥而不能下。"许多同学都不以为然,但顾颉刚却认为"胡先生讲得的确不差,他有眼光,有胆量,有断制,确是一个有能力的

---

① 黄现璠:《回忆中国历史学会及越裳、象郡位置的讨论》,《顾颉刚先生学行录》,中华书局2006年。

历史家。他的议论处处合于我的理性,都是我想说而不知道怎样说才好的。"他让同一宿舍的国文门傅斯年(字孟真)去旁听了,傅斯年也很满意。"从此以后,我们对于适之先生非常信服",进一步增强了上古史靠不住的观念。①

1919年11月,胡适在《新青年》上发表《新思潮的意义》一文,对整理国故的作用和方法作了详细的解释。他说:"我们对于旧有的学术思想,积极的只有一个主张,——就是'整理国故'。整理就是从乱七八糟里面寻出一个条理脉络来;从无头无脑里面寻出一个前因后果来;从胡说谬解里面寻出一个真意义来;从武断迷信里面寻出一个真价值来。"②这些话,都说到了顾颉刚的心里,激发了顾颉刚固有的观念。后来,胡适发表了《水浒传》考证,又给顾颉刚揭穿上古史籍的假相提供了范例。他说:"那数年中,适之先生发表的论文很多,在这些论文中他时常给我以研究历史的方法,我都能深挚地了解而承受;并使我发生一种自觉心,知道最合我的性情的学问乃是史学。"

1920年顾颉刚毕业后,留任北京大学国学门助教,在图书馆编目,参加了胡适提倡的"整理国故"工作。他和胡适、钱玄同来往的过程中,胡适、钱玄同的思想方法和疑辨精神,对顾颉刚产生了重要的影响。他说:"适之先生带了西洋的史学方法回来,把传说中的古代制度和小说中的故事举了几个例,使人读了不但要去辨伪,要去研究伪史的结果,而且要去寻出它的渐渐演变的线索。"

钱玄同(1887—1939),原名钱夏,字德潜,号疑古。浙江吴兴人,吴越国太祖武肃王钱镠之后。1913年到北京高等师范执教,连续在北京师范大学任教授20余年。其中1917—1927年,兼任北京大学研究所国学门导师。他是中国现代思想家、文字学家、汉字简化的倡导者,1934年起草了"第一批简体字表"。他极力推动中国新文化运动,以怀疑的态度看待古史。他认为研究国学的第一步便是辨伪,"我们是决心要对于圣人和圣经干'裂冠毁冕''撕袍子''剥裤子'的勾当的"。③可见他的疑古精神是何等深彻猛烈。钱玄同多次鼓励顾颉刚不仅要辨伪书,也要辨伪事;不光伪书、伪事值得辨,许多经书也值得辨,以为经书的辨伪与诸子的辨伪有同等之重要。这一切更增添了他辨伪的信心,他立志

---

① 顾颉刚:《古史辨·自序》第一册,上海古籍出版社1982年版,以下未注明者,均出自此序。
② 胡适著:《胡适文集》第2册,欧阳哲生编,北京大学出版社1998年版,第55页。
③ 引自耿云志著《胡适研究论稿》,四川人民出版社1985年版,第70页。

要澄清上古时期虚妄的传说。

1921年11月,在胡适的提议下,顾颉刚开始搜集整理清代姚际恒辨伪的资料,后来又点校姚际恒的《古今伪书考》。"到了这时候,一本薄极的书就牵引到无数书上,不但我自己的书不够用了,连北京大学图书馆的书也不够用了,我就天天上京师图书馆去。"他在京师图书馆坐了一两个月,注解没有做成,"但古今来造伪和辨伪的人物事迹倒弄得很清楚了"。为了总结前人辨伪的成绩,顾颉刚提出了编辑《辨伪丛刊》的意见,主张把历代辨伪的文字逐集出版。辨伪的内容渐由辨伪书扩及到了辨伪事,辨伪书从"子"书扩大到了"经"书,辨伪著作也由姚际恒扩大到崔述、郑樵,以及东汉的王充。通过整理前人的辨伪著作,顾颉刚、钱玄同等对前人辨伪成果有了更深入的认识。

1922年的春天,顾颉刚因祖母病重返回江苏。胡适为了他的生计,又介绍他为商务印书馆编纂《中学本国史教科书》。他以为只有把《诗经》《商书》和《论语》中的上古史传说整理出来,就可草成一篇《最早的上古史的传说》,结果却发现了一个大疑案,原来尧、舜、禹的地位有问题。发现他们"越是起得后,越是排在前面",古史"发生的次序和排列的系统恰是一个反背","古史是层累地造成的"。后来,经过进一步研究,这一假说更加成熟了。

1923年2月,钱玄同写信约顾颉刚为《国学季刊》撰稿,顾便阐述自己对古史系统的看法,寄给钱玄同。"想不到这一个概要就成了后来种种讨论的骨干!"4月胡适到沪看病,要顾为他主办的《每周评论》的增刊《读书杂志》撰稿,顾颉刚因为没收到钱玄同的复信,就把给钱玄同信中的观点,以《与钱玄同先生论古史书》为题,发表在1923年5月《读书杂志》第9期上。于是,一石激起千层浪。在6月10日出版第10期上,钱玄同就刊登了《答顾颉刚先生书》的长篇复函,赞同顾的观点。但柳诒徵、刘掞藜、胡堇人(名祥木)等表示反对,双方展开了激烈的辩论,历时9个月,使古史讨论走向深入。

(二)古史辨派的主要观点

1926年6月,顾颉刚将他们讨论古史的文章与信件汇集成《古史辨》第一册,由朴社出版,"古史辨派"因此得名。1979年,顾颉刚应邀为《中国哲学》作《我是怎样编写〈古史辨〉的》,他说:"《古史辨》第一册,是我与胡适、钱玄同、刘掞藜等讨论古史的函件和文章,以'禹'为讨论的中心问题,兼及历代的辨伪运动。在这一册中,许多问题的论证,现在看来是不够坚强的,但主要的见解我还是要坚持下去。我写了一篇六万字(原有十万字,发表时去掉了'孟姜女'的一部分)的《自序》,说明了我研究古史的方法和我所以有这些见解的原因。这篇序实足写了两个月,是我一生中写得最长最畅的文章之一。海阔天空地把我心中要说的话都说出了……出版了《古史辨》第一册。想不到这一册销路好极了,一年里竟重印了二十版。"①顾颉刚之所以用辨别的"辨"而不用辩论的"辩",其意在于辨别古史真伪。

第一,"层累地造成的中国古史"说。1923年5月,顾颉刚在《与钱玄同先生论古史书》中,公开提出"层累造成说"。顾颉刚说:"我很想做一篇《层累地造成的中国古史》,把传说中的古史的经历详细一说。"并说,"历史是层累地造成的,发生的次序和排列的系统恰是一个反背"。层累地造成古史说有三层意思:

"时代愈后,传说的古史期愈长"。他说:"时代越后,知道的古史越前;文籍越无征,知道的古史越多。"比如积薪,后来居上。周代人心目中最古的人是禹,到孔子时就有了尧、舜,到战国时有了黄帝、神农,到秦朝有了三皇,汉代以后有了盘古等。古史系统的形成,主要在战国到西汉时期,由于尊古贱今、托古自重的需要产生的。他后来说,"战国时是有意的努力毁坏真历史,也是有意的另行创造伪历史的时期。所以然者,全为适应当时环境,例如尚贤之故事适应于士的阶级的需要。五德之故事、分州之故事、封禅之故事、皇帝之故事,皆适应于帝王阶级的需要。"②

"时代愈后,传说中的中心人物愈放愈大"。如舜,在孔子时只是一个"无为而治"的圣君,到《尧典》就成了一个"齐家而后国治"的圣人,到孟子时就成了一个孝子的模范了。孔子在春秋时只是个君子,到战国时便成了圣人,到西汉时被封为褒成公,东汉被封为褒成侯,到唐宋时被封为文宣王,元代被封为大成至圣文宣王。

我们"即不能知道某一件事的真确的状况,但可以知道某一件事在传说中的最早的状况。我们既不能知道东周时的东周史,也至少能知道战国时的东周

---

① 《我是怎样编写〈古史辨〉的》,《中国哲学》第6辑;《古史辨》第一册,上海古籍出版社1982年版,第20—21页。

② 顾颉刚:《创造古史是为适应环境》,顾洪编:《顾颉刚学术文化随笔》,中国青年出版社1998年版,第254页。

史;我们既不能知道夏商时的夏商史,也至少能知道东周时的夏商史"①。

顾颉刚"层累地造成古史说",得到了胡适的支持,钱玄同和傅斯年也作了有力的回应。钱玄同说:"先生所说'层累地造成的中国古史'一个意见,真是精当绝伦。举尧、舜、禹、稷及三皇、五帝、三代相承的传说为证,我看了之后,唯有欢喜赞叹,希望先生用这方法,常常考查,多多发明,廓清云雾,斩尽葛藤,使后来学子不致再被一切伪史所蒙。"②在欧洲留学的傅斯年说:"你这一个题目,乃是一切经传子家的总钥匙,一部中国古代方术思想史的真线索,一个周汉思想的摄镜,一个古史学的新大成。"③

第二,打破三皇五帝的古史观念。顾颉刚引《诗经》《论语》《孟子》《国语》《楚辞》《吕氏春秋》《史记》等资料,说明黄帝、尧、舜、禹都是后人编造出来的,三皇五帝都靠不住。《论语》只说"三代",《孟子》中有"三王"和"五霸",《荀子》中有"五帝",《吕氏春秋》中出现"三皇"。"三皇"是谁?《楚辞》中有东皇、西皇、上皇、后皇,《史记·秦始皇本纪》说是天皇、地皇、泰皇。"五帝"是谁?《吕氏春秋》一会儿说是黄帝、颛顼、帝喾、帝尧、帝舜,一会儿说是太皞、炎帝、黄帝、少皞、颛顼,《大戴礼记》说是黄帝、颛顼、帝喾、尧、舜,《尚书·序》说是少昊、颛顼、帝喾、尧、舜,《战国策》说是庖牺、神农、黄帝、尧、舜,《史记·高祖本纪》说是黄帝(轩辕)、青帝(伏羲)、赤帝(即炎帝神农)、白帝(少昊)、黑帝(颛顼)等。自战国以至西汉,人们出于种种需要,创造伪史,不仅进一步使尧、舜人格化,而且在尧、舜之前又加上许多帝王名号,终于形成了盘古、天皇、地皇、泰皇、庖羲、神农、黄帝、尧、舜、禹的古史体系。顾颉刚说:"中国古史全是一篇糊涂账,二千余年来随口编造,其中不知有多少罅漏,可以看出它是伪造的,但经过二千余年的编造,能够成立一个系统。"④顾颉刚揭露了传说时代故事的虚妄,打破了"自从盘古开天地,三皇五帝到如今"的神话古史体系,推翻战国以来三代同源、黄帝一元的古史框架。

顾颉刚后来回忆说:"信一发表,竟成了轰炸中国古史的一个原子弹。连我

---

① 顾颉刚:《与钱玄同先生论古史书》,顾颉刚编著:《古史辨》第一册,上海古籍出版社1982年版,第60页。
② 钱玄同:《答顾颉刚先生书》,《古史辨》第一册,第67页。
③ 傅斯年:《谈两件〈努力周报〉上的物事》,《古史辨》第二册,第299页。
④ 顾颉刚编著:《古史辨》第一册,上海古籍出版社1982年版,第187页。

自己也想不到竟收着了这样巨大的战果,各方面读些古书的人都受到了这个问题的刺激。因为在中国人的头脑里向来受着'自从盘古开天地,三皇五帝到于今'的定型的教育,忽然听到没有盘古,也没有三皇、五帝,于是大家不禁哗然起来。"① 钱玄同甚至从1925年8月起,不再姓钱,效古法将号缀于名字之前,称为"疑古玄同",可见当时疑古风气的盛行。

第三,关于禹是虫和禹夏关系。《古史辨》第一册是"以'禹'为讨论的中心问题"。顾颉刚认为大禹有一个从神到人的演进过程,"禹"和"夏"原本没有关系。"禹"最早是"洪水芒芒,禹敷下土方"的神,到了周代就变成了夏王。"禹"来源于九鼎上的一个奇形怪状的动物,他根据许慎《说文》上"禹,虫也""兽足蹂地也"的解释,认为"禹""以虫而有足蹂地,大约是蜥蜴之类"。"禹是虫"一时成为人们腾笑的对象。钱玄同虽然对"层累说"表示赞成,但对"禹是虫"表示保留。他说:"先生据《说文》云……以为大约是蜥蜴之类,窃谓不然。"接着,《读书杂志》又发表了刘掞藜《读顾颉刚君〈与钱玄同先生论古史书〉的疑问》和胡堇人《读顾颉刚先生论古史书以后》的文章,驳斥大禹是条虫和禹夏无关的观点。

随后,顾颉刚又两次作文,坚持"禹为动物"之说,但放弃"出于九鼎"之说。他还进一步提出关于疑古辨伪的四项原则:打破古史出于一元的观念,打破地域向来一统的观念,打破古史人化的观念,打破古代为黄金世界的观念。1937年,他又与童书业合写《鲧禹的传说》,把鲧、禹传说的来源及其演变作了系统的论述。说明在《诗》《书》中,禹的地位是独立的,事迹是神化的;禹是禹,夏是夏,两者并无关系。直到战国以后,禹才是夏代第一君主。在《山海经》和《天问》里,已把鲧、禹说成父子,《国语》和《左传》把鲧与夏联系了起来。他并考证了鲧、禹治水是"堙"还是"疏"等问题。

关于"禹是虫"的问题,童书业研究后说:"禹名从'虫',亦即'勾龙'。"杨向奎称赞这是"卓见",并说"此为引进图腾说以证古史,将开辟新径,为《古史辨》增色"。②

钱穆后来说:"《古史辨》不胫走天下,疑禹为虫,信与不信,交相转述,三君者(胡适、钱玄同、顾颉刚)或仰之如日星之悬中天,或畏之如洪水猛兽之泛滥纵

---

① 顾颉刚:《我是怎样编写〈古史辨〉的》,《古史辨》第一册,第17—18页。
② 杨向奎著:《宗周社会与礼乐文明》人民出版社1992年版,第37页。

横于四野,要之凡识字之人几于无不知三君名。"①

第四,构建了中国上古民族神话史观。1929年9月,顾颉刚到燕京大学讲授中国上古史,1930年出版《中国上古史研究讲义》,多对上古史进行系统考辨,认为三皇传说出于"太一生两仪"哲理的神话化,五帝的前身都是神话中的上帝。②1933年上海光华大学(今华东师范大学)文学系学生杨宽对上古神话的分合演进进行系统考辨,1941年汇集成《中国上古史导论》,收录在《古史辨》第7册,提出了上古民族神话史观。杨宽说:"吾人证夏以上古史传说之出于神话,非谓古帝王尽为神而非人也。盖古史传说固多出于神话,而神话之来源有纯出幻想者,亦有真实历史为之背景者。吾国古史传说,如盘古之出于犬戎传说之讹变,泰皇、天皇、地皇之出于'太一'与天地阴阳之哲理,黄帝出于'皇帝'之音变,本为上帝之通名,此皆纯出虚构。至若帝俊、帝喾、大皡、帝舜之为殷人东夷之上帝及祖先神话,少皡、羿、契之为殷人东夷之后土及祖先神话,益、句芒之为东夷之鸟神及祖先神话,鲧、共工、玄冥之为殷人东夷之河伯神话,朱明、昭明、祝融、丹朱、兜之为殷人东夷之火正神话,王亥之为殷人东夷之畜牧神神话;又若颛顼、尧之为周人西戎之上帝及祖先神话,禹、勾龙之为西戎之后土及祖先神话;则皆由于原始神话分化演变而成者,固不免有原始社会之史影存乎其间。然此类亦仅为殷周东西两氏族原始社会之史影而已,乌有所谓三皇、五帝、唐、虞、夏等朝代之古史系统哉?"③童书业评论说:"顾颉刚先生以后,集'疑古'古史学大成的人,我以为当推《中国上古史导论》的著者杨宽正先生。杨先生的古史学,一言以蔽之,是一种民族神话史观。他以为夏以前的古代传说全出各民族的神话,是自然演变成的,不是有什么人在那里有意作伪。他确代表了'疑古'的古史观的最高峰!"

第五,关于古书的考辨。1931年11月朴社出版《古史辨》第三册以后,古史辨逐渐演化成古书辨。第三册主要讨论《周易》和《诗经》,第四册讨论先秦诸子,第五册讨论两汉今古文经学和阴阳五行说,第六册继续讨论先秦诸子。第三册是顾颉刚在燕京大学任教时所编,顾颉刚曾说:"这一册书的根本意义,是打破汉人的经说。故于《易》则辨明《易十翼》的不合于《易上下经》;于《诗》

---

① 顾潮编著:《顾颉刚年谱》,中华书局2011年版,第126页。
② 顾颉刚著:《当代中国史学》,辽宁教育出版社1998年版,第125页。
③ 杨宽著:《中国上古史导论·自序》上海人民出版社2016年版。

则辨明齐鲁韩毛郑诸家《诗》说及《诗序》的不合于《三百篇》。"①他后来还说,《古史辨》第三册"是专门研究《易经》和《诗经》的。其中心思想是破坏《周易》原来的伏羲、神农的圣经地位,而恢复它原来的卜筮书的面貌;破坏《诗经》的文、武、周公的圣经地位,恢复它原来的乐歌面貌。有人因此说'古史辨'变成'古书辨'了,是一种怯退的表示。我认为这种说法是不对的。古书是古史的史料,研究史料就是建筑研究历史的基础。由'古史辨'变为'古书辨',不仅不是怯退的表示,恰恰相反,正是研究向深入发展的表现。"②

古史辨派认为《诗》《书》《礼》《易》《乐》《春秋》"六经"是周代通行的几部并不相干的书,它们既不是如古文经学家所谓的"六经皆周书之旧典",也不是如今文经学家所说的"六经皆孔子之作品",断定六经决非孔子"托古"的著作,孔子没有删述或制作过"六经","六经"的配成当在战国后期,六经没有太大的信史价值,也无哲理和政论的价值;否定了儒家利用六经(尤其是利用《尚书》)编成的整个古史系统。指出孔子的"正乐"与社会上没有关系,批评梁启超把孔子说得太完美。

第六,提出上古史的历史演进法。古史辨派本着"用历史演进的见解来观察历史上的传说"的原则,以谨慎小心、层层梳理、考辨史实的态度和方法对待上古史,胡适概括为"历史演进法"。在开始讨论古史时,胡适没有参与,到1924年2月,他在《读书杂志》第18期上发表了《古史讨论的读后感》一文,支持顾颉刚,提倡疑古精神,并说:"古史上的故事没有一件不曾经过这样的演进,也没有一件不可用这个历史演进的(evolutionary)方法去研究。尧舜禹的故事,黄帝神农庖羲的故事,汤的故事,伊尹的故事,后稷的故事,文王的故事,太公的故事,周公的故事,都可以做这个方法的实验品。"③经过胡适的总结提倡,疑古精神发生了很大影响,对古史、古书的怀疑和考辨形成了一种风气。尽管胡适后来与古史辨派脱离了关系,但他对古史辨论所起的作用不能抹煞。

顾颉刚古史辨派对中国上古神话历史进行了一次彻底的清理,对古典文献进行了一次全面的科学辨伪,这在中国历史上还是第一次,打破了二千多年来儒家精心营造的三皇五帝的神圣观念,对中国近代史学和思想界是一次深刻革

---

① 顾颉刚编著:《古史辨》第三册《自序》,上海古籍出版社1982年版,第1—2页。
② 顾颉刚:《我是怎样编写〈古史辨〉的》,见《古史辨》第一册,第22页。
③ 顾颉刚编著:《古史辨》第1册,上海古籍出版社1982年版,第194页。

命,开辟了中国古史研究的新天地,对后世产生了深刻的影响。正如顾颉刚所说,中国古史里裹藏着许多偶像,帝系所代表的是种族的偶像,王制所代表的是政治的偶像,道统所代表的是伦理的偶像,经学所代表的是学术的偶像。这些封建偶像支配着中国的古史。因此,要探明中国古代历史的真相,必须打破民族出于一元的观念,打破地域向来一统的观念,打破古史人化的观念,打破古代为黄金世界的观念。他认为,只有这四个打破,才能使我们不上战国以来封建文人的当,才能真正突破儒家经学的桎梏,建设起真实的、科学的中国古史体系。①而疑古辨伪的目的,就是"要使古人只成为古人而不成为现代的领导者;要使古史只成为古史而不成为现代的伦理教条,要使古书只成为古书而不成为现代的煌煌法典"。②当然,他又说:"我们所以有破坏,正因求建设。破坏和建设,只是一事的两面,不是根本的歧异。"③在疑古派的研究中,也夹杂着一些武断片面的东西,也没有充分结合考古的资料,引起其他学者的批评。

通过古史辨,顾颉刚也在四个方面取得成就。刘起釪(1917—2012)说:"在《古史辨》中,体现出顾先生一生治学成就主要在四个方面,即:考辨古书(辨伪),考辨古史(疑古),考辨历史地理(《禹贡》学研究),以及作为考辨古史的辅助和佐证而进行的民俗学研究(民间故事、歌谣、神道、会社、风俗等)。"④

1926年8月,顾颉刚应林语堂邀请,离开北京,去厦门大学担任国学研究院教授,与鲁迅同室办公。1927年4月,顾颉刚应傅斯年之邀又来到中山大学,与傅一起筹备中央研究院历史语言研究所,不久因傅斯年支配欲极强而离开。1929年5月,顾颉刚到北京,任燕京大学国学研究所研究员兼历史系教授,又兼在北大上课,主编《燕京学报》。自到燕大后,顾颉刚专心于古史研究,决定对旧系统的古史作出清理。1933年顾颉刚在北大和燕大开设了"中国古代地理沿革史"课。1934年初与谭其骧等人筹备组织禹贡学会,创办《禹贡》半月刊,为挽救民族危亡致力于边疆和民族历史与现状的研究,创立了中国的历史地理这门学科。此后,他还在云南大学、齐鲁大学、中央大学、复旦大学、社会教育学院、

---

① 顾颉刚:《答刘胡二先生书》,《古史辨》第一册,第99—101页。

② 罗根泽编著:《古史辨》第四册《顾颉刚先生序》,上海古籍出版社1982年版,第13页。

③ 同上,第19页。

④ 刘起釪著:《古史续辨·序言》,中国社会科学出版社1991年版,第6页。

兰州大学等任教。

1949年以后,顾颉刚任上海市文管会委员、上海图书馆筹备委员、中国史学会上海分会常务理事。1951年任上海学院中文系教授,1952年任复旦大学教授。1954年任中国科学院历史研究所第一所研究员,担任《资治通鉴》总校。1955年,开始标点《史记》。1959年,任全国政协文史资料委员会副主任,发表《禹贡注释》。1965年冬,因病到北京香山疗养院疗养。1971年开始,担任"廿四史"和《清史稿》的总校工作,1977年完成,先后由中华书局出版。1979年,担任中国社科院历史所学术委员、中国文联全国委员、中国民间文艺研究会副主席等职。曾任第二、三届全国政协委员,第四、五届全国人大代表。

顾颉刚一生著述颇丰,除所编《古史辨》之外,重要的尚有《汉代学术史略》《秦汉的方士与儒生》《尚书通检》《中国疆域沿革史》《史林杂识》等等。

(三)疑古与信古的争论

1923年5月,顾颉刚、钱玄同刚一提出自己的观点,就遭到南京高等师范学校历史教授柳诒徵及其学生缪凤林(字赞虞,1899—1959)、刘掞藜(字楚贤,1899—1935),还有胡适的族叔、儿时好友胡堇人(名祥木)的反对,引发了"信古"与"疑古"的争论,实际上是新文化运动以来新旧文化之争的延续。

柳诒徵(1880—1956),字翼谋,亦字希兆,号知非,江苏镇江人,自幼饱读诗书。1901年,他来到南京,经人介绍,进入江楚编译局,负责编辑《历代史略》,这是我国近现代第一部历史教科书,也是近代新史学的产物。1914年2月,应聘为南京高等师范学校(后更名国立东南大学)国文、历史教授10年,后执教于清华大学、东北大学。1922年1月与梅

现代儒学宗师柳诒徵

光迪、吴宓等在南京创办《学衡》,以研究学术,整理国故为宗旨。1927年任江苏省立国学图书馆馆长,任教于中央大学。抗战期间,先后任教于浙江大学、贵州大学和重庆中央大学,兼任国史馆纂修。中华人民共和国成立后,执教于复

第三章 变革中的历史诉求：中国近现代史学流派

旦大学,任上海市文物管理委员会委员。

1923 年 7 月《读书杂志》第 11 期上,正在南京高师读书的刘掞藜发表了《读顾颉刚君〈与钱玄同先生论古史书〉的疑问》,胡堇人也发表了《读顾颉刚先生论古史书以后》的质疑文章。9 月到 11 月,在《读书杂志》第 13 至 15 期上,刘掞藜连载《讨论古史再质顾先生》。刘掞藜反对"禹是神不是人"的观点,并说,按照同样的推理,后稷、商契、商汤、周文王、周武王等也就都应该是神不是人了。① 胡堇人也说:"这种《说文》迷,想入非非,任情臆造底附会,真是奇得骇人了。"②在胡适发表《古史讨论的读后感》支持顾颉刚,讥讽信古派"仅仅奋勇替几个传说的古圣王作辩护士"后,柳诒徵在《史地学报》上发表《论以〈说文〉证史必先知〈说文〉之谊例》,也讥笑顾颉刚不懂《说文》的义例:"比有某君谓古无夏禹其人,诸书所言之禹皆属子虚乌有。叩其所据,则以《说文》释禹为虫而不指为夏代先王,因疑禹为九鼎所图之怪物,初非圆颅方趾之人。……以《说文》证经考史,必先明《说文》之谊例。不明《说文》之谊例,刺取一语,辄肆论断,虽曰勇于疑古,实属疏于读书。"③

柳诒徵等人大都是南京高等师范学校的师生,他们继承儒家述而不作、信而好古的传统,采取考信于六艺的态度,对历代儒家传播的经典深信不疑,皆作为史料看待。选择史料以古为尚,认为古今共信之史籍,古圣先贤从未怀疑过,今日岂可妄诬轻疑,将古书一概抹杀。他们以该校史地研究会会刊《史地学报》为阵地,激烈反对"离经叛道"的疑古学说,人们称之为"信古派",也称作"南高派"。

柳诒徵说:"今人读古史动辄怀疑,以为此为某某作伪,此为某某增窜,嚣然以求真号于众;不知古人以信为鹄,初未尝造作语言以欺后世。若谓始善考史,昔之人皆逞臆妄作,则由未读古书,不详考其来历耳。"④他并且讽刺疑古派失之肤浅,疏于读书,说:"今之学者欲从文字研究古史,盍先读熟许书,潜心于清儒著述,然后再议疑古乎?"⑤柳诒徵于 1923 年在南京高师讲授"中国文化

---

① 刘掞藜:《读顾颉刚君〈与钱玄同先生论古史书〉的疑问》,《古史辨》第一册,上海古籍出版社 1982 版,第 83 页。
② 胡堇人:《读顾颉刚先生论古史书以后》,《古史辨》第一册,第 79 页。
③ 柳诒徵:《论以〈说文〉证史必先知〈说文〉之谊例》,《古史辨》第一册,第 218 页。
④ 柳诒徵:《正史之史料》,《史地学报》二卷 3 期。
⑤ 柳诒徵:《论以〈说文〉证史必先知〈说文〉之谊例》,《古史辨》第一册,第 222 页。

史",1925年起在《学衡》连载,中间不断修改完善,引用六经、诸子、二十五史、历代各家著述、国外汉学家论著,以至近代报纸杂志、统计报道等600余种,集20年之功,著成70万字的《中国文化史》,于1947年出版,集中阐发三代至上的文化史观,援古证今,以今鉴古,成为名作。

信古派与疑古派的分歧不仅在于对待古史的态度问题,而且还有史学的功用问题。学问究竟是为了求真,还是为了致用?1935年,柳诒徵作题为《讲国学宜先讲史学》的讲演,再次表达他对于疑古辨伪的否定态度,并且认为,即使是辨清了古史,"我们得了一种求真的好方法,于社会国家有何关系。""只讲考据和疑古辨伪,都是不肯将史学求得实用,避免政治关系,再进一步说是为学问而学问,换句话就是说讲学问不是要有用的。"①在柳诒徵看来,只要对国家民族有利,既使明知古史是伪的,也不应辨,不然就是自己糟蹋自己。顾颉刚认为求真才是治学的首要原则。真相不明,国家民族也不会从中得利。信古派成员大多以维护传统自居,对传统文化有着深厚的民族感情,向疑古派发难,也是对当时民族虚无主义的必然反应。所以,信古派除了旧派学者,力图保存"国粹"的人外,还有从感情上愿意否定古代历史和传统文化的人。

1935年,冯友兰发表《中国近年研究史学之新趋势》一文,将近年来历史研究划分为信古、疑古、释古三个学派。②1936年周予同将"中国现代史学"分为"泥古""疑古""考古""释古"四派,③后又改为史观和史料两大派别。1938年"集疑古学大成"的杨宽同意划分四派,他说:"近人分我国古史学之派别为四:曰信古,曰疑古,曰考古,曰释古。主信古者动谓战国秦汉之书尽古,所记传说必有所本,一切皆为实录,未可轻疑;主疑古者以古书既有真伪,所传古书又不免失实,苟无精密之考证批判,未可轻信;主考古者,辄病于传说之纷繁,莫由遵循,又鉴于近人争辨古史,立论绝异而均不出故纸堆之范围,乃谓但有纸上之材料无用,非有待于锄头考古学之发掘不为功;主释古者,则以古人十口之相传,'事出有因',必有史实之残影存乎其间,莫容一概抹杀,苟据新史观加以归纳推

---

① 柳诒徵:《讲国学宜先讲史学》,《柳诒徵史学论文集》,上海古籍出版社1991版,第502页。
② 冯友兰著:《中国哲学史补》,商务印书馆1936版,第93页。
③ 周予同:《五十年来中国之新史学》,《周予同经学史论著选集》,上海人民出版社1983年版,第422页。

理,即为可信之古史。此四说者,除信古一派外,无不持之有故,言之成理。"①实际上,四派划分虽然各有侧重,但也是相互借鉴,相互促进,并不是老死不相往来。

顾颉刚在三四十年代直至 1949 年后一直强调疑古辨伪与考古学、史观派的学术分工,而到 1980 年发表的《我是怎样编写〈古史辨〉的》一文时,却提出了"疑古并不能自成一派"的观点。他说:"以前有人说:'现在人对于古史可分为三派:一派是信古,一派是疑古,一派是释古,正合于辩证法的正、反、合三个阶段。'我的意思,疑古并不能自成一派,因为他们所以有疑,为的是有信;不先有所信,建立了信的标准,凡是不合于这标准的则疑之。信古派信的是伪古,释古派信的是真古,各有各的标准。"②

20 世纪 90 年代初,中国社科院历史研究所所长李学勤针对疑古思潮提出了"走出疑古时代"的观点。顾颉刚弟子刘起釪撰写《关于"走出疑古时代"问题》,批驳"走出疑古时代"。1996 年 5 月,国家启动科技攻关重点项目"夏商周断代工程",旨在研究和排定中国夏商周时期的确切年代,为研究中国五千年文明信史创造条件。2003 年 12 月,中国社会科学院等专家历时三年编纂而成的《古史考》九卷,由海南出版社出版,展示了 1949 年至 2003 年 50 多年间中国古典学的重大进展和前沿成果,《人民日报》誉之为"一套全面反映建国以来中国古典学研究进展的集大成之作"。③ 2006 年,在纪念《古史辨》第一册出版 80 周年的学术研讨会上,研究者再次围绕"古史辨"和"走出疑古"展开广泛讨论。这是"古史辨"运动在新时期的回响。

五、考信学派

考据学又称考证学或朴学,主要是对古籍加以整理、校勘、注疏、辑佚等。考据学产生在明代中后期,经清代一直延续到现在。我国近现代考据学继承了乾嘉考据学的优良传统,又吸收了近代史学方法和考古成果,扩大了考据范围,形成了新考据学,人们也称为"考信学派"。考信就是通过考据学的方法,达到历史记载真实可信的目的。近代考信派首功当然应推罗、王、郭、董"四堂"(罗

---

① 杨宽:《中国上古史导论》,《古史辨》第七册,上海古籍出版社 1982 年版,第 65 页。
② 顾颉刚:《我是怎样编写〈古史辨〉的》,见《古史辨》第一册,第 28 页。
③ 《人民日报》2003 年 12 月 23 日第 11 版。

振玉号雪堂、王国维号观堂、郭沫若号鼎堂、董作宾号彦堂),还有李济、夏鼐等人。其中王国维、陈垣、陈寅恪等在历史考据学方面,作出了很大的贡献,形成了具有代表意义的新考据学派,即考信学派。

(一)王国维

王国维(1877—1927),字伯隅、静安,号观堂、永观,浙江海宁人,考信大师。王氏家族世代书香,家学渊源深厚,学人辈出,王国维从小聪颖好学,为海宁才子,但屡应乡试不中。1898年赴沪,到改良派《时务报》充校对、书记。同时在东方学社半工半读研习日文之余,兼学英文及数理,得以结识主持人罗振玉,结下两人终身依托关系。

1901年,王国维得到罗振玉资助,东渡日本留学,不久以病归。后在罗振玉推荐下执教于南通师范学校、江苏师范学校,讲授哲学、心理

王国维(左)与罗振玉

学、伦理学等,开始其"兼通世界之学术"之"独学"时期。1906年随罗振玉入京,任清政府学部总务司行走、京师图书馆编译、名词馆协韵等。其间,著《人间词话》《宋元戏曲史》等名著。

1911年上半年,罗振玉、王国维在上海创办"国学丛刊",两人分别为之作序。不久辛亥革命爆发,王国维携眷随儿女亲家罗振玉逃居日本京都,以前清遗民处世,在学术上穷究于甲骨文、金文、汉简等研究。1916年,应上海著名犹太富商哈同之聘,返沪任仓圣明智大学教授,并继续研究甲骨文、考古学。1922年受聘北京大学国学门通讯导师。翌年,由蒙古贵族、大学士升允举荐,与罗振

玉、杨宗羲、袁励准等应召任清逊帝溥仪"南书房行走",食五品禄。1924,冯玉祥发动北京政变,驱逐溥仪出宫。王国维引为奇耻大辱,愤而与罗振玉等前清遗老相约投金水河殉清,因阻于家人而未果。

1925年,王国维受聘任清华研究院导师,教授古史新证、尚书、说文等,与梁启超、陈寅恪、赵元任、李济被称为"五星聚奎"的清华五大导师,桃李门生、私淑弟子遍布中国史学界。

1927年6月,这位学术巨子在其50岁人生学术鼎盛之际投湖自沉。入殓时,在他的里衣中,发现他写给第三个儿子贞明的遗书,纸已湿透,但字迹完好。全文如下:"五十之年,只欠一死,经此世变,义无再辱。我死后,当草草棺殓,即行藁葬于清华茔地。汝等不能南归,亦可暂于城内居住。汝兄亦不必奔丧,因道路不通,渠又不曾出门故也。书籍可托陈吴二先生处理。家人自有人料理,必不至不能南归。我虽无财产分文遗汝等,然苟谨慎勤俭,亦必不至饿死也。五月初二父字。"王国维演绎出20世纪最有争议、也最具悲情的文化谜案之一。

王国维死后,清废帝溥仪事后赐王国维谥号为"忠悫",被安葬于清华园东二里许西柳村七间房之原。1928年6月王国维逝世一周年时,清华大学立《海宁王静安先生纪念碑》,碑文由陈寅恪撰,林志钧书丹,马衡篆额,梁思成设计。

王国维继承了乾嘉考据学的优良传统,吸收了近代西方历史学方法,奠定了用实证方法研究历史的基础。他所提出的用地下实物与文献记载互相释证来研究中国古史的"二重证据法",一直被奉为圭臬。他的著作大多收录在1921年刊行的《观堂集林》24卷和后来出版的《观堂别集》4卷之中,其中许多文章都是脍炙人口的名篇。

1. 治学三境界

王国维善于归纳,经过他的手,《人间词话》便成为一部涵盖了诗词精华的赏析力作。在他看来,古今之成大事业、大学问者,必经过三种境界,才会有所建树。

第一种境界是宋朝晏殊的《鹊踏枝》"昨夜西风凋碧树,独上西楼,望尽天涯路";第二种境界是宋朝柳永的《蝶恋花》"为伊消得人憔悴,衣带渐宽终不悔";第三种境界是南宋辛弃疾的《青玉案》"众里寻他千百度,蓦然回首,那人却在灯火阑珊处"。

王国维这三种境界,不只是针对学术研究或艺术创造的历程,实际上就是对人生奋斗的综述与总括。他将空旷的意境、执着的追求以及知音稀少、落寞寡合的心境,引申到对事业和学问的追求中,从而体现了一个高尚的人生境界。

这一境界是立志、是下决心,只有具备条件才会有第二、第三境界。第二境界是执着的追求,忘我的奋斗。第三境界是用血汗浇灌出来的鲜花,是用毕生精力铸造的大厦。

2. 学问三无说

王国维研究学问,一向以追求真理、真相为目标,反对怀着学问以外的目的来研究学问。1911年2月,他和罗振玉创办"国学丛刊",王国维为之写序,系统阐述了他的学术观点。

他说,研究学问应该讲究"三无",即"无新旧""无中西""无有用无用"。学者只应讲求学问的真伪是非,而不应问它是新学问还是旧学问,是中国学问还是西洋学问,是有用的学问还是没用的学问。科学、史学、文学全是中西共有之学,不应该人为的强行划分开来。他说:"特余所谓中学,非世之君子所谓中学;所谓西学,非今日学校所授之西学而已。治《毛诗》《尔雅》者,不能不通天文、博物诸学;而治博物学者,苟质以《诗》《骚》草木之名状而不知焉,则于此学固未为善。必如西人之推算日食,证梁虞剡、唐一行之说,以明《竹书记年》之非伪;由《大唐西域记》以发见释迦之支墓,斯为得矣。故一学既兴,他学自从之。此由学问之事本无中西,彼鳃鳃焉虑二者之不能并立者,真不知世间有学问事者矣。"①

学问新旧大小也是相对的,只要能阐明真理真相,对人类的生存幸福就都是有益的。有用还是没用,也是相对的。现在没用,不等于今后没用。

王国维的学术观与顾颉刚的学术观基本一致,都是以求真为目的。但他认为怀疑古史的精神虽然值得钦佩,但与其打倒什么,不如建设什么,说明他对疑古学派并不满意。

3. 二重证据法

王国维强调实证,力求摆脱传统经史之学的从文献到文献的研究方法,重视地下出土的古器物上面的古文字资料,并能够有机地将这两方面的材料与学问结合起来治史,以地下的古文字材料来补证文献史料。有的学者将王国维把中国传统的乾嘉考据学方法与西方近代科学方法相结合,创立中国近代实证的

---

① 王国维:《国学丛刊·序》,姚淦铭、王燕编:《王国维文集》第4册,中国文史出版社1997年版,第366页。

方法,称为"新历史考证学"。① 这种方法的出现,有两个关键,一是新材料的发现,二是"二重证据法"的采用。

1925年9月,王国维在给清华大学的学生讲述《古史新证》的课程时,正式提出了"二重证据法",这是王国维在史学方法上的独特建树。他说:"吾辈生于今日,幸于纸上之材料外,更得地下之材料。由此种材料,我辈固得以据以补正纸上之材料,亦得证明古书之某部分全为实录,即百家不雅驯之言亦不无表示一面之事实。此二重证据法,唯在今日始得为之,虽古书之未得证明者,不能加以否定,而其已得证明者,不能不加以肯定,可断言也。"②

王国维在此提出了另一个问题,就是"默证法"的使用问题。所谓默证,"若因某书或今存某时代之书无某史事之称述,遂断定某时代无此观念,此种方法谓之'默证'。"③也就是说某一时代文献上没有记载的,就是不存在的。1925年4月,在清华学堂读书的张荫麟就指责顾颉刚过度使用默证法,如《诗经》中没有将"夏""禹"连用,就说明"禹""夏"无关的错误。对此,王国维认为,对于历史事实,最好还是"宁信其有,不信其无"或"姑信其有,不信其无",以留待日后验证。因为随着考古出土文献的发现,许多被古史辨派证伪的书籍及史事其实并不是伪的,说明"默证法"并不可靠。因此,我们所能做的是坐下来,仔仔细细地研究出土文献,即第二重证据,审慎地与古书的记载相印证,切忌不可贸然下一个轻率的结论,重蹈"古史辨派"的覆辙。

"二重证据法"就是"纸上之材料"与"地下之材料"两重证据的互证。"纸上之材料"是指古籍文献的文字记载,"地下之材料"是指考古资料以及文物上的文字材料如金文、甲骨文等,以此来揭示历史的真相。

考古学和地下史料,是我国近代史学的一大成就。1925年7月,王国维在清华大学演讲时说:"古来新学问起,大都由于新发现。"他说的新发现,主要是指殷墟甲骨文、敦煌千佛洞的六朝唐人的卷轴、明清内阁大库档案和藏书、各地发现的古代外族遗文。这些新发现,使近代成为"新史料发现之时代",为历史研究开辟了新天地,也为王国维的"二重证据法"增添了新内容。

---

① 参考林甘泉《20世纪的中国历史学》,《历史研究》1996年第2期;戴逸《世纪之交中国历史学的回顾与展望》,《历史研究》1998年第6期。
② 王国维著:《王国维文集》第4册,第2页。
③ 张荫麟:《评近人对中国古史之讨论》,《古史辨》第二册,第172页。

陈寅恪在《王静安先生遗书序》中对"二重证据法"作了进一步归纳和总结，认为有三个方面：一曰取地下之实物与纸上之遗文互相释证。凡属于考古学及上古史之作，如《殷卜辞中所见先公先王考》及《鬼方昆夷玁狁考》等皆是也。二曰取异族之故书与吾国之旧籍互相补正。凡属于辽金元史事及边疆地理之作，如《蒙古考》及《元朝秘史之主亦儿坚考》等皆是也。三曰取外来之观念与固有之材料互相参证。凡属于文艺批评及小说戏曲之作，如《红楼梦评论》及《宋元戏曲考》、《唐宋大曲考》等皆是也。"①"二重证据法"之所以成为一种科学的考证方法，根本之处在于二重证据要出自不同的材料和不同的观察，是多重印证的结果。

王国维是第一位运用甲骨文考证古史的学者，但他不愿意加入历史方法论的争论。在《古史新证》中，他提出自己的见解："上古之事，传说与史实混而不分。史实之中固不免有所缘饰，与传说无异；而传说之中亦往往有史实为之素地。二者不易区别，此世界各国之所同也。"针对疑古派，他说："至于近世，乃知孔安国本《尚书》之伪，《纪年》之不可信。而疑古之过，乃并尧舜禹之人物而亦疑。其于怀疑之态度及批评之精神，不无可取；然惜于古史材料未尝为充分之处理。"疑古不等于将传说一笔勾销。他论述自己的方法道："吾辈生于今日，幸于纸上之材料外，更得地下之新材料。由此种材料，我辈因得据于补正纸上之材料，亦得证明古书之某部分全为实录，即百家不雅驯之言，亦不无表示一面之事实。此二重证据法，唯于今日始得为之。"②

王国维运用"二重证据法"所作的史学研究，或可以一锤定音成为史学界公认的不易之论，或开启研究的新路径给后人提供一个解决问题的新方法，"足以转移一时之风气，而示来者以轨则"。③

后来，王煦华在为顾颉刚《秦汉的方士与儒生》一书所作的导读中，将顾颉刚所用的疑古辨伪法，即用文献记载资料与考古发掘的资料和民俗学资料三者相互印证的方法，概括为"三重证据法"④，在一定程度上是对默认法的修正。

---

① 陈寅恪：《金明馆丛稿初编》，上海古籍出版社1980年版，第219页。
② 《王国维文集》第4册，中国文史出版社1997年版，第2页。
③ 陈寅恪：《王静安先生遗书序》，《金明馆丛稿二编》，上海古籍出版社1980年版，第219页。
④ 王煦华：《秦汉的方士与儒生导读》，上海古籍出版社1998年版，第5—6页。

饶宗颐(1917—2018)也提出"三重证据法",将王国维"地下之材料"分为无文字的实物和有文字的材料,其中地下的有文字材料即是"第三重证据"。饶宗颐的工作只是将王国维的"二重证据法"进一步细化,实际上并没有增加新的内容。其实,王国维使用"二重证据法",主要还是利用地下的有文字材料来研究历史。

4. 对甲骨文的研究

1899 年秋季,山东潍坊的古董商范寿轩(字维卿)带着一种特殊的"古董"——一些沾满泥土的刻有文字的龟甲、兽骨,到北京求售于当时的国子监祭酒、金石学家王懿荣。范寿轩不会料到,他拿来的"古董"会使中国甚至世界学术界为之震动。

1900 年庚子事变,八国联军攻入北京,王懿荣殉国,他虽曾用重金搜求甲骨,并悉心考察过,但未及留下有关的文字记录。稍后收藏甲骨的清末小说家刘鹗(1857—1909)受罗振玉的鼓动,在 1903 年出版了第一部甲骨文著录书籍《铁云藏龟》,并在自序中正确地说明甲骨文乃是"殷人刀笔文字"。从此,甲骨成为一些金石学家收藏和研究的对象。由于古董商的有意隐瞒,甲骨出处——河南安阳西北五里的小屯,在较长时间内未被学界了解,直到 1908 年才被罗振玉查访清楚。1910 年罗振玉出版《殷商贞卜文字考》一书指出,小屯甲骨"实为殷室王朝之遗物"。自此,甲骨文的时代与性质被彻底澄清,成为 19、20 世纪之际中国学术史上的四大发现之一,对中国学术界产生了巨大而深远的影响。

近代对甲骨文研究最有成就者,是罗、王、郭、董"四堂",即罗振玉号雪堂、王国维号观堂、郭沫若号鼎堂、董作宾号彦堂。而王国维对甲骨文研究最突出的贡献,是在甲骨文文字考释的基础上,将甲骨文作为史料进行研究,对商周的礼制、都邑、地理等方面做出些新的结论。1917 年,王国维撰写了《殷卜辞中所见先公先王考》《续考》两书,被誉为甲骨文发现第一篇具有重大学术价值的科学论文,标志着甲骨文已由"文字时期"进入了史料时期。

在《殷卜辞中所见先公先王考》和《续考》,王国维利用"二重证据法",对《史记·殷本纪》等古书所载商代帝王世系,用甲骨文加以证明,并用甲骨文与《山海经》《竹书纪年》《楚辞·天问》《吕氏春秋》的记载相互印证,补充了《殷本纪》帝王世系的不足,证明了《史记》所载先公先王和父、兄之名的真实性,也证明了《史记》确是一部信史;从而也说明甲骨文乃殷商之物,安阳小屯就是湮没了三千多年的殷墟。郭沫若评价说:"卜辞的研究,要感谢王国维。是他,首先由卜辞中把殷代的先公先王剔发了出来使《史记·殷本纪》和《帝王世系》等书所传的殷代王统得到了物证,并且改正了它们的讹传……殷墟的发现是新史学的开端,王国维的业绩,是新史学的开山。"①王国维做学问的最大特点,不是就甲骨文字本身去研究,而把古文字学与古代史一起研究,充分利用最新的甲骨材料,去对照历史,研究历史。

王国维研究历史,不是"为历史而历史",而有自己的价值判断。他借历史研究以阐发中华民族文化的价值与意义,希望"能承续先哲将坠之业"。他有一种文化托命人倍感"任重而道远"的使命感和责任感,他一生的学术研究与文化追求都与此息息相关,"而在能开拓学术之区宇,补前修所未逮",希望借此"可以转移一时之风气,而示来者以轨则也"。②

王国维驰骋文史哲领域数十载,是近代中国最早运用西方哲学、美学、文学观点和方法剖析评论中国古典文学的开风气者,又是中国史学史上将历史学与考古学相结合的开创者。这位集史学家、文学家、美学家、考古学家、词学家、金石学家和翻译理论家于一身的学者,传世之作达60余种,批校的古籍逾200种,时人誉为"中国近三百年来学术的结束人,最近八十年来学术的开创者"。梁启超赞其"不独为中国所有而为全世界之所有之学人",而郭沫若则以浪漫的语汇评价他"留给我们的是他知识的产物,那好像一座崔嵬的楼阁,在几千年的旧学城垒上,灿然放出了一段异样的光辉"。③

(二)陈垣

陈垣(1880—1971),中国教育家、历史学家、新考据学的集大成者。字援庵,又字圆庵,笔名谦益、钱罂等,广东新会人。出身药商家庭。少年时,受"学而优则仕"思想的影响,曾参加科举考试,未中。后以经世致用为宗旨治学。1905年,在孙中山领导的民主革命的影响下,他和几位青年志士在广州创办了《时事画报》,以文学、图画作武器进行反帝反清斗争。1910年毕业于光华医学

---

① 郭沫若著:《古代研究的自我批判》,《郭沫若全集·历史编》第2卷,人民出版社1982年版,第6页。

② 陈寅恪:《王静安先生遗书序》,《金明馆丛稿二编》,上海古籍出版社1980年版,第219页。

③ 王国维著:《人间词话》,燕山出版社2010年版,第185页。

院。辛亥革命后,他和康仲荦创办《震旦日报》,积极宣传反清。1913年,以革命报人的身份当选为国会议员,从此在北京定居,直至逝世。

袁世凯复辟后,政局混乱,他潜心于治学和任教。他从教70多年,任过46年大学校长,热心教育,影响深远,造就了众多的人才。他曾任北京大学、北平师范大学、辅仁大学的教授。1926—1952年,任辅仁大学校长;1952—1971年,任北京师范大学校长。中华人民共和国成立时,他已经69岁。1959年,以79岁的高龄参加了中国共产党。1949年以前,曾任过京师图书馆馆长、

史学大家陈垣

故宫博物院图书馆馆长。1949年后,还任中国科学院历史研究所第二所所长,历任第一、二、三届全国人民代表大会常务委员会委员,主要著述有《元西域人华化考》《校勘学释例》《史讳举例》《南宋河北新道教考》《明季滇黔佛教考》《清初僧净记》《中国佛教史籍概论》及《通鉴胡注表微》等,另有《陈垣学术论文集》行世。

1933年4月,法国著名汉学家、探险家伯希和来中国考察,他离开北京时,对前来送行的陈垣、胡适等人说:"中国近代之世界学者,唯王国维及陈先生两人。不幸国维死矣,鲁殿灵光,长受士人之爱护者,独吾陈君也。"[1] 1951年11月,全国政协一届三次会议后,毛泽东在怀仁堂举行国宴时,与陈垣同席。毛泽东向别人介绍说:"这是陈垣,读书很多,是我们国家的国宝。"[2]

2002年9月8日,有两座铜像在北师大落成,一座是孔子铜像,另一座铜像是北师大老校长陈垣全身像。

---

[1] 张荣芳著:《近代之世界学者陈垣》,广东人民出版社2005年版,第169页。
[2] 同上,第155页。

陈垣继承乾嘉考据学，将传统人文精神与近代科学思想方法结合起来，以新考据学的卓越成就，治学考史，在宗教史、中国历史文献学和元史方面作出重要贡献，成为举世公认的史学大师和学术巨匠。

1."古教四考"和宗教史研究

陈垣的史学研究，是从宗教史开始的。他是宗教史专家，几乎是没有一门宗教不研究。1917年，他开始发奋研究中国基督教史，著有《元也里可温教考》，后来形成著名《古教四考》，即《元也里可温教考》（1917）、《开封一赐乐业教考》（1919）、《火祆教入中国考》（1922）、《摩尼教入中国考》（1923）。"古教四考"使陈垣登上史坛，走向世界，也为民国学术史增添了具有世界意义的光彩一笔。

《元也里可温教考》，1917年5月写成，曾经多次修改、印行，使陈垣开始蜚声史坛。也里可温是元代基督教总称。过去以为此教资料多在海外，而本国典籍无征。该文则专以汉文史料进行研究，除《元史》外，还利用了地方志、金石录、书画谱等60多种材料，论证了隐晦七八百年，无人能道的也里可温教。他认为，中国基督教初为唐代的景教，以次为元代的也里可温教、明代的天主教、清以后的耶稣教。所谓"也里可温"，是元代基督教的总称。元亡，也里可温就绝迹于中国。但作为宗教史来说，它又是世界宗教史的一个组成部分，受到国际学者和宗教史研究专家的重视。

《开封一赐乐业教考》，1919年11月写成。开封一赐乐业教即犹太教。该教在明清时所立的三篇碑文，对其何时传至中国，说法不同。陈垣用种种方法证明开封犹太教非宋以前所至，汉文典籍对犹太教的记载始见于《元史》，元以前无征。文中还详细考证了该教与回教之异同、教中人物之大略、寺宇的沿革、经文的内容和源流。

《火祆教入中国考》，1922年4月撰。火祆教又名拜火教，唐初传入中国，颇见优礼。唐时外来宗教，除火祆教外，还有大秦、摩尼、回回三种。回教在唐代未盛，记载尚少；其余三教，因都来自波斯，唐宋学者分辨不清，记载每有错误。清代学者如钱大昕等也常把它们混为一谈。此文除叙火祆教的起源、兴衰外，还将典籍上三教混同记载的错误一一指出，予以辨证。

《摩尼教入中国考》，1923年写成。摩尼教是波斯人摩尼创立的，它由拜火、基督、佛教糅杂而成。陈垣取敦煌摩尼教经卷和其他材料，考明摩尼教于唐武周长寿二载（694）传入中国，历唐、宋、元、明数朝，在中国流行的情况。

"古教四考"陆续出版后,好评鹊起。此外,他还有《回回教入中国考》(1927)、《明季滇黔佛教考》《清初僧净记》《南宋初河北新道教考》《中国佛教史籍概论》《释氏疑年录》等,加上后来问世的《元西域人华化考》《基督教入华史略》《中国佛教史籍概论》(1955)等论著,以宗教史研究来拓展中西文化交流史研究,是陈垣对民国学术的重大贡献,也是当时中国学术界推陈出新,与国际汉学界接轨的不可多得的尖端成果。

2. 对目录学、校勘学和史源学的贡献

目录学是研究学问的门径,是掌握书目、书的内容、版本以及相关书目的一门学问。一个人要研究学问,必须掌握目录学。

陈垣在年轻的时候,就熟读了《四库全书提要》与张之洞的《书目答问》。《四库全书提要》对清朝研究学问的人来说,确实帮助很大。张之洞《书目答问》写于光绪元年(1875),也是一部目录学著作。陈垣把这两本书读得很熟、很精,而且也要求学生好好利用。

辛亥革命后,陈垣到了北京,曾花很长时间研究"四库全书"。他研究"四库"与别人不同,别人只是要看什么书到"四库"中去找,他却是研究"四库全书"收编的书是如何写成的,它有哪些版本。于是著成两本目录学工具书,一是《四库书名录》,一是《四库撰人录》,为人们利用"四库全书"进行研究提供了极大的方便。

此外,他为了研究元史,还编出元朝六十家文集的目录。这书稿没有印行,北京图书馆藏有抄本。他在研究《册府元龟》时,一开始就先作有关《册府元龟》的工具书,然后再动手研究。

在研究"四库全书"时,陈垣对古书引用的文献,都一一溯源,找到它的原始出处,从而创立了"史源学"。

同时,由于刻印、流传的原因,中国古书往往有许多错误;后人不能理解,信以为真。所以,陈垣在研究历史文献的时候,非常注重校勘的工作。1931年,他写成《校勘学释例》一书。

陈垣出于讲授校勘学的需要,从《元典章校补》(10卷)所录的12万条谬误中择出1/10作为典型校例,并归纳出若干校勘的理论和方法,编成《元典章校补释例》,后改名《校勘学释例》,1931年由北京大学国学研究所印行,1959年中华书局重印。

《校勘学释例》将古籍产生窜乱讹误的现象归纳为5类:行款误例、通常字句误例、元代用字误例、元代用语误例、元代名物误例。每类又归纳出致讹原因,例如在"通常字句误例"中指出某些字句在读写时有易误因素,指出有"形近而误""声近而误"等11种致讹原因。《校勘学释例》还在历代学说的基础上概括和归纳出"校法四例",即对校法,以同书祖本与别本对校,其作用是可校各本的异同;本校法,以本书前后内容互证,抉摘差异,以知谬误,此法宜用于未得其他资料之时;他校法,凡著书均有采录前人或为后人所引用的现象,故可用他书校本书,这也是证明书有讹误的良法;理校法,凡遇无古本可据或数本互异而无所适从时,则应由通误者断于情理,故名"理校"。校勘是一种非常枯燥、繁重的工作,胡适说陈垣是"用极笨的死功夫"来做校勘工作。"校法四例"提出的4种校勘方法是对中国长期以来校勘工作经验和方法的总结,使中国校勘学第一次走上了科学的道路,对于文献校勘工作具有重要的指导意义。

3. 历史避讳学的成就

避讳是我国历史上特有的风习制度。由于中国长期处于封建君主时代,古代书籍在书写君主或长辈的时候,就不能直接写出他的名字,要用其他的字来代替,这就是避讳。时间一长,避讳越来越多,大体有"改字""缺笔""空格""替换""抬头"等,使人们阅读古书造成了许多麻烦。

如唐代就需要避讳"世民"二字,而不须分别避讳"世"和"民",但原来的民部却改成了户部。清朝避讳制度始于康熙年间。康熙帝玄烨,就规定,以"元"字代替"玄"字,以"煜"字代替"烨"字。"烨"字不常用,"玄"字却是个常用字。如《老子》一书,"玄之又玄,众妙之门"一语,被改为"元之又元,众妙之门"。清朝避讳执行的最严的是雍正乾隆年间。雍正的名字胤禛,雍正兄弟名字中的"胤"字,一律改为"允"字;著名诗人王士禛,死后10年,还被改名为王士正,后又钦命再改为王士桢。就连明朝的亡国之君崇祯,也被改为的"崇正皇帝";北宋的开国皇帝赵匡胤,居然被改为赵匡允。

陈垣总结了前人的成果,经过潜心研究,出版《史讳举例》一书,介绍自秦迄清,历朝的避讳制度和讳例。在该书第八卷中列出了我国历代的避讳表,每一朝避什么,如何避,使人们读起古书来十分方便。他指出,利用古文书的避讳,"可以解古文书之凝滞,辨别古文书之真伪及时代。盖讳字各朝不同,不啻为时代之标识,前乎此,或后乎此,均不能有是"。《史讳举例》一书,成为现代考据学中的避讳学的经典著作。

4. 历史年代学的研究

读中国古代书籍的一件麻烦事就是年代问题,因为古史纪年大都是采用干支和帝王年号的方式,若干年就换一次,而且西历(公历)、回历、中历(农历)的纪年方法各不相同,为历史研究造成困难。为了把这些纪年方法统一起来,给研读历史者提供方便,陈垣夜以继日,废寝忘食地算历法,经过长时间研究,于1952年出版了《中西回史日历》和《二十史朔闰表》两书,把汉代以来2000年间的纪年与西历、回历、中历一一对应起来,解决历史研究中的一大难题,使历史事件和历史时间对应起来,让人一目了然。这两部工具书解决了中国史上一个极为复杂的问题,对我们学习和研究历史提供了极大的便利,直到现在我们仍然使用。

陈垣编写这两部书,花费了很多精力,致使后来20多年不能正常吃饭,就是因为当时一天到晚坐在凳子上,废寝忘食地推算历法留下了胃病。

5. 元史研究的突破

清朝学者研究元史的人很多,多少是看到清朝很像元朝。康熙年间,邵远平著《元史类编》,要把元史重新改编。乾隆间,钱大昕编撰《元史氏族表》与《元史艺文志》,对元史很有研究。鸦片战争前后,魏源编撰了《元史新编》,以后研究元史的人很多,直到清末,柯劭忞编著《新元史》,集有清一代元史研究之大成。

陈垣研究元史与前人不同,他着重搜集有关元朝民族的历史与元朝宗教的历史资料,参考了200多种书籍,采用新的方法,提出问题,深入研究,写成《元西域人华化考》一书。元朝将臣民分为四等,蒙古人、色目人、汉人、南人。陈垣所指的西域人主要是色目人。他用了很大精力,进行考证工作研究这些人在进入中国后,如何被汉族同化,不能不说是一大进步。

陈垣认为《元史》保存了原始的材料,没有擅加改动。但研究元史,还要利用元朝六十家文集。他认为研究历史,不能只用史部的书,经部、子部、集部的著作都应加以利用。陈垣的《元也里可温教考》《校勘学释例》(《元典章校补释例》),都是研究元史的著作。

日本研究元史的学者,对陈垣十分钦佩,他们承认《元西域人华化考》《元也里可温教考》这两本书日本人是研究不出的。

6.《通鉴胡注表微》和考据学的方法

对日抗战时,陈垣一直身处沦陷区。1943年他开始撰写《通鉴胡注表微》,也就是阐发胡三省在为《资治通鉴》作注时,隐藏在注文中不便明言的微言大义。胡三省(1230—1302),字身之,浙江宁海人。宋理宗宝祐四年(1256),他与文天祥、陆秀夫为同榜进士,曾担任过一些县级官职。宋亡后回乡隐居,以全部精力为《资治通鉴》作注。陈垣说:"这样一位爱国史学家是在长时期里被埋没着,从来就没有人给他写过传记。到清朝,有人认为他擅长地理,有人认为他擅长考据,才偶然提到他。至于他究竟为什么注《通鉴》?用意何在?从没有人注意,更没有人研究。"①这部书1946年写成,成为陈垣最满意的著作,称其为"学识的记里碑"。这部著作前10篇论史法,后10篇论史事。既论校勘、避讳、考证、辨误等考证据学问题,也探讨了历代史家对历史事实的感悟、诠释和评价。

陈垣自称其学出于钱大昕,但新考据学与乾嘉考据学不同。乾嘉考据学"徒为精密之考证而已",为考证而考证,将考证视为史学的本身和目的,而新史学只是将考证学作为一种史学方法,"务立大义,明不为破碎之考证也"。②

在《通鉴胡注表微》中,按照证据形式的不同,陈垣将考据分其为三种:理证、书证、物证。不论哪种方法,都要有确实与丰富的材料做支撑。所谓考据,就是要拿出证据,这与论述有着本质的区别。

有些史料,从道理上讲值得怀疑,但又无确凿的证据,只能根据逻辑推理来判断其正误,这就是理证。运用理证时,必须多讲道理,摆出事实,才能使论点站得住脚。理证难度较大,不好把握,除基本功外,还要有卓越的识别与判断能力。否则,不是发现不了问题,就是会犯主观武断的错误。

书证是指利用本书与其他各类档案资料以及各种书籍为依据,考证史料的正误。随着时代的发展,还可利用新发现的资料来证明,如先秦时代的竹简帛书、敦煌遗书、汉晋简牍、清宫内阁大库档案等,这就是王国维的"二重证据法"。

物证是指以出土的龟甲、金石以及其他考古器物为依据,考证史料的正误。如王国维的《殷卜辞中所见先公先王考》及《续考》,就是用甲骨考证史事的最大成果。

陈垣没有受过正规的史学教育,也没有海外留学经历,全靠自己的勤奋钻研,著作宏富,成就斐然。他在宗教学、目录学、校勘学、史源学、避讳学、文献学、年代学等方面均有很大的成就,作出了开创性的贡献,成为世界闻名的史学大师。20世纪20年代,他就被中外学者公认为世界级学者之一,与王国维齐名,对后学产生"示以准绳,匡其趋向"的作用。1928年,傅斯年为筹建中央研

---

① 陈垣著:《通鉴胡注表微》,中华书局1962年版,第411页。
② 同上,第51、48页。

究院历史语言研究所致函陈垣,以陈与王国维相比,称颂"静安先生驰誉海东于前,先生鹰扬河朔于后,二十年来承先启后,负荷世业,俾异国学者莫敢我轻,后生之世得其承受,为幸何极"。① 台湾学者严耕望(1916—1996)曾把陈垣与吕思勉、陈寅恪、钱穆并列为"风格各异,而造诣均深",他所亲仰风采的前辈史学四大家。又把陈垣与陈寅恪并称为"史学二陈","两位先生都是当代历史考证学巨擘"。②陈垣的许多著作,成为史学领域的经典,有些被翻译为外文在美国、德国、日本出版。

1957年,他在《通鉴胡注表微》重印的"后记"中说:"胡三省亲眼看到宋朝在异族的严重压迫下,政治还是那么腐败,又眼见宋朝覆亡,元朝的残酷统治,精神不断受到剧烈的打击,他要揭露宋朝招致灭亡的原因,斥责那些卖国投降的败类,申诉元朝横暴统治的难以容忍,以及身受亡国惨痛的心情,因此,在《通鉴注》里,他充分表现了民族气节和爱国热情。""我写《胡注表微》的时候,正当敌人统治着北京;人民在极端黑暗中过活,汉奸更依阿苟容,助纣为虐。同人同学屡次遭受迫害,我自己更是时时受到威胁,精神异常痛苦,阅读《胡注》,体会了他当日的心情,慨叹彼此的遭遇,忍不住流泪,甚至痛哭。因此,决心对胡三省的生平、处境,以及他为什么注《通鉴》和用什么方法来表达他自己的意志等,作了全面的研究,用三年时间写成《通鉴胡注表微》二十篇。"③这样"表"胡三省作注之"微",也正所以寓自己的心境,由此可见陈垣的民族气节和爱国情怀。

六、文化史学派

严格意义来讲,中国近代并没有形成文化史学派。但在近代的史学家中,许多人认为历史的内容是文化,并从文化的视角去研究历史,认识历史,其中典型的人物,就是钱穆和陈寅恪,我们称之为文化史学派。

(一)钱穆

1. 学术生涯

钱穆(1895—1990),现代历史学家,国学大师。江苏无锡人,字宾四,晚号

---

① 张荣芳著:《近代之世界学者陈垣》,广东人民出版社2005年版,第121页。
② 严耕望著:《治史三书》,上海人民出版社2008年版,第169页。
③ 陈垣著:《通鉴胡注表微·后记》,中华书局1962年版。

素书老人、七房桥人,斋号素书堂、素书楼。钱穆与钱锺书同宗不同支,钱穆称钱基博(钱锺书父亲)为叔。钱伟长是钱穆长兄钱挚的长子,钱穆的亲侄子。钱穆九岁入私塾,1912年辍学后自学,任教于无锡、苏州的中小学。钱穆最高的文凭仅为高中(尚未毕业),完全是靠自学成才。1930年因发表《刘向、刘歆父子年谱》成名,被顾颉刚推荐,为北平燕京大学国文讲师。

当时的钱穆与顾颉刚两人,在学术地位上相去甚远,其研究方法、学术观点等也不尽一致,但是顾对钱仍是关爱备至,1931年3月18日,顾颉刚给北大文学院院长胡适去信,极力推荐钱穆代替自己,到北大任教。钱穆居北平八年,任北京大学教授。

抗战时期,钱穆辗转任教于西南联大、武汉、华西、齐鲁、四川各大学,撰写《国史大纲》,采取绵延的观点讲述历史的流动,要求国人对国史具有温情

国学大师钱穆

和敬意,激发国人爱惜和保护本国历史文化,阐扬民族文化史观,被公推为中国通史的最佳著作。1949年秋,他出任香港亚洲文商学院院长。1950年,在香港创办新亚书院,使流亡学生能够聚集读书,弦歌不辍。钱穆因办学有成,获香港政府尊崇,于1955年获香港大学名誉博士学位。1960年应邀讲学于美国耶鲁大学,获赠人文学名誉博士学位。1965年正式卸任新亚书院校长,应聘到马来亚大学任教。

1967年10月,钱穆应蒋介石之邀,自港返台,筑素书楼于台北市士林区外双溪地段。1968年被选为中央研究院院士。晚年专心于讲学与著述,但视力日渐衰弱,赖夫人诵读整理出版,称为《晚学盲言》。谢世后,家人将其骨灰散入茫茫太湖,以示归家。

钱穆是20世纪中国史学界维护中国文化精神的国学宗师,主张以儒学思想来发展中国的新史学。他以儒家生命哲学为理论基础,吸收了近现代西方文

化生命学说的某些观点,建立了以民族文化生命史观为中心的史学思想体系,成为文化保守主义的代表人物之一。他主要从事中国思想史,尤其是清代思想史的研究,著作等身,发前人所未发,毕生弘扬中国文化。其主要著作有《国史大纲》《中国近三百年学术史》《中国历史精神》《中国思想史》《中国思想通俗讲话》《人生十论》《双溪独语》《朱子新学案》《晚学盲言》等。中国学术界尊之为一代宗师,更有学者谓其为中国最后一位士大夫。

2. 民族文化生命史观和文化三层次

钱穆认为,历史文化是一个民族的生命体,道德化的心性是历史文化的本体,历史文化是道德化的心性本体的外化和展演。文化是钱穆史学的归宿,他的史学实际上是文化史学。钱穆杂糅了儒家心性生命哲学和西方文化生命学说,建构了独特的以民族文化生命史观为中心的史学思想体系。

钱穆从不同角度对文化进行了阐释,他认为:"普通我们说文化,是指人类生活,人类各方面各种样的生活,总括汇合起来,就叫做文化。……一国家一民族各方面各种样的生活,加进绵延不绝的时间演进,历史演进,便成所谓文化。因此文化也就是此国家民族的生命。"①历史和文化具有同一性,历史与文化"实际是一而二,二而一的",历史是形式,文化是内容,研究历史的实质是研究历史背后的文化。文化是人类生活的整体或人生的综合体,实际上就是一个民族以往一切物质生活和精神生活领域的历史。他说,文化是历史演进的真实成果,"舍却历史,即无文化"。②他还对"文化"和"文明"作了区别,认为:"大体'文明''文化',皆指人类群体生活言。文明偏在外,属物质方面。文化偏在内,属精神方面。故文明可以向外传播与接受,文化则必由其群体内部精神累积而产生。"③钱穆还认为,人是文化的中心,文化即人生,他把人生、人类生活当成文化的本质。他指出:"文化学是研究人生意义的一种学问"④。

钱穆把人类生活划分为三大类:一是物质的人生,或称自然的人生、经济的人生。这是文化第一阶层,属于物质经济方面。一切衣食住行,凡属物质方面者均归入此类,这是最基本的,是人对物的问题。没有物质生活,没有经济条

---

① 钱穆著:《国史新论》,三联书店2001年版,第346页。
② 钱穆著:《中国历史研究法》,三联书店2001年版,第133页。
③ 钱穆著:《中国文化史导论》,商务印书馆1994年版,第1页。
④ 钱穆著:《文化学大义》,台北正中书局1983年版,第6页。

件,根本没有所谓人生,也没有所谓文化。二是社会的人生,或称政治的人生,集团的人生。这是文化第二阶层,属于政治社会方面,它包括政治法律、社会礼俗、民族风习、群体集合和家庭生活等种种组织规定与习惯。这是人对人的问题,要面对世界进行生活。第三阶层是精神的人生或心理的人生,属于精神心灵方面。它是最高的,亦即最后和最终极的,全属于观念、精神、理性和趣味的。是心对心的问题,是人生面对心世界,包括宗教、哲学、文学、艺术等。

人类生活的三大类反映了人文演进的三个阶段三时期。"人文演进"是钱穆经常使用的一个概念,指人生社会文化的演进。人生在物质阶段求生存,在社会阶段求安乐,在精神阶段求崇高,社会发展,文化演进均是如此上升的过程。所以钱穆说:"我们把人类全部生活,划分为此三大类,而恰恰配合了人文演进的三段落、三时期,因此我们说人类文化有上述的三阶层。"①

人类生活的三大类,体现了文化结构的三个层次,即物质文化、社会文化和精神文化。同时,他又指出,经济、政治、宗教、哲学、道德、文学、艺术是组成文化结构的七要素。他特别突出道德的作用,认为精神的核心是道德,道德是历史文化的本体,具有终极意义。

钱穆认为,历史结构及其内容和文化结构及其内容是相互关联的,只是角度有所不同而已。一个国家民族已往的历史,都是民族中个人与群体生命的表现,"生命又当分内外两部分,外在部分属物质,内在部分属精神"。

历史结构可分为三个层次两个部分。三个层次即政治制度、学术思想和社会经济。历史的上层,即政治制度;中层,即学术思想;下层,即社会经济。他说:"此三者,社会经济为其最下层之基础,政治制度为其最上层之结顶,而学术思想则为其中层之干柱。大体言之,历史事态,要不出此三者之外。"②两个部分,即精神与物质两部分。

从历史记载来说,历史可分为四个部分,即政治组织、国际形势、社会结构、思想学术。从历史阶层划分来说,可分三层,即政治人物、学术界、社会民众。他说:"历史的上层是政治,下层是民众,但中国历史上主要的,又有中间一层,即是知识分子学术界,中国人称之曰'士'。"③学术思想(精神思想)是历史的中

---

① 同上,第14页。
② 钱穆著:《国史大纲》引论,商务印书馆1996年版,第9页。
③ 钱穆著:《中国史学发微》,第91页。

层,历史的中坚,也是人类文化最高和终极所在。

钱穆是一个进化论者,认为人文与自然并不对立,人文本身就是一自然过程,"人文演进即是一自然演进"。他反对包括唯物史观在内一切经济基础决定论,虽承认物质经济生活是历史文化发展的基础,但它的价值和作用又有限度,只有精神文化才有终极意义与领导作用。

3. 人类文化三大类和中国民族精神的内涵

钱穆认为,人类文化在源头上有三大类型:游牧文化、农耕文化、商业文化。"游牧文化发源在高寒的草原地带,农耕文化发源在河流灌溉的平原,商业文化发源在滨海地带以及近海之岛屿。三种自然环境,决定了三种生活方式,三种生活方式,形成了三种文化型。"①三种文化型又可分为两类,游牧、商业文化为一类,农耕文化为一类,西方文化属于前者,中国文化是后者的代表。他认为,游牧、商业起于内不足,需向外寻求,因而是流动的、进取的;农耕可以自给,无须外求,因而是稳定的、保守的。文化类型的不同决定民族精神的不同。游牧、商业文化形成了对外侵略,追求财富的观念,而农耕文化追求天人合一与和平和谐的人际关系。以道德为核心的内倾文化与以物质经济为本的外倾文化是中西历史文化的根本不同。中国为举世唯一的农耕和平文化最优秀的代表。

钱穆认为,民族精神是族类生活的灵魂和核心。没有这一灵魂,就没有族类的存在,而民族精神乃是通过历史、文化表现出来的。

他把中国民族精神的内涵归结为三个方面:一是人文精神,包括人文化成、天下一家,人为本位、道德中心、天人合一、性道一体、心与理一、用由体来;二是融和精神,包括民族融和,文化融和,国民性格的和合性;三是历史精神,包括历史是各别自我的,以人为中心的历史意识,温情与敬意的心态等。② 总之,民族精神、历史精神、文化精神是一致的。

钱穆从历史中揭示出中国民族文化的风貌、特殊性格和人文精神。在他看来,历史、民族、文化三者合一。民族并不是自然存在,自然只是生育人类,而不能生育民族。他指出:"民族精神,乃是自然与文化意识融合而始有的一种精神,这是文化精神,也即是历史精神。只有中国历史文化的精神,才能孕育出世界上最悠久最伟大的中国民族来。若这一个民族的文化消灭了,这个民族便不

---

① 钱穆著:《文化学大义》,台湾中正书局1983年版,第14页。
② 郭齐勇、汪学群著:《钱穆评传》第2章,百花州文艺出版社1995年版。

可能再存在。"①

由于文化观念的差别,导致中国历史政治是一统的,西方政治是分裂和多统的。他说:"就中国历史讲,政治一统是常态,多统是变态。西洋史上则多统是常态,一统是异态。"中国政治的"一统"成为中国历史文化的主要精神,"一统"观念贯穿于中国社会政治生活的各个层面,它体现为家族层面的血统、国家层面的政统和思想道德层面的道统。在三统中,政统高于血统,道统又高于政统,"三者会通和合,融为一体,乃成为中国历史上民族文化一大传统"。②

4. 中国古代的虚君制和古代政治的三级演进

钱穆认为一部中国史,并不能笼统称为一部皇帝专制独裁的历史。中国秦代以来的古代社会在政治上实行的是虚君制,或者是君主立宪制,丞相是副皇帝,御史大夫代表丞相管理和监察着皇帝。他否认秦代以来的社会是君主专制社会,否认秦代以来的政治是专制政治。

钱穆在《中国历代政治得失》一书中说:"倘使我们说,中国传统政治是专制的,政府由一个皇帝来独裁,这一说法,用来讲明清两代是不差的。"明代以前的传统中国,皇室和政府之间有明显的职权划分。世袭的皇帝是政治领袖,是国家的元首,象征国家的统一,而宰相则是政府的首脑,担负实际的政治责任。只有到了明朝,传统中国才真正进入皇帝专制独裁的时代。

在《国史大纲》和《黄帝秦汉史》等著作中,钱穆认为中国古代政治的演进约有三级,从贵族政治到平民政治再到士人政治。

秦统一之前,为贵族政权。"由封建而跻统一,一也。此在秦、汉完成之。"③汉代兴起,形成了布衣将相之局,在中国历史上建立了平民政权。

西周通过两次分封诸侯,完成了封邦建国的任务,发展了夏代已有的"中央共主与四方侯国"的国际关系,同时也确立了贵族政治的治理形态。

西汉时期,通过征辟和察举,由平民中产生的士人逐渐步入政治舞台,中国古代政治出现了第二次演进,"由宗室、外戚、军人所组成之政府渐变而为士人政府,二也。"④

---

① 钱穆著:《中国历史精神》,香港增附三版1964年,第5—6页。
② 钱穆著:《中国史学发微》,台湾东大图书有限公司1989年版,第101页。
③ 钱穆著:《国史大纲》,商务印书馆1996年版,第14页。
④ 同上,第14页。

到隋唐时期,科举制兴起,取仕途径向下层平民敞开,"由士族门第再变而为科举竞选,三也。此在隋、唐两代完成之。"①

从贵族到平民再到士人的三级演进,最后形成了以儒家思想为指导的政府,这是钱穆"儒教思想与权力观念相结合"文化观点的产物。中国古代政治的发展有向平民政治转变的趋势,但被种种阻力所束缚。不论文化传统,还是体制障碍,这种束缚影响深远。

5. 异同变通的史学方法

在历史方法上,钱穆力求共殊相别,变常互通,重视历史的民族性、特殊性。他说:"凡治史有两端:一曰求其异,二曰求其同。"②从异中可以看出历史的变和动,从同中可以看出历史的通和共。他治史涉及广泛,注重渊源流变,把典章制度、民族融和、学术递嬗有机地结合起来。他提出要从历史与哲学相结合的角度研究文化,辨别文化异同。讨论文化问题从大处着眼,不可单看细节;要从汇通处看,不应从分别处看;要从远处看,不可专自近处看;要从其优点与长处看,不应只从其劣点与短处看等,这是钱穆数十年文化研究的经验。

钱穆对文化史研究颇多创新,在先秦诸子、今文经与古文经、玄学、理学、佛教、明清考据方面均有成就。钱穆的《先秦诸子系年》一书,考证了数十本秦汉古籍,排出先秦时各事件的先后顺序。《刘向歆父子年谱》一书,以有力的论证驳倒了康有为的《新学伪经考》。当疑古学派盛行时,钱穆立表异议,说"余任上古史课,若亦疑古,将无可言"。他在《国史大纲》一书中说:"今求创建新的古史观,则对近人极端之怀疑论,也应稍加修正。"钱穆与顾颉刚关系很好,他后来却说:"余则疑《尧典》,疑《禹贡》,疑《易传》,疑老子出庄周后,所疑皆超于颉刚。然窃愿以考古名,不愿以疑古名。疑与信皆须考,余与颉刚,精神意气,仍同一线,实无大异。"③

钱穆出身乡绅家庭,对中国传统文化充满"温情和敬意",不能突破古代的观点,反对用西学剪裁中国传统学术,反对对中国文化传统的激烈批判,始终不承认农村存在严重的阶级对抗。他从本民族文化中阐发其要义,经常为中国历史文化辩护,所以,有人将他与国粹学派一样归结为文化保守主义。他在《国史

---

① 同上,第15页。
② 钱穆著:《国史大纲》引论,商务印书馆1996年版,第11页。
③ 钱穆著:《师友杂忆》,岳麓书社1996年版,第139页。

大纲》中比较中西历史静动特色时说:"中国史如一首诗,西洋史如一本剧。一本剧之各幕,均有其截然不同之变化,诗则只在和谐节奏中转移到新阶段,令人不可划分。"此等比喻非博学和善思之人不能体悟得到。以1940年《国史大纲》的完成为标志,钱穆形成了与唯物史观不同的民族文化生命史学,由历史研究转为文化研究,发扬中国文化成为其一生的事业。

著名历史学家严耕望于1941年在嘉定武汉大学听钱穆讲课,与钱穆结下师生之谊。他在评述钱穆学术成就时说:"近六十年来,中国史坛甚为兴盛,名家大师辈出。论根柢深厚,著作宏富,不只先生一人;但先生才气磅礴,识力深透,文笔劲悍,几无伦比。"又说:"先生今以九十六高龄谢世,亦标识前一辈史学界之落幕。先生虽已作古,但遗留著述极为丰富,供今后学人含英吐华,必将有更深远之影响。"①

钱穆的弟子余英时在评价钱穆时,说他"一生为故国招魂"。余英时说:"钱先生无疑带着很深的失望离开这个世界的,然而他并没有绝望。他一生为中国招魂,虽然没有得到预期的效果,但是无论是世界的思潮和中国的知识气候和'五四'时代大不相同了。钱先生所追求的从来不是中国旧魂原封不动的还阳,而是旧魂引新魂。"②

(二)陈寅恪

1. 学术人生

陈寅恪(1890—1969),江西义宁(今修水县)人,出生名门。其祖父陈宝箴,曾任湖南巡抚。父陈三立为著名诗人,曾任三江师范学堂总教席。其母俞夫人是曾国藩第三子曾纪鸿之女曾广珊之夫俞寿丞的妹妹,陈寅恪的胞妹又嫁给陈家世交、国民党兵工署署长俞大维。陈寅恪曾师从国学大师王伯沆,从小广泛阅读经、史、哲学典籍,成年后博通古今,学贯中西,为人风骨凛然,保持自我,不媚时俗,在政治纷争中超然独立。

1902年,陈寅恪随长兄陈衡恪东渡日本,入巢鸭弘文学院,同年进入该校的

---

① 《钱穆宾四先生行谊述略》,严耕望著:《治史三书》,上海人民出版社2008年版,第233—234页。

② 余英时:《一生为故国招魂——敬悼钱宾四师》,《钱穆与近代中国学术》,广西师范大学出版社2006年版,第15页。

第三章 变革中的历史诉求：中国近现代史学流派

还有鲁迅等人。1905年因足疾辍学回国，后就读上海市吴淞复旦公学。1910年考取官费留学，先后到德国柏林大学、瑞士苏黎世大学、法国巴黎高等政治学校学习。1914年一战爆发后，回到中国。1918年冬获得江西教育司官费资助，再度出国深造，先在美国哈佛大学随

史学大师陈寅恪

兰曼教授学梵文和巴利文。后因国内时局不稳，官费停寄，生活艰苦，但他读书不断。1921年转往德国柏林大学学习，随路德施教授攻读东方古文字学，同时向缪勤学习中亚古文字，向黑尼士学习蒙古语。此时，俞大维与陈寅恪在美国哈佛大学、德国柏林大学连续同学七年。通过留学期间的学习，陈寅恪具备了阅读蒙、藏、满、日、梵、英、法、德和巴利、波斯、突厥、西夏、拉丁、希腊等10余种语言的能力，尤精梵文和巴利文。① 夏曾佑曾对他感慨说道："你能读外国书，很好；我只能读中国书，都读完了，没得读了。"陈寅恪从德国到瑞士，又去法国、美国，最后再回到德国，辗转游学13年，满腹经纶，却没有获得任何学位，因为文凭在他眼里，不过是一张废纸而已。

1925年3月，陈寅恪回到中国。这时清华学校设立大学部，开始招收四年制大学生，并开设研究院（国学门），以吴宓为主任，胡适建议采用导师制。在梁启超推荐下，聘请陈寅恪与王国维、梁启超、赵元任为研究院（国学门）导师，人称"五星聚奎"。王国维是用甲骨文研究殷商史的开创者，梁启超是戊戌变法的核心人物，赵元任是哈佛大学归来的语言学家。四人中陈寅恪最晚到校，他一无大部头的著作，二无博士学位，只因梁启超一句"我的著作加到一起，也没有陈先生三百字有价值"，遂成为20世纪20年代清华国学研究院著名的四大导师之一。1928年清华学校改制为清华大学，应聘为中文、历史两系教授，并在北

---

① 季羡林：《从学习笔记本看陈寅恪先生的治学范围和途径》，《纪念陈寅恪教授国际学术讨论会文集》，中山大学出版社1989年版，第75—76页。

京大学兼课。暑假,他在上海与北京女高师女教师唐篔完婚。唐篔是台湾巡抚唐景崧的孙女。

1930年,清华大学国学院停办,陈寅恪任清华大学历史、中文、哲学三系教授,开设"佛经文学""世说新语研究""唐诗校释""晋至唐文化史""魏晋南北朝史专题研究""隋唐五代史专题研究"等,凡是与佛教有关的资料,一律用黄色的包装着。他夏秋季常穿蓝布长衫,冬春季常穿长袍马褂。当时名家如吴宓、朱自清、冯友兰等都来旁听。他还兼任中央研究院理事、历史语言研究所研究员及第一组(历史)主任、故宫博物院理事、清代档案编委会委员等职,遍阅故宫满汉文宗。

陈寅恪对佛经翻译、校勘、解释以及对音韵学、蒙古源流、李唐氏族渊源、府兵制源流、中印文化交流等研究,均有重要发现,是国内外学术界公认的博学而有见识的史学家。1938年日本史学权威白鸟库吉(1865—1942)研究中亚史遇到疑难问题,向德、奥知名学者求助,未能解决,柏林大学乃推荐陈寅恪。他向陈寅恪请教后,才得到满意解答。①陈哲三说:"俄人在外蒙发掘到了三个突厥碑文,学者纷纷研究,但均莫衷一是,不懂不通,陈先生之翻译解释,各国学者毫无异辞,同声叹服。唐德宗与吐蕃之唐蕃会盟碑,许多学者,如法国之沙畹、伯希和等人均无法解决,陈先生之翻译也使国际学者满意。"②

1937年7月,抗日战争爆发,日军直逼平津。其父陈三立义愤绝食,溘然长逝。治丧完毕,陈寅恪随校南迁。1938年秋,北大、清华、南开三校在昆明组成西南联大,他也到达昆明。

1939年春,陈寅恪被英国牛津大学聘为汉学教授,并授予英国皇家学会研究员职称。这是该校聘任的第一位中国人汉学教授,在当时是一种很高的荣誉。陈寅恪全家离昆明到香港,拟搭英轮转赴牛津大学任教,因第二次世界大战爆发,被迫暂居香港,任香港大学客座教授兼中文系主任。1941年12月太平洋战争爆发,日本人占领香港,陈寅恪立即辞职闲居,日本当局持日金40万元委任他筹办东方文学院,他坚决拒绝。1942年取道广州湾至桂林,先后任广西大学、中山大学教授,不久移居燕京大学任教。这一时期,他出版了《隋唐制度

---

① 刘以焕著:《国学大师陈寅恪》,重庆出版社1996年版,第16页。
② 陈哲三:《陈寅恪先生轶事及其著作》,台湾《传记文学》第16卷第3期,1970年3月出版。

渊源论稿》《唐代政治史述论稿》两部著作,对隋唐史提出了许多新的见解,为后人研究隋唐史开辟了新的途径。但这时,他患疾视网膜脱落,对以后影响甚大。

抗战胜利后,陈寅恪再次应聘去牛津大学任教,并顺便到伦敦治疗眼睛,经英医诊治开刀,不仅无效,目疾反而加剧。陈寅恪十分失望,于1949年返回祖国,任教于清华园,继续从事学术研究。之后,他到广州,拒绝了傅斯年的去台邀聘,任教于广州岭南大学。1952年,院系调整,岭南大学合并于中山大学,他遂移教于中山大学。

中华人民共和国成立后,陈寅恪先后为中国科学院社会科学部委员、中国文史馆副馆长、第三届全国政协常务委员等职。1953年中国科学院拟请陈寅恪为历史研究所第二所所长,他怕为政治所累,举荐陈垣就职,自己仍任教于中山大学,寓居金明馆。陈寅恪的最后20年在中山大学度过。[①]

在助手的帮助下,他将《隋唐制度渊源论稿》《唐代政治史述论稿》《元白诗笺证稿》以外的旧文,编为《塞柳堂集》《金明馆丛稿》。在双目完全失明的情况下,又撰写了《柳如是传》和《唐柳堂记梦》。

2. 陈寅恪的史学观点

陈寅恪具有深厚的国学功底,受到乾嘉考据学和西方史学思想的影响,在魏晋南北朝史、隋唐史、宗教史(特别是佛教史)、西域各民族史、蒙古史、古代语言学、敦煌学、中国古典文学以及史学方法等方面都作出了重要贡献。

第一,种族文化学说。种族文化学是陈寅恪研究古代史的中心理论。他曾说:"不敢观三代两汉之书,而喜谈中古以降民族文化之史。"[②]"民族文化之史"符合西方文化史学中以民族为单位,从文化角度对历史进行考察的原则,体现了陈寅恪的两个视角,即民族(种族)和文化。在《唐代政治史述论稿》中,他开篇即引用《朱子类语》中"唐源流出自夷狄,故闺门失礼之事不以为异"一句,说:"此简略之语句亦含有种族及文化二问题,此二问题实李唐一代史实关键之所在,治唐史者不可忽略者也"。[③]他坚信历史的发展就是文化的发展,政治军事冲突的背后就是民族文化的冲突。陈寅恪认为中国古代历史一直存在胡化和

---

① 陆键东著:《陈寅恪的最后二十年》,三联书店1995年版。

② 陈寅恪著:《陈垣元西域人华化考序》,《金明馆丛稿二编》,三联书店2001年版,第239页。

③ 陈寅恪著:《唐代政治史述论稿》,三联书店2001年版,第1页。

汉化的问题，胡人、汉人不以种族区别而以文化区别，如精通汉文化的鲜卑人被称为汉人，胡化的汉人被称作胡人。他认为唐代胡化现象十分严重，开篇就是宗室胡化。他以胡汉文化冲突分析唐代历史，认为安史之乱就是胡汉文化冲突引起的。河朔藩镇的胡化现象十分严重，从节度使到牙兵牙将都是胡人。在《隋唐制度渊源论稿》中，他从礼仪、官制、法律、音乐、兵制、财政几个方面论述隋唐制度的渊源，也是从胡汉文化的冲突与融合上进行分析。他认为安史之乱固然是政治军事事件，但有种族文化的因素，实际上是长安集团的高深的汉文化和河朔集团的胡文化的冲突。河朔为胡汉杂居之地，汉人也开始胡化。陈寅恪围绕种族与文化的冲突来论述隋唐300年的政治变迁，把藩镇割据和安史之乱归结为文化的冲突，将隋唐史的研究提升到了一个新境界，但却忽视了经济的重要作用。

陈寅恪推崇独立精神、自由思想、批判态度，他从种族文化学的观点出发，要求奉行"中国本位文化论"。他认为，孔子儒学非常正大，对全世界都有益，佛教也是纯正的，所以主张"中学为体，西学为用"，认为外来学说有助于增强对中国本位文化的理解，但引进外国学说必须与中国现实相结合。

第二，隋唐关陇集团和关中本位主义。陈寅恪在《唐代政治史述论稿》中提出"关陇集团"的说法，认为宇文泰在西北创建了关陇集团，历经西魏、北周、隋至武则天政权200余年，从君主到大臣，如房玄龄、杜如晦、姚崇、宋璟四大名相都是关陇集团的成员，都与关陇集团息息相关。

他认为，魏晋时期曾经风光无限的门阀世族，随着东晋的灭亡、南北朝的形成而逐渐衰败，王谢庾桓这些世族大姓已风光不再，庶族寒门势力似乎就要兴起，但这时一个新兴的贵族集团横空出世并开创了一个前所未有的时代，这就是纵横中国近200年的关陇军事贵族集团。关陇集团，亦称关陇六镇集团或六镇胡汉关陇集团。在西魏与东魏的争夺战中，宇文泰把北方六镇武将和关中、陇西豪族的力量统一起来，组成了以八柱国为核心，以府兵制为基础的军事贵族集团，这是一个依靠武装力量建立起来、胡汉结合的集团。陈寅恪所提出关陇集团的学说，用以阐释西魏、北周、隋、唐三代政权的特点。陈寅恪说："李唐一族之所以崛兴，盖取塞外野蛮精悍之血，注入中原文化颓废之躯，旧染既除，新机重启,扩大恢张,遂能别创空前之世局。"①此集团有两大特征:一是"融治胡汉民族之有武力才智者";二是此集团中人"入则为相,出则为将,自无文武分途之事"。②

宇文泰建立关陇集团取得天下后,奉行关中本位政策,并且融合鲜卑及汉文化以消除胡汉隔阂,最后在北周时形成较团结的关陇胡汉集团,得以攻灭北齐。到了唐初,新朝仍然奉行关中本位政策,以关陇集团为统治核心,以关陇为全国中心。陈寅恪说:"李唐皇室者,唐代三百年统治之中心也,自高祖、太宗创业至高宗统御之前期,其将相文武大臣大抵承西魏、北周及隋以来世业,即宇文泰'关中本位政策'下所结集团体之后裔也。自武曌主持中央政权之后,逐渐破坏传统之'关中本位政策',以遂其创业垂统之野心。"③武则天以《姓氏录》打击关陇集团,以科举制破格取士,又毁掉府兵制,关陇集团随之瓦解,使得唐代统治力量发生重大变化。士大夫多来自科举,成为与皇室不同的阶层,此外宦官又是一个阶层,藩镇又是一个阶层,几股势力错综交织,关中本位政策难以为继,唐中央政权就衰落了。

第三,以诗证史和诗史互证。陈寅恪著书立说都根植于考据学的基础上,以精密、严谨的考据著称。他开创了以诗文为主要材料钩稽沉隐,以诗证史或诗史互证的学术方法,扩大了史料的范围,创新了考据学的方法。④

他认为中国的诗词歌赋,多具备时间、地点、人物,往往涉及特定的历史事件,可用来佐证历史并补史书的缺漏。由于古代史书多为官修,对统治阶级多有避讳,而古代诗歌中保留了大量的历史纪录,反映了当时的社会实际,可用诗中语句来考释历史,同时也以历史来考释古代诗词,以达到"证实"或"证虚"的目的。他列举的唐诗可以证史的五个方面,即纠正历史记载的错误,说明历史真相,别具异说,相互证发,增补缺漏等,并且把它运用到史学研究中。从20世纪30年代开始,陈寅恪以诗证史、以史解诗,撰写了许多论著,其中代表作是《元白诗笺证稿》和《柳如是别传》。

---

① 陈寅恪著:《李唐氏族之推测后记》,《金明馆丛稿二编》,三联书店2001年版,第337页。
② 陈寅恪著:《唐代政治史述论稿》,三联书店2001年版,第234页。
③ 同上,第202页。
④ 王永兴著:《陈寅恪先生的史学成就与治史方法》,北京大学出版社1998年版。

"元白"即唐代诗人元稹和白居易的连称。元稹有《会真记》,元代王实甫以此为蓝本,写出了广为流传的《西厢记》。陈寅恪通过元稹有关诗文的考证,将元稹身世、当时社会风气和所述情节相结合,不仅进一步证实《西厢记》中有元稹身影,而且说明"舍弃寒女,而别婚高门,当日社会所公认之正当行为也。"①

在《元白诗笺证稿》中,陈寅恪还对白居易的许多诗作了考证。在《长恨歌》中,他从杨玉环"云鬓花颜金步摇"证明其为唐代贵族妇女的时妆实录;从"惊破霓裳羽衣舞"句中的"破"字考出唐代乐舞一个重要的术语;从"风吹仙袂飘飘举"一句,考出杨玉环亲舞霓裳羽衣舞实有其事。"七月七日长生殿,夜半无人私语时"是唐玄宗在杨玉环死后的相思写照,但陈寅恪对此做出了颠覆性的结论。他考证长生殿是唐代祀神沐浴之斋宫,不是曲叙儿女私情场所;又详检两《唐书》,没有唐玄宗驻跸温泉的记载,由此证明了玄宗与杨贵妃决无夏季到华清宫之理。

在《柳如是别传》中,陈寅恪通过对钱谦益和柳如是诗文的考证,系统论述了清末明初的历史和一些重大事件,如复社事迹、钱谦益投清背景、郑成功复明等,所载之事,本末详细,大多是正史没有记载的。但陈寅恪考证时也存在过于冗长,于事无补的现象。

第四,中外语言文字材料的互证。陈寅恪扩大王国维二重证据法的范围,利用自己掌握外国语言文字的优势,搜罗其他史料,引进西方历史语言比较法,比较考证国内史料。比如玄武门之变,他利用在巴黎图书馆见到的敦煌出土资料"何常墓碑",解开了玄武门之变之谜。何常为玄武门守将,原李建成部下,他引李世民及其部下进入玄武门埋伏,再引李建成、李元吉进入后被杀。武则天为一介女流,为何能夺取李唐政权?陈寅恪利用敦煌石窟发现的《大云经》残卷"以女身受记为转轮圣王"的教义,说明武则天利用了佛教符谶,成功称帝。陈寅恪对《蒙古源流》的多种文字的翻译文本进行比较研究,探明了本书原貌以及一些人名、地名和蒙古起源的记载,对蒙古史的研究产生了重大影响。他还利用自己深厚的语言功底,采取对音法,对《大唐西域记》和一些翻译成汉语的文字材料进行考证,但对音法考证较难,所以成效不大。

吴宓在美国哈佛大学时就得识陈寅恪,惊其博学,服其卓识,曾说:"合中西

---

① 《元白诗笺证稿》,三联书店2001年版,第116页。

新旧各种学问而统论之,吾必以寅恪为全国最博学之人。"①陈寅恪长期致力于教学和史学研究工作,他继承了清代乾嘉学重证据、重事实的精神,对资料穷本溯源,核订确切,这种精密考证精神,超过了乾嘉时期的学者。他在欧美留学时,又受到兰克实证史学和刚刚兴起的文化史学的双重影响,加上他对多国语言文字的了解,加深了他考据学的固有观念,也使他产生了文化史学的思想。所以陈寅恪的史学,明显表现为两个方面,即民族文化史学观和新考据学的结合,从而形成了自己的史学观点,这是他的最大特点。他视角独特,成果斐然,开拓了历史研究的视野,把我国历史研究推向了一个新高度。

七、中国社会史论战

1927年大革命失败后,中国社会向何处去,成为中国人民面临的首要问题。为了总结大革命失败的原因,为将来新的革命作准备,就必须明确中国的社会性质和中国革命的任务。中共六大将中国社会性质确定为半殖民地半封建社会,指出革命的任务是反帝反封建,但中国托派分子和国民党人士则持反对态度,于是各抒己见,引发了中国社会性质、中国社会史、中国农村社会性质三场论战,统称为中国社会史问题的论战。

中国社会史论战由1928年的中国社会性质论战引起,在20世纪30年代初上海《读书杂志》创办后,形成高潮。参加讨论的人可分成四大派别,即新生命派、中国托派、新思潮派、读书杂志派,人数众多,成分复杂,观点各异,盛况空前,对后来产生了深刻的影响。

(一)中国托派

关于中国社会性质问题论战,是从共产国际和共产党内部引起的,在国内主要表现为中国托派动力派与中共新思潮派的争论。

1927年大革命失败后,苏共中央总书记斯大林等认为中国社会仍是帝国主义宰割下的封建社会,应当进行反帝反封建的民主革命。但曾任苏联革命军事委员会主席的托洛斯基等人则认为,中国已是资本主义社会,封建压迫在中国只是"残余之残余"。苏联中山大学校长拉狄克更认为,自春秋战国以后,中国就是一个"商业资本主义社会",商业资本在中国历史悠久,已经蚕食了封建势

---

① 《纪念陈寅恪教授国际学术讨论会文集》,中山大学出版社1989年,第14页。

力,中国农村已没有封建势力存在,革命目标还应包括推翻资本主义,实现社会主义。这两种不同的观点在中国共产党、国民党及社会各界中引起了强烈反响。

1928年6—7月,中共六大在莫斯科召开,认为中国的社会性质是半殖民地半封建社会,中国革命是资产阶级民主革命。1928年11月,蔡和森发表《中国革命的性质及其前途》一文,认为中国的社会性质和革命性质"这一根本问题将决定今后革命之一切战术与策略"。①

1928年末,在中山大学接受托洛斯基观点的中国留学生被遣送回国,成为中国最早的托派分子,并陆续创办《我们的话》《十月》《战斗》等刊物,宣传托派观点。

1929年8月,陈独秀致信中共中央,他接受托派观点,认为中国很早就有商业资本主义,它已经破坏了封建制度及其残余关系;1927年后中国资产阶级取得胜利,民主革命已经结束,封建势力"受了最后打击""变成残余势力之残余",中国社会已经是资本主义占优势的社会,无产阶级只有等待资本主义充分发展后,再去进行社会主义革命。陈独秀的观点实际上就是要取消中国民主革命,被称为"托陈取消派"或"中国托派"。

1929年11月,中共中央宣传部在上海创办《新思潮》,与中国托派展开社会性质的论战。1930年3月,中共领导人李立三在《布尔什维克》杂志第3卷第2、3期合刊上发表《中国革命的根本问题》一文,全面论证了中共六大关于中国半殖民地半封建社会性质的分析,认为"中国是半殖民地的国家,帝国主义成为最高的统治者,握住了中国政治经济的特权,支配着中国政治经济的生活""帝国主义无论在政治上经济上都倚靠着中国的封建势力,同时封建势力的存在也倚靠帝国主义的扶持,已经成为不可分离的关系"。他批判"托陈取消派"的观点,认为陈独秀等"否认封建势力的存在,就是不愿农民的革命的反动理论的根据"。②

1930年7月,中国托派分子严灵峰、任曙、刘仁静等创办《动力》杂志,否定中国半殖民地半封建的社会性质,认定当时为资本主义社会,人称"动力派"。《动力》杂志仅出版两期,同年9月停刊。

---

① 《蔡和森文集》,人民出版社1980年版,第783页。
② 《中国社会性质论战(资料选辑)》(上),人民出版社1984年版,第163页。

第三章　变革中的历史诉求：中国近现代史学流派

严灵峰在《动力》第1、2期上,先后发表《中国是资本主义的经济,还是封建制度的经济》《再论中国经济问题》等文,反驳李立三和新思潮派的观点,认为帝国主义本身代表着高度的资本主义势力,它在中国要绝对的破坏封建的经济基础,促使殖民地半殖民地更趋于资本主义的发展;同时中国已有相当发达的商业资本和高利贷资本,促使商品经济的发展。中国经济虽然复杂,但资本主义的生产方法和生产关系居支配或领导的地位,所以"中国目前是个资本主义社会"。1931年,他将上述文章结集为《中国经济问题研究》一书。同年,任曙出版《中国经济研究绪论》,他与严灵峰虽有分歧,但同样认为中国资本主义已经发展到代替封建经济而支配中国经济生活的地步,中国在世界范围内已经发展到资本主义国家了。

老牌托派分子刘仁静以刘镜园的笔名,于1931年8月、1932年3月,在《读书杂志》分别发表《评两本论中国经济的著作》《中国经济的分析及其前途之预测》的文章,以批判严、任的形式出现,提出"我们认为中国现在不是一封建社会,而是一资本主义社会——落后的资本主义社会"。①实际上继续坚持托派观点。

1934年,托派分子李季由神州国光社出版《中国社会史论战批判》一书,他认为奴隶社会不是人类必经的社会阶段,中国就没有形成像古代希腊、罗马那样的奴隶制度。他说"氏族社会崩溃后,可以经由奴隶社会到达封建制度,可以经由另一种社会构成即亚细亚生产方式到达封建制度。其实各国经济的发展并不是一定都要取这种途径的,例如德意志人就是由马克经济转入农奴和奴工制(封建制度),既没有经过亚细亚生产方式的阶段,也没有经过奴隶制度"。②李季认为,中国自唐虞以前至虞末为氏族社会,即原始共产主义时代;自夏至殷末是亚细亚生产方式时代;自周至周末为封建时代;自秦至清鸦片战争前为前资本主义时代;鸦片战争至20世纪30年代为资本主义时代。③

针对陶希圣生命学派和中共新思潮派的观点,1934年到1935年后,托派分子王宜昌先后发表《为奴隶社会辩护》《中国奴隶社会与封建社会之比较研究》

---

① 钟离蒙、杨凤麟主编:《中国现代哲学史资料汇编(续集)》第13册《社会史和社会性质论战(上)》,辽宁大学出版社1984年版,第10页。
② 李季著:《中国社会史论战批判》,上海神州国光社1934年版,第181页。
③ 同上,第268页。

《渤海与中国奴隶社会》等文章,他认为中国存在奴隶社会,并且"中国奴隶社会从半开化末期的夏代发展,经过文明时代的西晋初期而灭亡"。① 王宜昌的观点与其他托派截然不同。关于当时社会的性质,他认为,"中国社会是资本主义的社会了,封建制度是腐朽了,没落了。陶希圣只看见中国封建政治及上层建筑的存在,'新思潮'派只看见中国封建经济的庞大的存在,而没有看见它的没落和资本主义的正在完成。"② 王宜昌还有感于地中海对希腊罗马的重要作用,认为"渤海是中国奴隶社会的地理基础,如果中国人古代没有渤海,像北美古代没有内海一样,或许便没有奴隶社会的发展,而和印第安人一样停滞于原始共产社会以至今日"。③

在社会性质论战中,有关文章40余篇、著作30多部,其中中国托派最为活跃,他们断章取义地引用马克思主义一些字句,说明商品经济就是资本主义经济,帝国主义的侵入破坏了中国封建制度的经济基础,直接促进了中国资本主义的发展,包括农村在内的封建势力,已是微不足道的残余,占支配地位的已是资本主义生产方法,因此中国是个资本主义社会。他们无视帝国主义在华投资和买办资本同民族资本之间的根本区别,混淆了商品经济和资本主义生产方式的界限,把中国半殖民地半封建社会性质的论断诬蔑为没有根据的政治宣传。

(二)王礼锡与《读书杂志》

社会史论战的中心是《读书杂志》,这是王礼锡在胡秋原等人建议帮助下创办的。

1. 王礼锡创办《读书杂志》

王礼锡(1901—1939),字庶三,江西安福人,著名诗人、社会活动家,国民党党员。他不是思想理论家,也不是历史学家,而是社会史论战的组织者和推动者。他以自由主义者的中间立场积极组织和推动论战,又以左翼社会活动家的身份直接参与了论战。

---

① 王宜昌:《中国奴隶社会与封建社会之比较研究》,《文化批判》第1卷第6期,1934年10月15日。

② 李洪岩:《从〈读书杂志〉看中国社会史论战》,《中国社会科学院近代史研究所青年学术论坛》1999年卷。

③ 王宜昌:《渤海与中国奴隶社会》下篇,《中国经济》第3卷第6期,1935年6月1日。

第三章 变革中的历史诉求：中国近现代史学流派

王礼锡是世家子弟，祖父王仁熙为清末举人，父亲早逝。他早年就读于江西省立吉安第七师范学校、南昌心远大学。1924—1927年国共合作时期，他思想进步，坚持反帝反军阀的立场，曾担任国民党江西省党部农民部部长，与湖南毛泽东等人一起，筹办"湘鄂赣农民运动讲习所"。1928年2月，主编国民党《中央日报》的《摩登》副刊，醉心于唐诗宋词的研究。他读过马克思的著作，并尝试用唯物主义解释历史。

1930年，到日本治病的王礼锡受广东省政府主席陈铭枢委托，主持上海"神州国光社"编辑部工作。"神州国光社"位于上海河南路60号，原是晚清国粹派邓实于1908年创办的一家文化

王礼锡、陆晶清夫妇

出版社团，主要印行碑帖、画册和各种古籍，曾风行一时。但后来由于政局动荡，经营不善，难以为继，只好出让。当时，广东省政府主席陈铭枢与驻扎在上海的十九路军有渊源关系，决定购买"神州国光社"作为十九路军的文化事业，并委托曾任他秘书的王礼锡担任总编。王礼锡回国后实行全面变革，出版鲁迅的"现代文艺丛书"、郭沫若翻译的《政治经济学批判》《德意志意识形态》等，使得这家国粹派老店生机焕发，成为驰名全国的出版机构。

在策划出版书籍的同时，王礼锡与夫人陆晶清准备利用"神州国光社"，出版文化理论性质的《读书杂志》。"读书杂志"的名称，王念孙、胡适已使用过，他就是要继承过去学术研究的精神。1930年12月初，王礼锡在日本广泛听取留日学生胡秋原、梅龚彬、朱云影、贺扬灵、王亚南等人意见。他说："目前，国内的许多刊物如《新思潮》《动力》《新生命》等正在围绕中国社会是什么性质这个问题进行争论，这是一个很重要的问题，如果没有正确的认识，很难旨定中国的政治前途，这个问题如果得到解决，那么我们的行动就有了极有力的根据。要解决这个问题，还必须从中国历史上的经济的演变与世界经济的关系，研究它的规律，抓住其特殊性。""因此，我办这个杂志，最重要的一个目标，就是从中国

· 161 ·

社会的性质,寻求中国社会的前途。"①1931年4月1日,《读书杂志》正式在上海出版。

2. 社会史讨论的阶段划分

对中国社会性质问题的争论,必然联系到对中国社会历史发展过程的重新认识。因此,王礼锡在《读书杂志》开辟"中国社会史论战"专栏,汇集了各种观点的有代表性的论著,使中国社会性质的论战和中国社会史的论战交叉进行,达到高潮。

1931年4月,40万字的《读书杂志》第1卷第1期由神州国光社出版。王礼锡在《发刊的一个告白》中,表明了办刊宗旨和态度:"不主观地标榜一个固定的主张,不确定一个呆板的公式去套住一切学问。资本主义的经济学说和社会主义的经济学说,一般地忠实介绍。革命文艺作家的作品和趣味作家的作品一样登载。我们这里的文字不统一于一个主义之下。我们尽管有思想的斗争,但编者并不偏袒斗争的那一方面以定取舍。"②

这种兼容并蓄、不拘一格的办刊方针,客观上为共产党人提供了言论园地,也为国民党的"新生命派"、反对派的"托派"以及其他学者提供了舞台,使杂志内容丰富而庞杂、热闹。据托派成员王凡西(即王文元,字双山)后来回忆,王礼锡"每尝以蔡元培自况,故作家中自陶希圣等起,中经斯大林派,一直到我们托派,他都一视同仁。在1930年初期,他跟反对派特别接近些,刘仁静、李季、王独清、彭述之、杜畏之、彭桂秋、吴季贤等都和他来往甚密。"③

在创刊号上,王礼锡开辟"中国社会史论战"专栏,发表了《编者的话》,认为:"中国社会的性质是一个很重要的问题,如果没有真确的认识,很难确定中国政治的前途。所以本志特为这个问题,设一个'论战',第二第三几期对这个问题都有意见不同的文章发表。"专栏首期发表了朱其华与陶希圣讨论中国封建制度的通信,论战正式开始,很快引起全国各地学者的关注,并波及到日本。

从1931年4月到1933年10月,为社会史论战的第一阶段,主要围绕亚细亚生产方式、中国历史上有没有奴隶社会阶段、马克思主义关于人类社会发展的五个阶段是否适应中国等问题而展开,其中也贯穿着自1928年以来的中国

---

① 顾一群等著:《王礼锡传》,四川大学出版社1995年版,第57页。
② 同上,第58页。
③ 王凡西著:《双山回忆录》,东方出版社2004年版,第178页。

社会性质的讨论。

1931年8月《读书杂志》第1卷第4、5期合刊,出版了《中国社会史的论战》第1辑,立即引起轰动,10天之内就销售了两版。到1932年5月10日,出版了第4版,前后印行了2万册。《中国社会史的论战》共出版了4辑,到1933年3月《读书杂志》第3卷第3、4期合刊,即《中国社会史的论战》第4辑。由于国民党施加压力,王礼锡和夫人陆晶清远赴英国伦敦,10月《读书杂志》因而停刊,社会史论战趋于低潮。

1934年12月,陶希圣创办《食货》半月刊,使讨论进入第二阶段,更多地对社会经济史、社会形态理论的探讨。1933年6月,新思潮派成立"中国农村经济研究会",1934年10月创办《中国农村》月刊,又引起了关于中国农村社会性质问题的讨论,也使后两者问题的讨论交叉进行,直到1937年7月抗战爆发,论战才结束。从讨论的主题和探讨的激烈程度来看,1933年是一个分水岭。

中国社会性质的讨论从1928年就开始,主要是关于中国社会性质是封建社会、资本主义社会,还是半殖民地半封建社会,后与社会史问题的讨论结合起来,到1933年《读书杂志》停刊时告一段落。中国社会史的论战从1931年8月到1937年抗战爆发,期间1934年到1935年,开展了中国农村社会性质论战。

3. "读书杂志派"的主要观点

在社会史论战中,虽然王礼锡在组稿和编刊方面提出"并不偏袒"的态度,实际上他与胡秋原等人也有相似的观点,形成了"读书杂志派",直接参加了论战。

胡秋原(1910—2004),原名胡业崇,又名曾佑,别号石明,湖北黄陂人。1929年赴日本,研读马克思、恩格斯及普列汉诺夫等人著作,积极关注并参与国内的社会史论战,成为"自由主义的马克思主义者"。"九一八"事变后,放弃日本学业,在上海主办《文化评论》,宣传抗日。1935年,受第三国际中国代表团之邀,赴莫斯科访问,对苏联深感失望,遂放弃马克思主义,转而宣扬"新自由主义"和"文化史观"。胡秋原是五四以后文化界和思想理论界的重量级人物,由于他提倡"自由文学"被鲁迅当作"第三种人"而进行批判。

但在社会史论战中,胡秋原毕竟是以马克思主义理论作指导,尽管在他放弃马克思主义之后,总是遮掩这一点。在论战中,胡秋原发表《略论中国社会之性质》《中国社会＝文化发展草书》等论文,王礼锡发表《古代的中国社会》《中国社会形态发展史中之谜的时代》等,提出了他们的主张。

王礼锡在《古代的中国社会》中认为,中国殷代以前,已经脱离原始社会,进于氏族社会。不过氏族社会始于何时,这是无法推断的。中国有信史自殷代开始。殷以前,都是传说时代。殷代是正在崩溃中的氏族社会,而有初期封建社会之萌芽。

对于中国社会的性质,王礼锡在《中国社会形态发展史中之谜的时代》中认为,自秦至鸦片战争,是一个谜一般的时代。"把由秦代至清鸦片战争以前的一段历史认为是封建制度,大体上是没有什么错误,虽然不是纯封建制度,但其最基础的生产方法是封建的。"①

关于亚细亚生产方式,王礼锡认为是指"西洋史外的东方的复杂社会",即"亚洲复杂的生产方法",但东方的亚洲的生产方法不足以解释"谜的时代"。王礼锡认为中国有没有奴隶社会,奴隶虽然是从来就有,但"不曾在生产上占过支配的地位"。他肯定地说:"奴隶社会这个阶段不但在中国找不出,就在欧洲也不是各国都要经过这个阶段,德国、英国就没有经过这个阶段。所以我们不必机械地在中国去寻找奴隶社会这个阶段。"②

胡秋原著有《亚细亚生产方式与专制主义》《亚细亚生产方式论》《中国社会＝文化发展草书》等文章。胡秋原同样不承认中国有奴隶社会,他说,"封建社会继承原始社会是人类历史发展的普遍规律,希腊、罗马也先后经过了封建社会,后来的奴隶社会只不过是封建社会的变形发展"。英国和德国的经济史上,就找不到奴隶社会这个时期,而是从氏族社会直接走到封建社会的。③在封建社会和资本主义社会之间,存在一个专制主义社会,或叫作"前资本主义社会",这就是亚细亚生产方式。

在胡秋原看来,社会发展的基本阶段应该是:原始共产主义社会、氏族社会、封建社会、前资本主义社会、资本主义社会及帝国主义时代。奴隶社会只是封建社会末期,商业资本发展后形成的特殊社会形态,这在海岸国家达其发展之极致,不必将其视为各地社会的必经过程。他认为,中国社会史分期是:原始

---

① 钟离蒙、杨凤麟主编:《中国现代哲学史资料汇编(续集)》第 13 册《社会史和社会性质论战(上)》,辽宁大学出版社 1984 年版,第 9 页。

② 《中国现代哲学史资料汇编(续集)》第 13 册,第 18 页。

③ 《中国现代哲学史资料汇编(续集)》第 13 册《社会史和社会性质论战(上)》,第 29—30 页。

社会时代,殷以前;氏族社会时代,殷;封建社会时代,周及春秋战国;专制主义社会时代,秦至清末;专制主义半殖民地化时代,鸦片战争以来。①

(三)新生命派与食货派

关于中国社会性质的讨论很快从共产党内扩展到社会上,最先出场的是新生命派。1928年1月,国民党御用文人陶希圣、周佛海在上海新生命书局的基础上,创办了《新生命》杂志,以"阐扬三民主义,研究建设方案,并介绍批评各国社会思想学说及政治经济制度"为宗旨,实质上是一个反苏、反共、反马克思主义的刊物。1928年10月,陶希圣在《新生命》上发表《中国社会到底是什么社会》一文。1929年,出版了《中国社会之史的分析》《中国封建社会史》《中国社会与中国革命》等书,探讨中国社会性质、亚细亚生产方式和中国封建制度问题。

陶希圣采用拉狄克的观点,认为春秋战国以后,由于商人资本的发达,完整的封建制度已经没有存在的余地。他认为中国社会经过宗法社会、封建社会、资本主义社会三个阶段,中间没有奴隶社会。当时中国"封建制度在春秋时已经崩坏,所以中国早已不是封建的国家""中国是封建制度崩坏以后资本主义发达以前以士大夫身份及农民的势力关系为社会主要构造的社会"。②他进一步说:"中国自战国以后,已没有完整的封建制度……此二千五百年的中国,由封建制度而言,是后封建制度时期;由资本主义而言,是前资本主义社会。"③陶希圣否认中共提出的半殖民地半

新生命派陶希圣

---

① 钟离蒙、杨凤麟主编:《中国现代哲学史资料汇编(续集)》第13册《社会史和社会性质论战(上)》,辽宁大学出版社1984年版,第21页。
② 陶希圣著:《中国社会之史的分析》,辽宁教育出版社1998年版,第150页。
③ 陶希圣著:《中国社会与中国革命》,新生命书局1929年版,第195页。

封建的社会性质,也就否认了中共领导的民主革命党的任务。

陶希圣认为周代"与公社制结合的封建制",就是"中国的亚细亚生产方式时代"。春秋战国时期商业资本的发展,封建诸侯的衰落,君主集权国家的建立,标志着封建社会的结束,秦汉以后的社会是农业和手工业的社会,封建制度遭遇分解,不得再称封建社会。他说,亚细亚生产方式,实际上是一种中国社会的特殊论,即中国离开世界一般道路,走出自我发展的独特途径。

陶希圣(1899—1988),原名汇曾,笔名方峻峰,别名希圣,湖北黄冈人,1918年入北京大学法科学习,1922年毕业后任安徽省立法政学校教员。1924年任上海商务印书馆编辑。1927年任国民党中央军事政治学校武汉分校教官、中央独立师军法处处长、《党军日报》主编等职。1928年与周佛海等主编《新生命》月刊。1929年后,在复旦大学、暨南大学、中国公学、中央大学任教。

新生命派除陶希圣、周佛海外,还有陈邦国、朱伯康、梅思平、梁园东等人,其共同特点是否认中国社会的封建性,鼓吹中国已进入特殊的资本主义社会。

陶希圣的"中国封建制度崩溃于春秋战国时代说"首先受到朱其华的反对。1931年4月,《读书杂志》第1卷第1期"中国社会史论战"专栏发表了朱其华致陶希圣《关于中国的封建制度》的一封信,及1931年1月31日陶希圣的回信,社会史论战正式开始。朱其华的信同年1月23日写于南京,对陶希圣的"封建制度崩溃于春秋战国时代说"提出质疑,申明他"崩溃于十九世纪中叶,即国际帝国主义侵入以后,可是一直到现在,封建势力还占强大优势"的观点。

朱其华(1907—1945),学名朱骏先,又名朱新繁、朱佩我,浙江海宁人,生于上海。早期加入共产党,曾任广东政府苏俄顾问鲍罗廷的秘书、第四军政治部宣传科长,参加北伐、八一起义等。1929年接受托派主张。此后,他以朱新繁名字,在上海联合书店出版《中国资本主义之发展》《中国农村经济关系及其特质》《中国革命与中国社会各阶级》等著作。他认为春秋战国以后,一直到19世纪中叶,中国都是一个封建国家。封建制度的破坏,始于19世纪下半叶,即西欧资本主义对中国开始商品侵略以后。直到20世纪30年代,封建残余在社会经济结构中仍占主要作用。中国革命的主要任务,是彻底肃清封建残余。

陶希圣俨然以社会史的权威自居,并不正面回答朱其华的问题,他认为朱其华是以论带史,立论前提就有问题。他回信说,商业资本固然没有转变新社会形式的作用,但却有分解旧社会形式的作用。他劝朱其华不要先定结论再去寻找前提条件,而应该先寻找前提条件再去推导结论。

陶希圣认为观察中国社会应采取历史的观点、社会的观点、唯物的观点,反对在研究中国问题时,因袭欧洲学者解剖欧洲社会所得的结论而漫加演绎,反对将中国社会当做欧洲丛山半岛之中的小国对待,反对混淆名词的含义去分析问题,反对排斥不合于己见的观点。陶希圣认为马克思主义就是"公式主义者",大有不重视材料而重视公式的毛病。①

1931年5月,《读书杂志》第1卷第2期出版,发表了上海劳动大学经济系学生的朱伯康《中国社会之分析》一文。朱伯康首先提出了一个五阶段的社会形态链接公式。他说:"一切正常的社会,其发展的阶段恒是这样进行的:原始共产社会,古代奴隶社会,中世封建社会,近代资本主义社会,将来社会主义社会。中国社会底发展,也大致不外如此。"这段话非常值得关注。它与后来斯大林所定的"五形态说"是一致的。他在肯定历史发展规律的普遍性的前提下来阐述中国问题,除新思潮派之外,并不多见。

但朱伯康认为当时的中国并不是半封建半殖民地社会,而是各种异质的东西混杂在一起:自然经济、商品经济、金融资本杂然并存,政治上武力割据而又含有封建意味,官僚主义的士大夫身份与教育相纠葛,宗法势力支配下的家族制度广泛存在。这些特质混杂在一起,就使得中国社会成为了一个"殖民地化过程中之前期资本社会"。这是典型的新生命派的观点。

除以陶希圣为代表的新生命派外,以顾孟余、梅思平为代表的国民党改组派,以胡适为代表的资产阶级改良派,都撰文发表自己的观点或主张。顾孟余认为中国社会是"封建思想所支配的初期资本主义",梅思平则断定中国社会"完全是一商业资本主义社会"。胡适认为中国问题全是贫穷、疾病、愚昧、贪污和扰乱"五鬼"和"五大仇敌"造成的,不是帝国主义、封建势力造成的。"这五大仇敌中,资本主义不在内,因为我们没有资格谈资本主义。资产阶级也不在内,因为我们至多有几个小富人,哪有资产阶级。封建势力也不在内,因为封建势力早在二千年前崩坏了。帝国主义也不在内,因为帝国主义不能侵害那五鬼不入之国。"②

1931年暑假后,陶希圣被聘为北京大学教授,回母校讲授中国政治思想史和中国社会史等课程,并在清华、燕京、北师大等校兼课。

---

① 李洪岩著:《史学史话》,社会科学文献出版社2000年版,第149页。
② 胡适:《我们走那条路》,《胡适文集》第5册,北京大学出版社1998年版,第362页。

到1932年3月26日,朱其华在香港写《关于中国社会史论战的一封公开信》,声称"在《读书杂志》论战号上所发表的着作,不足以代表我全部意见的万分之一"。他列出自己的论著名单,并得意地说:"我觉得,我已经发表的意见已经把论敌的见解打得粉碎,论敌已再没有武器可以和我作战了,因此,我可以鸣金收兵了。这一封公开信,就是表示我以后再不参加论战,在论敌没有拿到新武器以前,兹声明:以朱新繁名义发表的著作无论已毁或尚存,我全部否认,因此项稿件,大部非本人所作,我必须绝对否认。以朱其华名义发表的著作,无论长篇短论,我对读者完全负责。全部是以外国译文发表,虽然美日友人的翻译都绝对可靠,甚至比我的原作更有价值。"①朱其华从此淡出文坛,与陶希圣的论战就此结束。

1934年12月,社会史论战趋于平静,在顾颉刚的提议下,陶希圣在北京创办《食货》半月刊,由上海、南京、北平、武昌的新生命书局发行。他认为社会史论战简单地套用理论而不注重材料分析,更多的是政论而缺少学术内涵,所以他在《食货》封面上标明"中国社会史专攻刊物",专门从事学术研究。该刊的宗旨是,集合正在研究中国经济史、社会史尤其是正在搜集这种史料的人,把他们的心得、见解、方法,以及随手所得的问题、材料披露出来。史学不是史料的单纯排列,史学也离不开史料。史学要有理论、方法的指导,但理论、方法不能代替史实。他声言:"把方法当结论,不独不是正确的结论,并且不是正确的方法。"②强调理论和方法非先取得充分的史料,不能证实,不能精致,甚至不能产生。食货派诞生在20世纪30年代社会史大论战之后,既是论战的一项积极成果,又把论战引向了深入。

围绕《食货》杂志,陶希圣组织了一个松散的学术团体"食货学会",其成员有鞠清远、何兹全、全汉升、沈巨尘、杨联陞等人,形成了以专门研究中国社会经济史的史学流派,继续讨论亚细亚生产方式、奴隶制、封建制等问题。

陶希圣反对马克思主义关于社会发展五个阶段的学说,把中国历史划分为另外五个阶段:"一、夏商周三代是三个部落联盟,先后相继统治中原。二、从东周至战国乃是由部族演变为国家的过渡时期。至秦汉时期,中国成为大统一的

---

① 李洪岩:《从〈读书杂志〉看中国社会史论战》,《中国社会科学院近代史研究所青年学术论坛》1999年卷。

② 陶希圣:《编者的话》,《食货》半月刊,第1期。

国家。三、由东汉以后,中国进入中古阶段,士庶与庄客即奴隶的等级,甚为分明。这一时期,社会组织以庄园经济为主。四、中唐以后,中国进入商业资本独特发达的农业手工业社会。五、清代中叶以后,是帝国主义压迫之下的商业资本主义社会。"①

1935年1月,陶希圣联合王新命、何炳松、萨孟武、樊仲云、武堉干、孙寒冰、黄文山等10位教授于上海《文化建设》第1卷第4期发表《中国本位的文化建设宣言》。声称"要使中国能在文化的领域中抬头,要使中国的政治、社会和思想都具有中国特征,必须从事于中国本位的文化建设"。

1937年7月1日,《食货》在推出第6卷第1期后,即因卢沟桥事变而停刊。1938年陶希圣任国民参政会参政员。1939年8月参加汪伪政权。后又逃离到重庆,任蒋介石私人秘书、国民党《中央日报》主编,最后逃到台湾。但是《食货》作为专门研究社会经济史的刊物,打通了理论和史料之间的研究理路,对中国经济史研究起到拓荒和奠基的作用。所以顾颉刚认为,陶希圣是研究社会经济史最早、最有成绩的人。②

(四)新思潮派

"新思潮派"是在中共中央领导下的一个马克思主义文化派别,在社会史论战中带有鲜明的政治色彩。

1. 新思潮派的产生

为批驳中国托派和新生命派的观点,1929年11月,中共中央宣传部下属的中央文化工作委员会在上海创办《新思潮》杂志,由创造社出版,以朱镜我为主编,成员有潘东周(潘文郁或文育)、王学文(郑景)、吴黎平、李一氓、向省吾、张闻天、何干之等,形成了马克思主义指导的新思潮派。1930年5月,中共中央宣传部又在上海成立中国社会科学家联盟,以中央文委书记朱镜我为第一任党团书记,这是中国左翼文化总同盟的组成部分,《新思潮》成为社联的机关刊物。7月,《新思潮》杂志出版至第7期,遭到查封,新思潮派继续在党中央机关刊物《布尔什维克》等发表文章,开展社会性质和社会史问题的论争。

朱镜我(1901—1941),浙江省鄞县人,于1930年3月接替潘汉年担任中共

---

① 陶希圣著:《潮流与点滴》,传记文学出版社(台北)1979年版,第97页。
② 顾颉刚著:《当代中国史学》,上海古籍出版社2002年,第98页。

中央文化工作委员会书记,参与筹建中国左翼作家联盟和中国社会科学家联盟。1931年冬调到中共中央宣传部工作,后任中共上海中央局宣传部长。1938秋任新四军政治部宣传教育部第一任部长。1941年1月在皖南事变突围时牺牲。

当时王学文、吴黎平、李一氓是中央文委的委员,潘东周是中央宣传部秘书,所以,"新思潮派"的主体几乎是中央文委的变体。吴黎平回忆说:第一次大革命失败了,究竟革命的前途如何?那时议论很多,为了解决这些问题,宣传党对中国革命的正确主张,党中央决定发起关于中国社会性质的论战。①当时参与其事的韩托夫也回忆道:当时"社联"的斗争任务,尤其是理论斗争任务主要是反对"托陈取消派"的理论斗争。主要问题是关于中国社会性质、中国革命性质、中国革命动力、中国革命对象、中国革命前途的问题。"社联"对于反托陈派斗争是一条最重要的战线。②这样,中国社会性质和社会史论战就成为《新思潮》和"社联"的一项重要工作,整个论战打上了意识形态斗争的烙印。

《新思潮》主编朱镜我

2. 对半殖民地半封建的社会性质的分析

"半殖民地""半封建"是列宁在论述民族殖民地国家革命斗争时使用的概念。1922年上半年,陈独秀在国内最早提出"半殖民地"概念,蔡和森最早提出"半封建"概念。将这两个词合在一起使用的,也是蔡和森。1926年底蔡和森给莫斯科中山大学中国学员所作的《中国共产党史的发展》的报告时说:"中国共产党的政治环境是资产阶级德莫克拉西尚未成功,而是半殖民地和半封建的,共产党不仅负有解放无产阶级的任务,并且负有民族革命的责任。"并明确提出"半封建半殖民地的国家"的概念,代表了当时党内的最高水平。③

---

① 周子东等著:《三十年代中国社会性质论战》,知识出版社1987年版,第116页。
② 韩托夫:《关于中国社联的一些回忆》,《中国社会科学家联盟成立55周年纪念专辑》,上海社会科学院出版社1986年版,第122页。
③ 《蔡和森的十二篇文章》,人民出版社1980年版,第10页。

大革命失败后,共产国际和中共党内对中国社会性质和革命性质产生分歧,1928 年 7 月中共六大决议案指出:"现在的中国经济政治制度,的确应当规定为半封建制度""中国经济的特点,土地关系的特点,很明显地是半封建制度。""农村的封建关系之余孽,还有帝国主义压迫半殖民地的制度维持它。""帝国主义对于半殖民地的中国的剥削,阻碍着资本主义的发展"。① 不久,国内开展了社会性质和社会史问题的论战,也使这一问题愈辩愈明。

1929 年 1 月,马克思主义理论家李达在上海昆仑书店出版了《中国产业革命概观》,成为马克思主义经济学中国化的开启之作。3 月又在上海昆仑书店出版《社会之基础知识》(杉山荣著,与钱铁如合译),9 月在上海南强书局出版《民族问题》的专著。他列举各方面的经济事实,对中国经济结构中所存在的三种经济成分,即帝国主义殖民经济、封建性传统经济和中国民族资本主义经济作了细致的考察研究,提出了"中国一面是半殖民地的民族,同时又是半封建的社会"的结论。② 而"打倒帝国主义的侵略,廓清封建势力和封建制度,是中国革命的唯一对象,同时又是发展产业的唯一前提"。③ 李达不仅阐明了中国的社会性质,也阐明了中国民族民主革命的性质。

1930 年 3 月,李立三发表《中国革命的根本问题》一文,全面论证了中共关于中国半殖民地半封建的社会性质。1930 年 4 月,《新思潮》第 5 期推出"中国经济研究专号",发表了潘东周《中国经济的性质》、吴黎平《中国的土地问题》、向省吾《帝国主义与中国经济》和《中国的商业资本》、王学文《中国资本主义在中国经济中的地位其发展及其前途》、李一氓《中国劳动问题》等文章。潘东周分析了帝国主义、封建主义、民族资本主义三者的相互关系,指出帝国主义入寇中国以后,一方面打破了中国的自然经济,刺激了中国资本主义的生长,使中国经济组织走上了新的途径;另一方面也与封建主义勾结,用一切力量阻碍中国民族资本主义的发展。所以中国只能停留在半殖民地半封建的状态下,而不能发展成为一个独立的资本主义国家。他批驳了托派的"残余之残余"说,指出中国虽然已经开始了资本主义方向的发展,但是封建经济在全国经济比重中占着

---

① 《中国共产党第六次全国代表大会底决议案》(1928 年 7 月 9 日),见《中共中央文件选集》(4),中共中央党校出版社 1989 年版,第 336、339 页。
② 《社会之基础知识》,《李达文集》第 1 卷,人民出版社 1980 年版,第 558 页。
③ 《中国产业革命概观》,《李达文集》第 1 卷,人民出版社 1980 年版,第 488 页。

极大的优势。吴黎平认为,现在中国的农村租佃制度下的剥削关系,是封建式的剥削关系。"土地革命,是中国数万万农民群众切身的急迫的需要,是中国革命目前阶段上的中心问题,是中国资产阶级民主革命的关键。"王学文也指出,中国经济问题是帝国主义侵略下的半殖民地的封建经济。新思潮派批判托派和新生命派的观点,科学的解释了中国的社会性质和社会出路问题。

1930年春夏,朱镜我发表《改组派在革命现阶段上的作用及其前途》《中国目前思想界底解剖》《民族解放运动之基础》等文章,认为"中国是为帝国主义统治下的半殖民地的国家,帝国主义为要剥削并掠夺中国底一切起见,需要保持中国的封建残余势力为其工具,需要培植买办势力为其爪牙""因而民族资本在资本主义的生产方式上的比重是极其微薄而弱小的,它没有充分发展的可能性"。所以中国仍然"是半殖民地的产业落后的国家""中国的封建势力,因帝国主义的帮助,依旧保持着优越的地位"。①

潘、王的文章发表后,遭到了以托派分子任曙、严灵峰的反对和攻击。1931年初,任曙发表《中国经济研究》一书;6月严灵峰发表《中国经济问题研究》一书,后又写了《追击与反攻》一书,向中国马克思主义理论和新思潮派攻击。

奇怪的是,具有托派倾向的朱新繁(即朱其华)于1931年8月在《读书杂志》第4、5期合刊上,再次发表了《关于中国社会之封建性的讨论》,批驳陈独秀、陶希圣并进而批评了拉狄克,认为拉狄克不了解商业资本性质,不从生产方法、剥削方法上立论而从剥削者的出身及其剥削目的立论,从而否认中国有封建势力,得出中国商业资本主义已有几千年历史的结论是错误的。

《新思潮》停刊后,马克思主义者张闻天、何干之继续探讨中国社会史和社会性质问题。1931年2月,张闻天从苏联回到上海。8月,他在《读书杂志》第1卷第4、5期合刊上发表《中国经济之性质问题的研究》。他说"统治中国经济与剥削中国民众的"是帝国主义,帝国主义在中国只能破坏中国经济,而不能发展中国经济,"只能使中国的经济殖民地化,而不能使中国的经济独立发展"。广大的中国农民群众,处在帝国主义、地主、资产阶级军阀官僚的重重压迫之下,

---

① 朱镜我:《改组派在革命现阶段上的作用及其前途》,《新思潮》第6期;《中国目前思想界底解剖》,《世界文化》第1期;《民族解放运动之基础》,《新思想》第7号。

他们起来做反抗的革命斗争,是这种压迫必然产生的结果。①

在社会性质的论战中,马克思主义者虽然对中国社会性质作了正确的理论阐述,但始终没有归纳概括一个精确的概念。第一个提出"半殖民地半封建社会"完整概念的,是马克思主义史学家吕振羽。1933年5月,吕振羽发表《中国社会形势发展的诸阶段》,提出"中国社会的现阶段,便是半殖民地半封建社会。建筑于其上层的诸形态的东西和其下层的基础相适应"。②

何干之是1933年底由广州来上海的,1934年9月他在上海现实出版部出版《中国经济读本》,也提出了"半殖民地性半封建性"。他说:"我始终企图以半殖民地性半封建性这个问题为经,以真实的材料为纬,使理论与实际纵横交错,把中国经济的真相,和盘托出。"③

"半殖民地半封建社会"这一完整概念的提出,不仅是中国社会性质论战和中国社会史论战的结果,也是马克思主义唯物史观研究中国历史的一个重大成果,并逐渐得到国人的确认。

3. 马克思主义社会发展规律的运用

1859年,马克思在《〈政治经济学批判〉序言》中说:"大体说来,亚细亚的、古代的、封建的和现代资产阶级的生产方式可以看作是社会经济形态演进的几个时代。"④这被当作马克思主义历史科学的普遍规律。但因为马克思并未对"亚细亚生产方式"做出具体说明,引起后人认识的分歧。

1930年3月,流亡日本的郭沫若在上海联合书店出版了《中国古代社会研究》论文集,全面运用马克思主义的历史唯物史观研究中国古代史,肯定了中国奴隶制的存在,成为社会史论战的导火线,使中国社会性质的论战与社会史论战结合起来。由此,各派学者开始讨论唯物史观关于人类社会发展的规律是否适应于中国社会,并围绕马克思的亚细亚生产方式、原始社会解体后中国社会性质、中国是否存在奴隶制、怎样看待中国古代的商业活动、中国封建社会存在时间等展开讨论。

---

① 李洪岩著:《从〈读书杂志〉看中国社会史论战》,《中国社会科学院近代史研究所青年学术论坛》1999年卷。
② 《吕振羽史论选集》,上海人民出版社1981年版,第449页。
③ 何干之著、何练编:《何干之文集》第1卷,人民出版社1993年版,第31页。
④ 《马克思恩格斯列宁斯大林论历史科学》,人民出版社1980年版,第41页。

由于新生命派和中国托派一般不承认中国存在奴隶社会,郭沫若说明了马克思主义关于社会历史发展的阶段论同样适用于中国,中国社会与世界其他各民族一样,经历了原始公社制、奴隶社会、封建社会和资本主义社会等几个阶段,人类社会是有规律的、依次更迭的发展。他认为,西周以前是原始社会,西周是奴隶制时代,东周以后,特别是秦以后,中国进入封建时代。他认为,亚细亚生产方式,大体是西周以前的原始公社社会。当然,随着研究的深入,郭沫若对有些观点作了修改。其他各派的观点如前所述。

1934年4月,吕振羽发表了《中国经济之史的发展阶段》,后又出版《史前中国社会研究》和《殷周时代的中国社会》。他运用历史唯物主义原理分析中国古代生产力和生产关系的特点,把中国社会历史划分为五个次第发展的阶段:"夏以前是原始共产社会,殷代是奴隶所有者国家,周代为中国史的初期封建社会时代,由秦到鸦片战争前为专制主义的封建社会时代,由鸦片战争到现在为半殖民地半封建社会时代。"[1]吕振羽不同于郭沫若西周奴隶社会论,而提出了殷周奴隶社会论,得到许多学者的支持。

1934年9月,何干之在《中国经济读本》中认为,"日耳曼没有经历过奴隶制度"的说法是错误的。恩格斯在《家庭、私有制和国家的起源》中论及国家产生的三种方式——雅典式、罗马式和日耳曼式,是在说明历史发展的多样性,然而多样性与普遍性是统一的。公社制度分解以后出现奴隶和奴隶主的分化,这是世界历史的"普遍法则"。

4. 农村社会性质问题的讨论

1933年6月,新思潮派成立"中国农村经济研究会",以阳翰笙为理事长,吴觉农为副理事长,成员有孙晓村、王寅生、张稼夫、钱俊瑞、张锡昌、薛暮桥、孙冶芳、千家驹等。1934年10月创办《中国农村》月刊,登载大量调查报告,开展农村经济问题研究,被称作"中国农村派"。由于中国农村派以马克思主义为指导,引发了关于中国农村社会性质问题的讨论。1934年12月,陶希圣也创办《食货》半月刊,更多地对社会经济、社会形态进行研究,促进了讨论的发展。

为了同中国农村派进行理论上的对抗,1934年9月至1935年2月,托派分子王宜昌先后在《中国经济》上发表《中国农村经济研究方法》《从农民上看中国农村经济》《从土地来看中国农村经济》《从农业来看中国农村经济》等文章,

---

[1] 《吕振羽史论选集》,上海人民出版社1981年版,第457页。

系统地表述了他对中国农村的看法。支持王宜昌的还有张志澄、王毓铨、张志敏、王景波(王欠宽)等人,他们经常在南京"中国经济研究会"主办的《中国经济》杂志上发表文章,故被称为"中国经济派"。

1935年1月,王宜昌在天津《益世报·农村周刊》上,发表了《农村经济统计应有的方向转换》,针对《中国农村》创刊号上《怎样分类观察农户经济》一文,反对从农村的生产关系划分农村各阶级,主张对农村生产力进行研究。他也不同意"中国农村派"以土地问题为农村中心问题的观点,认为中心问题是资本问题。王宜昌提出农村研究应实现三个重要的方向转换:"第一方向转换,便是在人和人的关系底注意之外,更要充分注意人和自然的关系";第二方向转换"便是注意农业生产内部的分析,从技术上来决定生产经营规模的大小,从农业生产劳动上来决定雇农底质与量,从而决定区别出农村的阶级及其社会属性";第三方向转换"是在注意农业经营收支的情形,资本运用的情形和其利润分剖的情形。这里,不仅要注意到农业主要业务,而又要注意到副业的作用"。①

王宜昌强调的并不只是一种技术性或方法论的转换,而是一种新的理论解释,目的是为了说明中国农村已是帝国主义殖民体系中的一部分,因而其性质已是资本主义社会。他说:"据我的研究,今日中国农村经济,已是商品经济,而且资本主义已占优势,土地所有形态已经被资本制生产屈服了。所以'问题的中心'并不再是土地所有形态、地权、租佃关系等等,而是资本制的农业生产过程的分析。"②也就是说,中国农村"雇佣劳动者"的增加和"新式生产技术"的结合,产生了"资本主义的农村生产力",由此决定了生产关系,即农村社会的资本主义性质。

对此,中国农村派立即进行了反驳。中国农村派认为农村经济学的研究对象"应当是农业生产过程中人与人的关系(农业生产中的社会生产关系),而不是人与自然界(人与土地、机械、肥料等)的关系",要解决的是"地主与农民间的关系",而不是别的;③土地问题依然是农村的核心问题,因为中国耕地的百分

---

① 转引自钱俊瑞《现阶段中国农村经济研究的任务》,《中国农村》第1卷第6期,1935年3月。王宜昌:《论现阶段的中国农村经济研究——答覆并批评薛暮桥钱俊瑞两先生》,《中国农村社会性质论战》,新知书店1936年第3版,第103—105页。

② 王宜昌:《关于中国农村生产力与生产关系》,《中国农村社会性质论战》第113—114页。

③ 孙冶方:《农村经济学底对象》,《中国农村》第1卷第10期,1935年7月。

之七十集中在占农村人口百分之十的地主的富农手中,而农村商业资本的高利贷资本一般地也是以地权为基础,所以必须解决好土地的分配问题;①帝国主义的侵略并未使中国农村资本主义化,反而"使中国农村直接间接地更隶属于列强资本的支配,它使中国农村中半封建的剥削以更加尖锐的形式,起着更加酷烈的作用。同时,我们说,这种变化并没有使农村结构起了质的变化;它只是使中国的殖民地性和半封建性格外尖锐罢了"。②经过论战,得出了中国农村社会性质是"半殖民地半封建"的结论,也明确了"反帝反封建"的社会革命的目的。

　　20世纪30年代中期关于中国农村社会性质的论战,实际上是20年代初和30年代初关于中国社会性质和社会史两次论战的延续和深化。这次论战虽然没有前两次论战那样轰轰烈烈,引人注目,但却更加深入,从中可以看到中国马克思主义理论的迅速成熟。

　　1937年1月,上海生活书店出版了何干之的《中国社会性质问题论战》。他说:"因为中国处在半殖民地的地位,所以停留于半封建的阶段,同时中国社会的半封建性促着中国向全殖民地的途径迈进。……这使中国社会的二重性质的交互作用。"③

　　二三十年代社会史的三次论战,对中国社会和学术思想都产生了深远的影响。德国学者罗梅君说:"关于社会性质和中国历史的发展规律问题的论战主要是由现实的政治事件引起的,但它们首先在学术发展范围内产生了重大影响。"④李泽厚也认为:"这场论战具有尖锐的政治性质和政治内容,并直接为各自的政治纲领政治斗争服务,显示着极其强烈的党性,然而又仍然能够保持了一定高度的学术性和科学性。"⑤

　　由于当时政治环境、认识水平的局限和抗日战争的爆发,有些理论问题的

---

①　钱俊瑞:《现阶段中国农村经济研究的任务》,《中国农村》第1卷第6期,1935年3月。

②　陶直夫(钱俊瑞):《中国农村社会性质与农业改造问题》,《中国农村》第1卷第11期。

③　何干之著、何练编:《何干之文集》第1卷,人民出版社1993年版,第200页。

④　罗梅君著,孙立新译:《政治与科学之间的历史编纂——30年代40年代中国马克思主义历史学的形成》,山东教育出版社1997年版,第84页。

⑤　李泽厚:《记中国现代三次学术论战》,《中国现代思想史论》,东方出版社1987年版,第70页。

争论未能深入展开,但使马克思主义者认清了中国国情,认清了社会性质,认清革命的基本问题。1939年12月,毛泽东在《中国革命和中国共产党》一文中,首次在党内明确使用"半殖民地半封建社会"的概念。1940年1月在《新民主主义论》中,又系统提出了新民主主义革命的理论,实现了马克思主义中国化的第一次飞跃,有力推动了中国革命和中国社会的发展。

八、马克思主义史学派

中国马克思主义史学从李大钊开始,李大钊是我国马克思主义史学的奠基人,郭沫若是第一个运用唯物史观研究中国历史的学者,在中国开创了唯物史观派,并长期占据中国学术界的主流地位。在社会史论战中,马克思主义史学发展壮大,涌现出吕振羽、翦伯赞、侯外庐、范文澜、白寿彝等一大批杰出史学家,在中国古代史分期、中国封建土地所有制形式、中国资本主义萌芽、汉民族的形成、中国封建社会农民战争等问题上,取得了丰富的研究成果。

(一)李大钊及其观点

李大钊(1889—1927),字守常,河北乐亭人,中国共产主义的先驱,伟大的马克思主义者、杰出的无产阶级革命家、中国共产党的主要创始人,也是我国马克思主义史学的奠基人。1919年5月,李大钊在《新青年》"马克思研究号"上发表《我的马克思主义观》,全面介绍马克思主义的观点和方法。1920年7月,李大钊被聘担任北京大学教授,率先开设了《唯物史观研究》《史学思想史》《史学要论》等课程。他还在上海大学、复旦大学分别作过《研究历史的任务》《史学与哲学》等学术报告,撰写了许多史学文章。1924年出版《史学要论》一书,成为我国马克思主义史学上的里程碑。

马克思主义史学的开创者李大钊

1. 阐述马克思主义唯物史观

李大钊第一个用马克思唯物史观的解释历史,认为历史学是一门综合性的学科,它的内容包括人类社会生活的全部,不单是政治,还有经济的、伦理的、宗教的、美术的种种生活。他说:"人类的社会,按时间的,纵起来看是历史;按平面的,空间的,横起来看是社会。"又说"纵着看人间的变迁,便是历史;横着看人间的现在,便是社会""历史与社会,同其内容,同其实质,只是观察的方面不同罢了"。① 李大钊还说,历史是进步的、发展的、变动的,是社会的变革,是人类的生活及其产生的文化,"历史就是研究人生及其产物的文化的学问",②这是李大钊下给历史学的科学定义。

他阐释说,马克思唯物史观产生以前,中外史学都为唯心主义史观统治着,宗奉神灵,趋向天命,带有宗教的气味。马克思的历史观,称为唯物史观,这是马克思、恩格斯1877年开始使用的。将史学变成为科学,把史学提到与自然科学的同等地位,也是马克思恩格斯努力的结果。马克思把社会当成建筑,社会亦有基址与上层之分。社会的基址便是经济的构造(即经济关系),马克思把它称之为物质的,或人类社会的存在。社会的上层建筑,便是法制、政治、宗教、伦理、哲学、艺术等。马克思称之为观念的形态,或人类的意识。社会经济基础有了变动,上层建筑必然跟着变动,去适应它们的基础。从前的史学家,企图单纯从社会上层建筑去说明社会的变革(历史),而不顾社会的基础即经济构造,那就不能真正的理解历史。企图用政治变革代替人类社会全部活动,没有从经济关系上说明上层建筑的变动,也决不是完整的人类历史。认为政治就是历史,阶级斗争就是历史,"未免失之狭隘",因为它们只是历史的一部分,不能包括全部历史。马克思发现"以物质的生产关系为社会构造的基础,决定一切社会构造的上层",③才将历史变成了科学,才揭示了历史的规律。

2.论述研究历史的任务

李大钊分析了史学、历史科学及历史理论这些基本概念,认为"史学的主要目的,本在专取历史的事实而整理之,记述之;嗣又更进一步,而为一般关于史的事实之理论的研究,于已有的记述历史以外,建立历史的一般理论""这实是

---

① 《李大钊文集》下卷,人民出版社1984年版,第714页。
② 同上,第759页。
③ 《李大钊文集》下卷,人民出版社1984年版,第748页。

史学界的新曙光"。①

李大钊在《研究历史的任务》一文中,把史学家的任务归纳为两条:一整理事实,寻找它的真确的证据;二理解事实,寻出它的进步的真理。两条任务是相互联系,缺一不可的。"理解"二字李大钊经常用"解喻"两字来代替。一些旧史学家往往把整理记录和整理史料作为史家的唯一任务,不重视一般史学理论的研究。但今天的一些史学工作者却不是"论从史出",而是"以论代史",单纯地用历史理论去替代具体历史叙述。他指出:"历史理论与记述历史,都是一样要紧。史学家固宜努力以求记述历史的整理,同时亦不可不努力于历史理论的研求。"②

李大钊还论述了史料与历史的区别和联系。指出:"死的材料,若是随着活的事实表现出来,便是活的,有趣味的材料。""新闻是现在新的、活的社会状况的写真",这就是将来的历史,所以要多报导一些下层人民的事情,以尽指导群众的责任。③

李大钊认为历史学必须常作常新。那种认为历史一经写出,便不能改动的观点是不对的。因为一方面"断定往日记录,有许多错误",同时不断有许多新史料发现;另一方面历史知识的增长和历史观的变更,也必须重作历史。他指出:"实在的事实是一成不变的,而历史事实的知识则是随时变动的;纪录的历史是印板的,解喻中的历史是生动的。""历史观是史实的知识,是史实的解喻""所以历史观是随时变化的,是生动无已的",是"与时俱进"的。李大钊在《史观》一文指出:"根据新史观、新史料,把旧历史一一改作,是现代史学者的责任。"④

3.阐发史学对社会和民众的功用

关于史学与社会、人生的关系,李大钊认为,一是史学"对于人生态度的影响很大""史学既能成为一种学问,一种知识,自然亦要人生有用才是";二是史学不能进入市场,不能赚钱,"研究学问,不是以学问去赚钱,去维持生活的,

---

① 同上,第724页。
② 同上,第728页。
③ 同上,第538页。
④ 《李大钊文集》下卷,人民出版社1984年版,第266、267页。

乃是为人生修养上有所受用"。①

李大钊认为,历史学对于人类社会生活的具体功能,一是给人以爱国主义的精神激励。他说:"读史读到古人当危急存亡之秋,能够激昂慷慨""读到英雄豪杰为国家为民族舍身效命以为牺牲的地方,我们不觉对之感奋而起",这就是一种"拯民救国"的感情被激发出来,这是一种不可估量的精神力量。②二是养成人们的科学态度。李大钊说:"研究历史的重要用处,就在训练学者的判断力,并令他得着凭以为判断的事实。成绩的良否,全靠所据的事实确实与否和那所用的解释法适当与否。"③他又说:"所谓科学的态度有二要点:一为尊疑;一为重据。""凡事都要脚踏实地去作,不驰于空想,不骛于虚声,而唯以求真的态度踏实的工夫。"如此则真理可明,功业可就。三是给人一种"进步的世界观"和"乐天努进的人生观"。史学研究是引导人们"对于过去的同情和对将来的向往""历史是永远前进的,绝不停滞和逆返。我们不应该悲观和崇古,而应该欢天喜地地向前迈进"。李大钊指出:过去历史是建筑起来的一座高楼,里边陈列着人类相传的家珍国宝。只有健步前行,拾级而上,才能对所陈珍宝一览无遗,再临绝顶,四处眺望,才能认识人生前进的大路。④

当然,历史学除了教育功能、认识功能外,还有存史功能和借鉴功能。李大钊说:"纪录的历史,是由记可以流传后世的言行而发生出来的";"或为使其言行、功业及所造的事变,永垂诸世勿使湮没";"或将以供政治上的参考,俾为后世的模范与戒鉴"。⑤

李大钊是中国马克思主义史学的开创者,他对马克思主义唯物史观宣扬和阐述,并非一味地照搬照抄,而是有着自己深刻的理解和认识,他用中国语境阐发马克思主义观点,结合中国实际讲求唯物史观,开辟了中国马克思主义史学的新道路。

---

① 同上,第268页。
② 同上,第644页。
③ 同上,第361页。
④ 同上,第762—763页。
⑤ 《李大钊文集》下卷,人民出版社1984年版,第765页。

(二)早期人物及其成就

1. 郭沫若

郭沫若(1892—1978),原名郭开贞,字鼎堂,号尚武,乳名文豹,笔名沫若,四川乐山人,现代著名文学家、历史学家,马克思主义史学的奠基人。幼年入家塾读书,1906 年入嘉定高等学堂学习。1914 年春赴日本留学,在九州帝国大学学医。1919 年五四运动爆发,他在日本福冈发起组织救国团体

中华人民共和国成立后郭沫若与毛泽东交谈

夏社,投身于新文化运动。1921 年,发表第一本新诗集《女神》,洋溢着强烈的浪漫主义气息,成为中国新诗的奠基之作。同年 6 月,他和成仿吾、郁达夫等在上海组织文学学社"创造社",成为新文化运动的重要旗手。1923 年,从日本帝国大学毕业回国。1926 年投笔从戎,参加北伐,曾任北伐军总政治部副主任,其间创作了《王昭君》等历史剧,影响巨大。1927 年蒋介石政变前夕,他撰写了《请看今日之蒋介石》一文,受到通缉,随即参加南昌起义,加入中国共产党。1928 年 2 月被迫流亡日本。在 10 年旅日生活十分困顿的情况下,他潜心研究甲骨文,并以马克思主义观点研究中国古代历史,奠定了马克思主义史学的基础。1930 年参加中国左翼作家联盟东京支部活动。同年在上海出版《中国古代社会研究》,开创了唯物史观派,影响深远。1932 年后,他连续出版《两周金文辞大系》《金文丛考》《卜辞通纂》《古代铭刻汇考》等,他把甲骨文金文研究同古代史研究结合起来,开创了史学研究的新天地。对日抗战爆发后回国,担任国民政府军委会政治部第三厅厅长,其间组织了声势浩大的武汉抗战文化运动,创作了以《屈原》为代表的 6 个历史剧,还写了《十批判书》《青铜时代》等论著。1944 年,郭沫若写了长篇史论《甲申三百年祭》,得到毛泽东的肯定。中华人民共和国成立后,曾任中央人民政府委员、政务院副总理兼文化教育委员会主任、

中国科学院院长、全国文联主席、全国人大常务委员会副委员长、全国政协副主席等职,主编《中国史稿》和《甲骨文合集》。

郭沫若在史学上的主要贡献有:

(1)运用唯物史观研究中国历史

1928年郭沫若因受蒋介石通缉,旅居日本,开始运用马克思主义唯物史观从事中国古代史和古文字学的研究工作,取得了一系列成果。这些论文在国内的《思想》和《东方杂志》上发表。1930年3月,他把以上论文汇集成册,以《中国古代社会研究》书名在上海联合书店出版,影响深远。

这部专著包括六个方面内容:一是导论"中国社会之历史的发展阶段",包括"殷代——中国历史之开幕时期""周代——铁的出现时期——奴隶制""周代以来至最近时代之概观""中国社会之概览"等内容,实际上是郭沫若对中国古代社会研究成果的总结;二是第一篇"《周易》时代的社会生活发端",包括"《周易》时代的社会生活""《易传》中辩证的观念之展开"两章;三是第二篇"《诗》《书》时代的社会变革与其思想上之反映",包括"由原始公社制向奴隶制的推移""由奴隶制向封建制的推移"两章;四是第三篇"卜辞中的古代社会",包括序说"卜辞出土之历史"和"社会基础的生产状况""上层建筑的社会组织"两章;五是第四篇"周代彝铭中的社会史观",包括"周代是青铜器时代""周代彝铭中的奴隶制度""周代彝铭中无井田制的痕迹""周代彝铭中无五服五等之制""彝铭中殷周的时代性"等;六是附录。

郭沫若以唯物史观为指导,根据马克思主义人类社会的发展是以经济基础的发展为前提,经济的发展却以工具的发展为前提的观点,指出用石器或青铜器为工具的时代,社会生产是渔猎和畜牧,社会性质是氏族社会。铁器的发明和使用,社会就进入到奴隶社会,后进入封建社会。蒸汽机的发明,促使社会进入资本主义。中国社会与世界其他各民族一样,经历了原始公社制、奴隶制、封建制和资本制的几个阶段,并认为西周以前是原始社会,西周时代是奴隶社会,春秋以后是封建社会,最近百年是资本主义社会。

《中国古代社会研究》中的某些观点虽不完善,但这是中国第一次用马克思主义观点研究阐述古代历史问题,第一次把中国古代历史划分为原始社会、奴隶社会、封建社会等有规律的发展过程,证明了马克思主义历史理论同样适用中国,奠定了中国马克思主义历史科学的坚实基础,标志着中国马克思主义历史学的诞生。

郭沫若是中国马克思主义历史科学的奠基者,是把马克思主义的基本原理运用到中国历史研究中并取得了巨大成果的第一人。何干之在《中国社会史问题论战》中评述道:"郭先生的《中国古代社会研究》及其他著作,是以《易经》《书经》《诗经》、甲骨文字、金石文字等等史料,来追寻中国历史的开端。他的新史料和新见解,的确使无成见的人们叹服,确为中国古代史的研究,开了一个新纪元。"①"甲骨四堂"之一的董作宾在《中国古代文化的认识》中说:"大家都知道的,唯物史观派是郭沫若的《中国古代社会研究》领导起来的。这本书民国十八年十一月初版到二十一年十月五版时,三年之间已印了九千册。他把《诗》《书》《易》里面的纸上史料,把甲骨卜辞、周金文里面的地下材料,熔冶于一炉,制造出来一个唯物史观的中国古代文化体系。"②顾颉刚在1945年的《当代中国史学》中认为:"研究社会经济史最早的大师是郭沫若""郭先生应用马克思,莫尔甘等的学说,考索中国古代社会的真实情状,成《中国古代社会研究》一书,这是一部极有价值的伟著,书中虽不免有些宣传的意味,但富有精深独到的见解。中国古代社会的真相,自有此书后,我们才摸着一些边际。"③

(2)甲骨文研究

郭沫若流亡日本时期,对甲骨文一字不识,但他坚信通过对地下出土的古代文字来研究中国古代社会,是一条正确的途径。

1928年,郭沫若在日本阅读罗振玉的《殷墟书契考释》、王国维的《观堂集林》和一批考古学和古文字学的著作,开始研究甲骨文和金文。他从入门书看起,自己摸索,仅用了两年左右时间,便取得了突破性的成就。1931年,经李一氓交涉,郭沫若的《甲骨文字研究》和《殷周青铜器铭文研究》两书由大东书局影印出版。《甲骨文字研究》收集郭沫若1929年所写的考释甲骨文字的论文17篇,运用历史唯物主义观点和方法,把甲骨文研究同古代史研究结合起来,开创了史学研究的新天地。《殷周青铜器铭文研究》收集了郭沫若1930年所写的考释殷周青铜器铭文研究的论文16篇。这两部论文集及《中国古代社会研究》中的有关篇章,是郭沫若研究甲骨文、金文的第一批成果。

---

① 何干之著、何练编:《何干之文集》第1卷,人民出版社1993年版,第312—313页。
② 董作宾著:《中国古代文化的认识》,《中国现代学术经典·董作宾卷》,河北教育出版社1996年版,第614页。
③ 顾颉刚著:《当代中国史学》,南京胜利出版公司1947年版,第100页。

1932年,郭沫若的《两周金文辞大系》和《金文丛考》影印出版。1933年出版《卜辞通纂》和《古代铭刻汇考》。1934年出版《古代铭刻汇考续编》和《两周金文辞大系图录》。1935年出版《两周金文辞大系考释》,1937年出版《殷契粹编》。一部又一部高水平的学术著作的出版,使当时古文字学权威们也感到是不可理解的奇迹。

郭沫若用现代考古学的研究方法对两周金文进行了全面的整理,他从传世的几千件有铭文的铜器中,先寻出一些自身表明了年代的器物作为标准器,再就人名、事迹、文辞的格调、文体的结构、器物的花纹形式等作综合考察,精选出铭文较长而史料价值较高的铜器323件,以此为线索,分别断定其他器物的时代或国别,使人名事迹遂有脉络可寻。这样就把混沌不清的两周800年的铜器,整理成为眉目清晰的历史系统,并把铜器上的铭文变成为研究中国古代社会必不可少的史料。郭沫若在《两周金文辞大系》中所确立的中国青铜器研究体系,特别是由此开创的一整套崭新的铜器断代方法,被实践证明是科学的方法,为中外学者所公认,一直延用到现在。

郭沫若在甲骨文、金文方面的成就,使他与罗振玉(字雪堂)、王国维(字观堂)、董作宾(字彦堂)这些甲骨学大家并称为"甲骨学四堂"。我国著名文字学家唐兰(1901—1979)在评价殷墟卜辞研究时说:"自雪堂(罗振玉)导夫先路,观堂(王国维)继以考史,彦堂(董作宾)区其时代,鼎堂(郭沫若)发其辞例,固已极一时之盛。"著名学者陈子展(1898—1990)教授在评价早期的甲骨学家时写下"甲骨四堂,郭董罗王"的名句,已为学界所广泛接受。甲骨四堂基本上代表了1949年之前甲骨学研究的历程与最高成就。

(3)春秋战国封建论

郭沫若对中国古代历史研究前后费时15年,终于形成了他对中国古代历史分期的定性观点。在《中国古代社会研究》中,他将奴隶社会的下限划在东周和西周之交,即公元前770年,认为春秋以后就是封建社会。后来根据更多的史料分析和探究,又把战国断为奴隶社会,秦汉开始为封建社会。1952年2月,他出版《奴隶制时代》一书,确定奴隶制社会下限在春秋、战国之交,认为战国为封建社会的开始。这个观点被中外史学界广泛采用,成为我国研究中古历史的基础。

(4)历史剧创作

1924年到1927年大革命时期,他创作了历史剧《王昭君》《聂嫈》《卓文君》。1941年皖南事变后,又创作了《屈原》《棠棣之花》《虎符》《孔雀胆》等历史剧和战斗诗篇《战声集》。1959年至1971年间,创作了历史剧《蔡文姬》《武则天》《李白与杜甫》等,影响甚大。

(5) 主编《中国史稿》

1949年后,郭沫若主编了大部头中国通史著作即《中国史稿》,1962年开始出版,共13册,贯穿着社会矛盾和阶级斗争的观点。

《中国史稿》是郭沫若指导下由众多的学者专家集体撰写的。1955年7月,在第一届全国人大二次会议期间,毛泽东向郭沫若提出了为县团级干部编写一部中国历史书的要求。次年2月由郭沫若主持,成立了由陈寅恪、陈垣、范文澜、翦伯赞、尹达、刘大年等著名史学家参加的中国历史教科书编委会编审小组,负责编写和审稿工作。1957年初,中国社会科学院历史研究所第一、二、三所分工负责,承担起《中国史稿》的编写任务。1958年该书列入国家计划,年底筹备工作大体就绪,开始草拟编写提纲。1960年春,初稿完成,在经过广泛征求意见,并由郭沫若亲自修改后,1962年至1963年人民出版社出版了《中国史稿》第一册和第二册。此后,由于政治运动,编撰工作陷于停顿。直至1972年,根据郭沫若的意见,历史研究所恢复了《中国史稿》编写组,重新开始编写工作。从1976年起,包括经过修订的第一册在内的各册陆续出版。郭沫若因病不能亲自审定第二册、第三册,但仍十分认真地听取这两册修改情况的汇报。郭沫若逝世后,未经他审定的第四册以下各册,均署名《中国史稿》编写组。《中国史稿》的近代部分后来定为《中国近代史稿》,由近代史研究所负责撰写,计划编写五册,1978年陆续出版了前三册。

2. 吕振羽

吕振羽(1900—1980),名典爱,字行仁,学名振羽,化名柳岗,湖南邵阳人,著名历史学家,中国科学院哲学社会科学部委员。1922年进入长沙湖南高等工业学校学习,1926年参加北伐战争。大革命失败后,赴日本求学。1928年归国后,到北平求职,

吕振羽与夫人江明

任《村治》月刊编辑。1929年底,参与创办《新东方》杂志,并先后在中国大学和朝阳大学任教,参加"中国社会史论战"。九一八事变后,积极参加抗日救亡运动,曾任中共北平市委领导下的"自由职业者大同盟"书记。1936年加入中国共产党。1938年回长沙参加抗日救亡运动,组织湖南文化界抗敌后援会和中苏文化协会湖南分会,后任塘田战时讲学院副院长。1942年赴延安,曾任刘少奇秘书。抗战胜利后,赴东北工作,曾任中共热西地委副书记、冀热辽救济分会副主任、中共安东省委常委等职。中华人民共和国成立后历任大连大学校长兼党委书记、东北人民大学校长兼党委书记、中共中央党校教授等职。1963年蒙冤入狱,达8年之久。1978年后予以平反。吕振羽是我国最早运用马克思主义史学观研究历史的学者之一,著有《中国政治思想史》《简明中国通史》《中国民族简史》等。

吕振羽在史学上的主要贡献有:

(1)追随郭沫若运用唯物史观研究中国古代社会

1930年3月《中国古代社会研究》出版以后,引起国内轰动,这时郭沫若还在日本,吕振羽清楚地看到"那些乔装为'历史家'面目出现的殷代社会研究者,无论在材料上,在结论上,大都不过从郭著作片断的抄袭,而又把它加以歪曲,以粉饰其可鄙的固有的成见,且从而去反诘郭氏"。①因此,打算"对陶希圣、李季诸人的中国社会史的意见附带作一较详细的批判,对郭沫若先生的著作也提出一些较系统的意见"。②

1934年至1935年,吕振羽相继完成《史前期中国社会研究》《殷周时代的中国社会》两书,以历史唯物论作为"解剖人类社会的唯一武器"和"唯一正确的历史学方法论",认为人类社会的发展法则,完全符合辩证法的发展法则,"中国社会历史的发展,当然也不能在这个共同的法则之外,另有一个途径"。同时以考古资料结合神话传说,第一次将中国原始社会由野蛮进入开化的发展历程整理出一个系统,填补了古史研究中的一大段空白。后来翦伯赞评论说:"吕振羽对于中国现阶级社会史的研究上,是尽了一个开辟的任务。"③

(2)最早提出殷代"应该是青铜器时代"

---

① 吕振羽著:《殷周时代的中国社会》,三联书店1962年版,第10页。
② 同上,《初版序》。
③ 翦伯赞著:《历史哲学教程》修订4版,新知书店1947年,第170页。郭沫若著:《青铜时代》,《郭沫若全集》历史编第1卷,人民文学出版社1984年版,第601页。

第三章　变革中的历史诉求：中国近现代史学流派

在中国社会发展阶段的具体划分上,郭沫若认为商代为"金石并用时代",西周为铁的出现的时代,进入奴隶制社会。吕振羽根据殷墟出土物及其遗迹的发现考察,从铜器冶炼术和冶炼场遗址的普遍存在,青铜器与其他器物出土数量的比例,以及铜器制造工艺程度等方面进行论证,认为殷代并非"新石器或金石器时代",而"应该是青铜器时代",并认为殷代为奴隶制时代。

吕振羽最先提出的"殷代奴隶制社会"说和殷代为"青铜器时代"的观点,很快为新史学阵营所接受。不久,郭沫若在《卜辞通纂》中"对殷代社会的意见已有不少改变"。到20世纪40年代,他在《十批判书》中不仅完全肯定殷代为奴隶制社会,而且在《青铜时代》中认为"殷代已经是青铜器时代了"。

(3) 用唯物史观研究中国思想史

在社会史论战中,吕振羽不仅第一个提出"半殖民地半封建社会"完整概念,而且第一次用马克思主义唯物史观研究中国思想史,取得了显著成就。

社会史论战一开始就涉及到思想史和哲学史的研究,许多人都打着唯物史观的旗号写"哲学史""学术思想史""政治思想史"。特别是陶希圣出版《中国政治思想史》后,吕振羽认为陶希圣"没有半点'唯物辩证法'的气味",便在1937年推出一部《中国政治思想史》,以马克思《剩余价值学说史》为样板,对中国历代的哲学思想、政治思想"找出了一个粗略系统",第一次用马克思主义对中国古代哲学思想和政治思想作出系统考察,成为科学的中国思想通史的先声。

(4) 用马克思主义研究中国民族问题

民族问题始终是马克思主义的一个理论问题,自吕振羽步入社会史论战以来,就一直关注民族问题的研究。他在《史前期中国社会研究》中辟有《远古中国各族系别的探讨》一章;在编纂《简明中国通史》时,特别强调要"尽可能照顾中国各民族的历史和其相互作用,极力避免大民族中心主义的观点渗入"。

中华人民共和国成立前夕,吕振羽感到中国民族问题的重要性和迫切性,一是中国的民族问题从来没有系统地研究过,中国境内究竟有多少民族,它们的起源、历史过程以及现状怎样,没有明确的记载;二是因为一些片面材料所蒙蔽,人们形成了一些不切实际的乃至错误的论断。有感于此,1947年,吕振羽在哈尔滨市工作时,于戎马转战中,写成了《中国民族简史》,于1948年由大连大众书店出版。这是他应用马克思主义关于民族和社会形态理论,写成的中国民族史专著,考察和论述了汉、满、回、藏、维、苗等族的起源、发展,其所经历的历史阶段以及各自的历史贡献,成为中国民族史的名著。

(5)最先推出"中国通史"

为了顺应历史潮流,用马克思主义观点系统研究中国通史,1941年,吕振羽最先出版《简明中国通史》上册,1948年出版下册,下限到鸦片战争。他写法与历来的通史"颇多不同",主要是"把中国史作为一个发展的过程来把握","注重于历史的具体性""尽可能照顾到各民族的历史和其相互作用""把人民历史的面貌复现出来"。这在我国是运用唯物史观编写中国通史的最早尝试,推动了我国马克思主义历史学的发展。

吕振羽是在社会史论战中登台亮相的,他始终关注各种思想理论问题,捕捉那些带有倾向性的错误理论进行研究,从而形成他历史研究中具有浓厚理论色彩的独特风格。他的论著的明显特点是,历史研究与中国革命重大理论问题相结合,历史研究为现实服务,因而他的研究领域也非常宽泛,涉及经济史、社会史、哲学史、思想文化史、民族史、史学史、革命史、农民战争史等方面,并且都取得了令人瞩目的成就。

3. 翦伯赞

翦伯赞(1898—1968),维吾尔族,原籍湖南桃源,著名马克思主义史学家,社会活动家,杰出的教育家。1916年进北京法政专门学校学习,不久转入国立武昌商业专门学校,1919年毕业。1924年赴美国加利福尼亚大学攻读经济专业。1925年因不满种族歧视而回国。1926年参加北伐军,在邓演达领导的总政治部工作。1927年初到晋

翦伯赞与夫人戴淑婉

绥争取阎锡山和商震,后随商震部队进入北京。在北京遇见《村治》月刊主编、同乡吕振羽,开始用马克思主义观点研究中国社会和历史问题,积极参加社会史问题的论战。1931年5月,以山西代表身份南下参加了宁粤分裂时的"广州政府"成立大会。1932年2月,应国民党立法委员谌小岑之邀,到天津意大利租借主编《丰台》旬刊,揭露日本侵略,不久被驱逐。1933年春回到上海,不久任南京政府司法院副院长、湖南同乡覃振的秘书。1934年5—12月,赴随覃振欧

美考察司法,游历了近 20 个国家。回国后为中共北方局周小舟、吕振羽与南京政府曾养甫、谌小岑的秘密谈判提供帮助。1937 年 5 月加入中国共产党。抗战爆发过后与吕振羽回到湖南,发起组织"中苏文化协会"湖南分会和"湖南文化界抗敌后援会",并任常任理事,主编《中苏半月刊》,出版名著《历史哲学教程》一书。1939 年任从北平迁到湘西的民国大学教授,这时托派分子王宜昌也在这里。1940 年 2 月前往重庆,任"中苏文化协会"总会理事兼《中苏文化》副主编,同时为冯玉祥讲授"中国通史",受国民党军委会政治部副部长周恩来的领导,直到 1946 年。抗战结束后赴上海,担任大夏大学教授、大孚出版公司总编辑。1947 年 10 月,奉命潜往香港,担任达德学院教授,并与茅盾、侯外庐、千家驹等分别主编香港《文汇报》的"史地""文艺""新思潮""经济"副刊。1952 年至 1968 年为北京大学历史系主任、副校长。曾任全国政协委员、全国人大代表、中央民族事务委员会委员、中国科学院哲学社会科学部学部委员。

"文化大革命"前,因其所持的历史观点与毛泽东观点相左,以及反对姚文元对吴晗《海瑞罢官》的批判,在文革中受到批判,备受摧残。1968 年 12 月 18 日夜,翦伯赞与夫人戴淑婉双双服下大量安眠药自杀身亡。1979 年平反昭雪。翦伯赞著有《中国历史哲学教程》《中国史论集》《中国史纲》《历史问题论丛》《先秦史》《秦汉史》等,主编《中国史纲要》。

翦伯赞在史学上的主要贡献有:

(1)第一部马克思主义史学理论著作

1930 年,在新思潮派与托派展开社会性质的论战中,翦伯赞积极参加。1930 年 11 月,他在北平《三民主义半月刊》上发表《中国农村社会之本质及其历史的发展阶段之划分》,认为"中国的农村社会的本质,是在不是一个独特的或是亚细亚的生产方法,而是封建的生产方法"。①同年 12 月至次年 2 月,又在该刊上发表《前封建时期之中国农村社会》上中下三篇,利用文献和甲骨文资料,论述前封建时期中国社会的特点。同时在同意刊物发表《东方民族革命运动的过去与现在》,论述中国反帝反封建的革命任务。在此基础上,翦伯赞运用马克思主义观点,对中国历史的理论问题进行全面阐述,写成《历史哲学教程》一书,于 1938 年 8 月由内迁长沙的新知书店出版,成为我国第一部马克思主义史学理论著作,影响重大。1939 年 8 月,国民党政府将此书列为禁书,不许再

---

① 张传玺著:《翦伯赞传》,北京大学出版社 1998 年版,第 29 页。

版,可见其意义之大。

(2)撰写《中国史纲》和主编《中国史纲要》

1940年2月,翦伯赞来到重庆,在周恩来的领导下,与郭沫若、吕振羽、侯外庐一起,一边进行历史研究,一边与国民党进行文化斗争,使重庆成为与延安遥相呼应的另一个马克思主义史学研究中心。他还被冯玉祥聘为中国通史教师,被张治中聘为军事委员会政治部名誉委员。这一时期,他发表60余篇历史论文,出版了以马克思主义为指导、内容翔实的《中国史纲》两卷和《中国史论集》第1辑。《中国史纲》第一卷叙述原始社会到战国的历史,第二卷叙述秦汉历史,出版后在政治、学术两方面影响巨大。可惜没有写完。中华人民共和国成立后,翦伯赞主编《中国史纲要》4册,由人民出版社于1983年3月出版,弥补了这一缺憾。

《中国史纲要》作为高校中国通史教材使用。第一册的先秦部分,由内蒙古大学吴荣曾执笔,采用了郭沫若的战国封建论的观点。后来,为了有利争鸣,翦伯赞决定改用自己素所主张的西周封建论,并自撰西周一章。先秦部分未及脱稿,就受到迫害,含冤逝世。1978年,吴荣曾完成了这一工作。第一册为秦汉部分,系"文化大革命"前写成,未及修订,后由田余庆完成。第二册三国两晋南北朝部分,田余庆撰写;隋唐部分,汪篯、吴宗国撰写;第三册五代十国宋辽金部分,邓广铭撰写;元明清部分,许大龄撰写;第四册近代部分,邵循正、陈庆华撰写。周一良曾评价说:"经过翦老精心指导,刻意琢磨,直到今天,这部书还是史论结合比较好、比较受欢迎的通史教材。"

(3)历史教学资料建设

从20世纪50年代初开始,翦伯赞即致力于历史教学资料建设。他发起编纂"中国近代史资料丛刊",共11个专题,约2000多万字。还亲自主编了其中"戊戌政变"和"义和团"两个专题。从1961年春开始,翦伯赞兼任全国高等学校历史教材编审组组长,主编通用教材《中国史纲要》和《中国古代史教学参考资料》,先后发表了《对处理若干历史问题的初步意见》和《目前史学研究中存在的几个问题》等论文,批评史学界从20世纪50年代后期开始出现的极左思潮。因此,从1963年夏开始,不断出现"批翦"的文章,并由学术批判逐步升级为政治批判。

4. 侯外庐

侯外庐(1903—1987),山西平遥人。原名兆麟,又名玉枢,自号外庐。青少

第三章 变革中的历史诉求:中国近现代史学流派

年时代,积极参加学生运动,1923年考入北京法政大学和北京高等师范学校,同时攻读法律和历史。

侯外庐24岁结识中国共产主义的先驱李大钊,受到马列主义的影响。1927年赴法国巴黎大学留学,经成仿吾、章伯韬介绍加入中国共产党,主编过周恩来等创办的《赤光报》。1930年经莫斯科回国,与中共党组织失去联系,先后在哈尔滨法政大学、北平大学、北京师范大

中国思想史大师侯外庐

学等校任教。他读了郭沫若的《中国古代社会研究》后,为之兴奋,但没有立即投入社会史论战,而是翻译《资本论》以奠定思想基础。1934年出版《中国古代社会与老子》。1936年与王思华翻译了《资本论》第一卷。抗日战争时期曾在重庆主编《中苏文化》,参与中苏文化协会及中国学术工作者协会工作。1939年发表《社会史导论》(1933年撰),是他结束《资本论》译事而转向史学研究的标志。1941年到1942年间,完成了《中国古典社会史论》和《中国古代思想学说史》两部史学专著,并提出"研究中国思想史,当要以中国社会史为基础"这一毕生遵循的治学方法。两年后才发表自己的论文。

1941年皖南事变后,重庆笼罩着国民党的白色恐怖气氛,大批进步文化人士已经转移外地。侯外庐遵照周恩来同志的指示,继续留在重庆从事学术研究。1943年五十年代出版社出版了《中国古典社会史论》。1944年文风书局出版了《中国古代思想学说史》。

在周恩来的建议下,他又撰写了80万言的《中国近世思想学说史》,于1945年由三友书店出版。1945年8月还发表了《我对"亚细亚生产方法"之答案与世界历史学家商榷》一文。1947年,他转任香港达德学院教授,并主编《文汇报》之"新思潮"周刊。1948年进入东北解放区。

中华人民共和国成立后,侯外庐历任中央政府文教委员会委员、北京师范大学历史系主任、北京大学教授、西北大学校长、中国科学院社会科学哲学部委

员、中国社会科学院历史研究所所长、中国史学会理事、中国哲学史学会名誉会长等职。曾当选为第一、二、三、五届全国人大代表、全国政协第六届委员、常务委员等。

"文化大革命"后,侯外庐抱着病残之躯,撰写了一部《中国近代哲学史》,1978年2月由人民出版社出版。他又搜集自己关于中国封建社会研究的9篇论文,结集成《中国封建社会史论》,于1979年由人民出版社出版。他还领导完成了《中国思想史纲》,这是《中国思想通史》的普及本,1980年5月由中国青年出版社出版。后又与与邱汉生、张岂之主编《宋明理学史》,由人民出版社于1984、1987年先后出版上、下卷。这部长达130余万言的《宋明理学史》,填补了中华人民共和国成立以后我国历史学中的一项空白。

侯外庐在史学上的主要贡献有:

(1) 解决了"亚细亚生产方式"问题

由于马克思在分析古代印度为主的东方社会时,提出了"亚细亚生产方式"的概念,后人在理解上存在很大分歧,在社会史论战中引起激烈的争论。从20世纪40年代初,他开始深入研究,解决了"亚细亚生产方式"问题。

1943年,侯外庐完成《我对"亚细亚生产方法"之答案与世界历史学家商榷》一文。后从苏联学者费德林处得到马克思的遗著《政治经济学批判大纲(草稿)》,如获至宝,立即请人把相关部分翻译出来,悉心研究。他仔细阅读马克思的《〈政治经济学批判〉序言》《资本论》和恩格斯的《家庭、私有制和国家的起源》,查找出100多条马克思、恩格斯有关东方古代社会的论述,从而对于"亚细亚生产方式"有了比较全面的理解。1945年8月,他在《中华论坛》第一卷第七、八期合刊发表了《我对"亚细亚生产方法"之答案与世界历史学家商榷》,1946年他在修改《中国古典社会史论》,出版《中国古代社会史》时,主要增加了有关亚细亚生产方式的研究内容,使之成为一部更为完整的并富有理论特色的史学著作。1955年该书再版时定名为《中国古代社会史论》。

侯外庐认为,世界上古文明的发展路径不止一条,有"古典的古代"和"东方的古代"两种平列路径。"古典的古代"即希腊罗马的古代,"东方的古代"即亚细亚生产方式。古代东方国家采取了土地为国家所有的路径,一开始便是大土地所有制。在土地国有制之下,铁器还没有出现便进行了"千耦其耘"的奴役制。也就是说,在青铜器时代便进到文明社会,这不但是早熟,而且在历史上也的确先行了一步。另外,中国的古代从氏族社会走向文明社会,还保留了旧有氏族组织的传统,在氏族血缘关系的基础上建立起国家组织,由此演变成为血缘的宗法制,从而为古代东方国家的起源勾勒了清晰的线索。侯外庐的弟子田昌五说:"吾师对亚细亚生产方式的理解与其说是从马克思和恩格斯的理论导出的,不如说是从中国古代的实际得出的。"①

侯外庐指出,马克思在《政治经济学批判·导论》一文中,认为亚细亚的是指"早熟"的文明"小孩",古典的是指"发育正常"的文明"小孩"。中国学人研究中国历史和文化,要找出自身的特点,不可用西方历史的模式来硬套中国历史。

(2)探讨封建社会土地国有制

在《中国古代社会史论》和《中国封建社会史论》等书中,侯外庐从中国古史资料入手,探讨了古代国家起源和中国封建社会的发展路径,断定中国奴隶制社会起源于殷周之际,其社会特点具有"亚细亚性",而中国封建化的过程在战国末以至秦汉之际,提出著名的"封建土地国有制论",认为"秦汉以来这种土地所有制形式是以一条红线贯串着明清以前全部封建史"。②

侯外庐不同意中国社会实行土地私有制,欧洲中世纪实行土地领主所有制的说法,指出土地所有形式是了解古代东方世界的关键。他认为早在中国古代国家起源之际,就形成了氏族贵族土地公有或称奴隶主贵族土地国有的所有制形态,而没有产生发达的私有制。到战国以后的封建社会,土地所有制依然是国有制,即土地为皇族地主(国家)所有,其他阶层并无所有权,仅有占有权或使用权。侯外庐分析了中国封建社会各主要阶层与土地的结合关系,他把中国封建阶级大体上划分为4个主要阶层:皇族地主、豪族地主(品级性、身份性地主)、庶族地主(非品级性、非身份性地主)以及农民阶级。豪族地主表面上对土地和人民拥有特权,但实际上他们对土地和人民只有"占有权",并无所有权。庶族地主没有基于名分上的土地占有的合法性,也没有土地所有权。农民是直接的生产者而不是所有者,更没有土地所有权。战国公田、秦汉"黔首自实田"、屯田、营田,西晋占田制、北魏至隋唐的均田制,唐代的两税法,明代的一条鞭法,历代的抑制豪强等,都说明土地的国有制。只是到魏晋以后,土地国有制的经营形式更加多样化,包括屯田、占田、户调和均田等。因此,"屯田、占田以至

---

① 《纪念侯外庐文集》,陕西人民出版社1991年版,第189页。
② 侯外庐著:《中国封建社会史论》,人民出版社1979年版,第10页。

均田,是封建社会土地国有制形式的发展,是东方专制主义的秘密"。①

侯外庐从所有权发展史的角度出发,认为只有近代资本主义社会的所有权才是真正的私有权,封建社会没有土地私有权的法律观念,其土地所有制主要是以皇族地主土地所有为形式的国家土地所有制,其他阶层的地主只享有占有权而不是所有权,这是中国封建社会中央集权的经济基础。自明中叶以后土地私有制逐渐产生,才逐渐打破这一现象,而这也预示着资本主义萌芽的产生。

(3) 系统研究中国思想史

抗战胜利后,侯外庐投身于一项巨大的历史研究工作,即主编《中国思想通史》,系统研究中国思想史。《中国思想通史》第一卷(先秦时期)撰著于1946年,1947年出版,署名为侯外庐、杜国庠、赵纪彬。第二卷(秦汉时期)与第三卷(魏晋南北朝时期)完成于上海解放前夕,作者除以上三位,增加了邱汉生先生,1950年出版。中华人民共和国成立后,他继续研究,于1957年完成《中国思想通史》第一、二、三卷的修订增补工作。第四卷(隋唐宋元明时期)是在不适合进行学术研究的1957年至1959年完成的,作者队伍有所扩大,于1960年出版,分上下两册。侯外庐说第四卷"留下了粗糙的痕迹"。第五卷定名为《中国早期启蒙思想史》,1956年出版,内容从明末清初开始,由侯外庐1945年出版的《近世中国思想学说史》补充、修订而成。

中国思想史是中国历史的一个组成部分,是理论化的中国社会思想意识的发展史。中国历史上的政治思想、经济思想、哲学思想、科学思想、法律思想、军事思想等,都是中国思想史的研究对象。在中国思想史的综合研究中,更多是关于哲学思想、道德伦理思想、政治思想的内容。

侯外庐在《中国思想通史》总序中说:"这部中国思想通史是综合了哲学思想、逻辑思想和社会思想在一起编著的,所涉及的范围比较广泛;它论述的内容,由于着重了基础、上层建筑和意识形态的说明,又比较复杂。因此,我们的研究是试探性的,二十余年来我们对这门科学虽然曾用了些工夫,但不敢说对中国民族丰富的遗产做出了科学的总结。这部著作的编写,一方面在很大的范围内是属于开荒的工作,特别是对唯物主义的优良传统应给以足够的注意,另一方面在不少的论题必须对过去唯心主义的研究给以批判,因此,有关重要的问题不得不在新的史料发现与旧的史料厘订方面有必要的征引和考核,特别在

---

① 侯外庐主编:《中国思想通史》第3卷,人民出版社1957年版,第12页。

论证中更须反复探讨,以期根据充分,理由充足。"①

侯外庐的杰出的史学贡献在于用马克思主义观点系统研究中国思想史,他是中国较早用马克思主义观点与方法清理古代思想文化遗产的学者之一,他坚持观点与材料的统一,根据社会存在决定社会意识的原理解释各个历史时期的政治思想与哲学思想,在社会史、思想史领域做了大量开拓性的研究工作。

5. 范文澜

范文澜(1893—1969),字芸台,浙江绍兴人,出身于世代读书的家庭,少入私塾学习,14岁入县高等小学堂,1909年入上海浦东中学堂,1910年转到杭州安定中学堂,1912年毕业。1913年进北京大学文预科,次年考入本科国文学门,受业于著名学者黄侃(字季刚)、陈汉章和刘师培。当时北大校长是蔡元培,文科学长是陈独秀。

《中国通史简编》的作者范文澜

1917年范文澜从北大毕业后,任蔡元培私人秘书。1918年,经许寿裳介绍,到沈阳高等师范学堂任教。1920年到1925年先后在河南省卫辉一中、天津南开中学、南开大学任教。1925年"五卅"运动兴起,范文澜参加了天津游行示威活动。1926年,加入中国共产党,不久失掉联系。1927年,在北京会见李大钊,在北京大学、北京师范大学、北京女子师范大学、中国大学、朝阳大学、中法大学、辅仁大学任教,最忙时每周上课30小时以上。这时,范文澜与中国共产党所领导"教联""左联"、互救会等团体发生联系。1930年9月,阎锡山派兵查抄范文澜住宅,搜出《红旗》等书报文件,指为共产党而逮捕,后经营救获释。暑假后,任北平大学女子文理学院国文系主任。11月,周树人(鲁迅)至北京,在范文澜家与"左联"等团体代表会谈。1933年暑假后,为女子文理学院院长。1934年暑假后,又被反动派逮捕,经蔡元培等人营救获释。1935年,在中法大学任教。1936年,在河南大学任教。

"七七"事变后,在党的领导下,范文澜创办抗战讲习班,亲自上课,积极从

---

① 侯外庐著:《中国思想通史·序》第1卷,人民出版社出版2011年版。

事抗日救亡活动。1938年6月,开封沦陷,他随河南大学转移到鸡公山一带。不久与党组织取得联系,在遂平创办抗日训练班,随新四军在信阳一带开辟游击区,又在第五战区抗敌工作委员会做统战工作,长期奔波于桐柏山中。1939年9月,他在竹沟镇加入中国共产党。1940年1月,到达延安,为马列学院历史研究室主任。1941年,任中央研究院副院长兼历史研究室主任。1943年,在中央宣传部工作。

抗日战争胜利后,范文澜于1946年4月到达晋冀鲁豫边区,任北方大学校长。1947年兼校历史研究室主任。1948年7月,北方大学与华北联合大学合并为华北大学,吴玉章为校长,范文澜为副校长兼研究部主任、历史研究室主任。1949年,随华北大学迁至北京,参加中华全国社会科学工作代表会议筹备会。9月参加中国人民政治协商会议第一届全体会议。

1950年,华北大学历史研究室改为中国科学院中国近代史研究所,范文澜为所长。1951年,中国史学会成立,郭沫若为会长,范文澜为副会长,主持日常事务工作。1954年当选为第一届全国人大代表。1956年,当选为中共第八届中央候补委员。1959年,当选为第二届全国人大代表、政协第三届常务委员。1965年,当选为第三届全国人大常委会委员。1969年,当选为中共第九届中央委员。

范文澜在史学上的主要贡献有:

(1)《中国通史简编》

1940年,范文澜在延安担任马列学院历史研究所主任时,为干部补习文化之用,开始撰写《中国通史简编》。当时拟定"略前详后,全用语体,揭露统治阶级罪恶,显示社会发展法则"作为准绳。1941年出版了上册(上古到五代),1942年出版了中册(宋辽到清中叶),下册只完成鸦片战争到义和团运动部分,题名为《中国近代史》上册。

《中国通史简编》是第一部运用马克思主义观点系统论述中国历史的通史著作,也是范文澜史学研究的代表作,在中国史学史上起到革命性、战斗性的作用。该书一问世,就遭到国民党反动派的严禁。

1949年后,范文澜对该书的缺点作了检查,集中精力对该书进行增订重写,将旧本上册修订扩充为三编四册,共约110万字。修订本第一编(远古到秦统一)于1953年出版,第二编(秦到南北朝)于1957年出版,第三编第一、二册(隋唐五代)于1965年出版,修订本比旧本扩大了4倍。这部著作凝聚着范文澜二十多年的心血,产生了极为广泛的影响。

《中国通史简编》具有开创性的作用,他肯定了劳动人民创造历史,否定了旧史书以帝王将相为历史主角的观点,把阶级斗争理论作为研究历史的基本线索,着重叙述了阶级压迫和阶级反抗。运用社会发展规律分析中国社会,将中国历史划分为原始社会、奴隶社会、封建社会等阶段,把中国封建社会划分为初期、中期、后期三个时期,说明中国社会处于螺旋式发展的过程。重视生产斗争的描述,尤其重视古代的科学成就,证明中华民族有着久远、丰富的创造性,说明中国自秦汉起的长期统一,使汉族形成相当稳定的共同体。强调中国是多民族的统一国家,应平等对待国内各民族,对曾建立过政权的少数民族立专节专章论述。对帝王将相进行科学分析,既承认他们有压迫剥削人民的一面,又充分肯定他们中某些人在一定的历史条件下,确实起了推动历史进步的作用,克服了旧本中一些非历史主义的倾向。

(2)《中国近代史》上册

《中国近代史》上册是研究这段中国近代历史的开创性的著作。全书以毛泽东新民主主义理论为指导,分为上下两编,上编为旧民主主义革命时期,从鸦片战争至五四运动;下编为新民主主义革命时代,五四运动以后。范文澜把旧民主主义革命时期划分为四个阶段:(一)1840—1864 年(鸦片战争、太平天国运动);(二)1864—1895 年(中法战争、中日战争);(三)1895—1905 年(戊戌变法、义和团运动);(四)1905—1919 年(辛亥革命、五四运动)。第一阶段包含反帝反封建两个主要矛盾,而反封建矛盾尤为发展。第二阶段包括国内民族斗争和反帝两个主要矛盾,而反帝矛盾较为突出。第三阶段包括反帝一个主要矛盾。第四阶段包括反封建一个主要矛盾。范文澜虽没有写出旧民主主义革命时期,但却留下了他对中国近代历史的完整看法。

《中国通史简编》和《中国近代史》是第一部运用马克思主义观点系统叙述中国通史的著作。范文澜既懂得马克思主义,又熟谙中国传统文化,能够较好地把马克思主义与中国民族特点结合起来,形成他的独特风格。

吕振羽的《简明中国通史》和范文澜的《中国通史简编》代表了20 世纪 40 年代中国马克思主义通史的最高水平,并为此后的中国通史编写奠定了基础,初步建立起新的中国通史的体系。

(3)主编《中国通史》

1965 年,范文澜在修订完《中国通史简编》前四册后,就计划进一步撰写下去,形成《中国通史》。不幸,他于 1969 年因病逝世。为了完成范文澜未竟之业,近代史研究员蔡美彪主持与所内外有关学者专家合作,开始编著第五册(隋唐)以至第十册这后六册,从 1978 年开始出版,连同范文澜所著前四册,一起定名《中国通史》。至 1991 年,十卷本的《中国通史》全部完成,于 1994 年 10 月由人民出版社全部出齐,实现了范文澜的遗愿。

严耕望曾说近代史学四大家为陈寅恪、钱穆、吕思勉、陈垣。到 20 世纪 40 年代末,郭沫若、吕振羽、范文澜、侯外庐、翦伯赞分别推出的各领风骚的一批新著,形成了中国马克思主义历史学五大家的基本格局,标志着中国已经形成一个代表着历史学发展方向的马克思主义历史学群体。

中国马克思主义历史学五大家,人生道路不同,学术风格不同,对于中国马克思主义历史学的贡献也不尽相同。郭沫若是时代的"弄潮儿",走在时代大潮前面。范文澜、侯外庐侧重于中国马克思主义历史科学体系的建立。吕振羽、翦伯赞结识最早,都富于理论风格,在马克思主义历史理论方面建树颇多。他们的筚路蓝缕之功,在中国马克思主义历史学发展史上,具有重大而深远的意义。

6. 白寿彝

白寿彝(1909—2000),字肇伦,又名哲玛鲁丁,回族,河南开封人。中国现代著名史学家、回族史和伊斯兰教史专家。出生于商人家庭,早年就读于开封市后安德烈学校、上海文治大学、河南中明大学,1929 年考入北平燕京大学国学研究所,攻读中国哲学史。毕业后一度协助顾颉刚的工作,后来担任了禹贡学会和北平研究院历史研究所的编辑。1937 年,参加了顾颉刚组织的考察团,到绥远、宁夏、甘肃等省区进行了民族、宗教、农田水利等方面的考察。

中国现代著名史学家白寿彝

抗战期间,他先在桂林成达师范任教,后在重庆中央大学、南京中央大学、云南大学担任教授,主编和编辑过《盖世报》副刊、《边疆》半月刊、《星星》半月刊、《文讯》月刊等。

中华人民共和国成立以后,白寿彝应聘在北京师范大学任教,长期担任历史系主任、史学研究所所长、古籍研究所所长等职务,直至去世。曾历任中国民盟北京市盟委常委、中国伊斯兰教协会副主任、国务院学位委员会委员、国务院古籍整理规划领导小组成员、国家教委全国高校古籍整理研究工作指导委员会副主任、中国史学会理事、中国教育学会历史分会会长、中国民俗学会会长等。1956年加入中国共产党,连续当选全国人大代表、全国人大常委会委员,是党的十大代表、十三大列席代表。

白寿彝对中国史学研究、伊斯兰教史、回族史以及有关学科领域的研究作出了具有开拓性质的重大贡献。

(1)出版了我国仅有的《中国交通史》

1937年,白寿彝在上海商务印书馆出版了《中国交通史》,作为"中国文化史丛书"第1辑,这是我国第一部也是仅有的一部交通史著作,后被日本文学家牛岛俊作翻译为日文在日本国出版。1987年河南人民出版社予以再版。全书分五篇,分述先秦时代、秦汉时代、隋唐宋时代、元明清时代及现代中国之交通,对于交通路线、交通设施、交通工具、交通管理制度均有考述。

(2)研究伊斯兰教史、回族史

20世纪30年代至40年代,白寿彝先后在《禹贡》《西南边疆》等刊物上发表了一批研究伊斯兰教史和回族史的重要论著,如《从怛逻斯战役说到伊斯兰教之最早华文记载》《宋时大食商人在中国的活动》《元代回教人与回教》《赛赤丁瞻思丁考》《柳州伊斯兰与马雄》《中国回教小史》等。1983年,他将这批著述结集为《中国伊斯兰史存稿》,由宁夏人民出版社出版。

中华人民共和国成立初期,白寿彝参加了由中国史学会主编的"中国近代史资料丛刊"的总编辑工作,并亲自编了《回民起义》全四册,1952年由上海神州国光社出版,是回族史学研究工作者必不可少的一部大型工具书。1952年他与郭沫若等一起参加了中国科学院历史研究所的筹建工作,担任研究员。1958年宁夏回族自治区成立前夕,他主持编写了《回回民族的历史和现状》,是中华人民共和国成立以后第一部全面介绍回族历史和情况的著作。1978年又指导修改了《回族历史》,在宁夏回族自治区成立20周年之际出版。后来,他主编了《回族人物志》,出版了《中国通史纲要》《中国史学》两部重要著作。

白寿彝曾出访过阿尔及利亚、埃及、科威特、日本、苏联、伊朗、伊拉克、叙利亚、巴基斯坦等国家,扩大了我国对外交往,特别是与伊斯兰国家的文化交流。

他治学严谨,精心育人,为我国史学界和教育界培养了大批人才。白寿彝作为著名的历史学家、伊斯兰史和回族史学家、教育家,还为回族民间文学的记录与保存作出了重要贡献。

(3)主编《中国通史》12卷

早在20世纪70年代末,上海人民出版社就约请白寿彝主编多卷本《中国通史》。白寿彝集众多学者之力,穷十余年之功,共完成12卷22册,1400余万字,从1989年至1999年陆续由上海人民出版社出版,每卷首页都写着"中国哲学社会科学六五期间国家重点项目(十年完成)"。这部《中国通史》成为中华人民共和国成立50年来部头最大、水平最高的一部通史著述,代表了中国通史研究的最高水平。

第一卷为导论,白寿彝主编,并亲自撰写了第一章:统一的多民族的历史。第二卷:远古时代,苏秉琦主编;第三卷:上古时代(上、下)徐喜辰、斯维至、杨昭主编;第四卷:中古时代·秦汉时期(上、下),白寿彝、高敏、安作璋、廖德清、施丁主编;第五卷:中古时代·三国两晋南北朝时期(上、下),何兹全、黎虎主编;第六卷:中古时代·隋唐(上、下),史念海、陈光崇主编;第七卷:中古时期·五代辽宋夏金时期(上、下),陈振主编;第八卷:中古时期·元时期(上、下),陈得芝主编;第九卷:中古时期·明时期(上、下),王毓铨主编;第十卷:中古时期·清时期(上、下),周远廉、孙文良主编;第十一卷:近代前编(1840—1919)(上、下),龚书铎主编;第十二卷:近代后编(1919—1949),王桧林、郭大钧、鲁振祥主编。

历史学家戴逸评价说:"白老是老一辈史学家。现已90高龄,可说是鲁殿灵光,岿然屹立,是我们的表率。尤其令我们钦佩的是,以90岁高龄完成《中国通史》巨著。这是一部空前的巨著,是20世纪中国历史学界的压轴之作……它时间跨度最大,从远古时代一直到1949年。它内容最丰富、最全面,也括政治、经济、文化、民族、地理环境、典章制度、科学技术,几乎无所不包。它是真正的通史。"本书的出版也得到了中央负责同志的高度评价。

(三)中华人民共和国成立后17年的成就:"五朵金花"

1949年中华人民共和国成立后,马克思主义成为指导思想,史学界也掀起了一个学习马克思主义的热潮,史学工作者自觉接受唯物史观的理论和方法,使马克思主义史学很快确立在全国的主导地位。

随着主流思想的转变,史学家所关注的课题也有了新的变化。1949年至"文化大革命"前的17年,历史研究在中国古代史分期、中国封建土地所有制形式、中国资本主义萌芽、汉民族的形成、中国封建社会农民战争等问题上,取得了重大成就,被称作"五朵金花"。

中国古代史分期问题,即对中国奴隶社会与封建社会分期的讨论,是20世纪30年代中国社会史论战的延续,形成了百家争鸣的局面。其中影响较大的有以郭沫若等为代表的战国封建说,以范文澜、翦伯赞等为代表的西周封建说,以尚钺、王仲荦、何兹全等为代表的魏晋封建说,以李亚农为代表的春秋封建说,以金景芳为代表的秦统一封建说,以侯外庐为代表的西汉封建说,以周谷城为代表的东汉封建说等。讨论的主要文章收集在《历史研究》编辑部所编《中国的奴隶制与封建制分期问题论文选集》、《文史哲》编辑委员会所编《中国古史分期问题论丛》、江西省历史学会所编《中国古代史分期问题讨论集》中。

中国封建土地所有制形式问题在1949年前也有讨论,1949年后又进行了热烈的探讨,形成了以侯外庐、贺昌群等为代表的封建土地国有制主导论,以胡如雷、杨志玖等为代表的封建土地私有制主导论等不同的观点。讨论情况集中反映在南开大学所编《中国封建社会土地所有制形式问题讨论集》上下册、《历史研究》编辑部所编《中国历代土地制度问题讨论集》中。

中国资本主义萌芽问题的讨论是20世纪50年代随着"红楼梦"的讨论而逐渐展开的。参加讨论的学者绝大多数肯定中国封建社会中存在着资本主义的萌芽,但对什么是资本主义萌芽和中国资本主义萌芽出现的时间存在着不同的看法。关于中国资本主义萌芽出现的时间有唐代、宋代、元代、明代、清代等说法,但大多数学者主张明清萌芽说,而且多数学者都把萌芽开始时间定在明代中叶。这一讨论情况比较集中地反映在中国人民大学中国史教研室所编《中国资本主义萌芽问题讨论集》上下册、南京大学中国历史教研室所编《中国资本主义萌芽问题讨论集》续集中。

中国封建社会农民战争问题的讨论更为热烈,在中华人民共和国成立后17年中,出版了100多种论著,发表了3000余篇讨论文章,涉及农民战争发生的起因及其终归失败的原因,农民战争的性质、特色和作用,农民政权的性质,农民战争与民族斗争的关系等方面问题。随着讨论的深入,又引出了更加具体的问题,如皇权主义与平均主义思想,宗教对中国农民战争的影响以及封建政权的"让步政策"与"反攻倒算"等,使关于中国农民战争史的研究成为当时的热点。这方面比较重要的论著有赵俪生、高昭一的《中国农民战争史论文集》、孙祚民的《中国农民战争问题探索》等。

1954年,范文澜在《历史研究》第3期发表《试论中国自秦汉时代成为统一国家的原因》一文,认为汉民族在秦汉之际已经形成,但没有在近代转化为资产阶级民族,五四运动和中国共产党成立以后汉民族才逐渐形成为社会主义民族。范文澜的观点引起了许多异议,从而使汉民族形成问题也成为20世纪50年代中期以后史学界讨论的热点之一。学者们围绕着汉民族的特征及其形成过程、"民族"一词的译名,以及中国历史上民族关系的主流、判断民族战争性质的准则、民族间的"和亲"、中国古代民族政权的性质等问题发表了各自的看法。

中华人民共和国成立后至"文化大革命"前17年的中国历史的研究,虽然围绕上述重大问题而展开的,但并不完全局限在这些问题上。从中国古代通史和专门通史方面来看,除了范文澜主编的《中国通史简编》修订本、郭沫若主编的《中国史稿》、翦伯赞主编的《中国史纲要》、吕振羽的《简明中国通史》修订本、侯外庐的《中国思想通史》外,还有尚钺主编的《中国历史纲要》、杨向奎的《中国古代社会与古代思想研究》、严中平的《中国棉纺织史稿》、彭信威的《中国货币史》、王毓铨的《我国古代货币的起源和发展》、杨荣国的《中国古代思想史》等。

17年中国历史研究的成绩是巨大的,但也存在着许多不足和失误,如简单化、公式化的教条主义毛病;研究视野过于狭窄,课题过于单调,没有重视文化史、社会史等领域;在运用阶级分析方法时,有"贴标签"和非历史主义的倾向;庸俗化地理解阶级斗争的历史作用,把农民战争说成是封建社会历史发展的唯一动力;对我国古代的史学遗产更多地强调批判而忽视继承,对西方资产阶级史学理论、方法和学术成果缺乏了解又盲目排斥等。产生这些不足和失误的原因,既有史学工作者对马克思主义理论的片面性理解,也有历次政治运动和"左"倾思想对史学发展的直接干扰和影响。

(四)新中国历史学的曲折与转机

从20世纪50年代后期起,随着指导思想上日益"左"倾,理论日益僵化,历史研究也日益政治化。1957年的反右派斗争,1958年在一些高校和研究机构开展资产阶级学术批判运动,1960年全国又掀起了批判"修正主义"运动。在这些政治运动中,混淆了政治与学术的界线,一些本来属于学术范畴的不同意见遭到了粗暴的政治批判,助长了教条主义和"打棍子"风气的发展,使历史研究的政治化倾向日益严重。

1966年至1976年"文化大革命"期间,历史研究完全从属了政治斗争的需要。1965年11月姚文元在《文汇报》上发表《评新编历史剧〈海瑞罢官〉》,指责吴晗支持"右倾机会主义分子重新上台执政,为地富反坏右的反革命复辟开路"。接着,"四人帮"在《红旗》杂志上点名批判了邓拓、吴晗、翦伯赞等著名历史学家,使他们首先成为被迫害的对象。十年中,一大批史学家遭到残酷斗争,有的含冤去世。历史研究成为政治斗争的工具,"影射史学"盛行一时,滥用比附、影射手法,借口政治需要而任意涂抹历史,以古化今、以古射今,使史学失去了它的严肃意义和科学价值。

1976年10月,"四人帮"被粉碎后,"影射史学"得到清算。1978年12月党的十一届三中全会全面纠正"左"的错误,开始了现代化建设的新时期,中国历史的研究也迎来春天。

(五)改革开放后历史研究的繁荣

1978年改革开放后,中国的历史学研究开始复苏,历史学界对马克思主义理论的理解和运用逐渐摆脱了简单化和公式化的毛病,强调研究工作要从历史事实而不是从概念和原则出发;研究领域多方面拓宽,研究课题更加贴近现实和注重学科的生长点;重视中外历史的比较研究,借鉴西方近现代的史学理论和方法;一些传统的历史观念和认识受到了挑战,对不少历史人物和历史事件重新评价;涌现了一批中青年史学工作者,史学队伍出现了新的力量。

这一时期,撰写和出版了一批具有重大学术价值的中国通史著作,是中国通史著述最为繁荣的时期。如范文澜主编、蔡美彪续编的《中国通史》10卷本,白寿彝任总主编的《中国通史》12卷本,郭沫若主编的《中国史稿》、翦伯赞主编的《中国史纲要》、尚钺主编的《中国历史纲要》等先后经修订重版。另外,高校中国古代史、近代史、现代史和中国通史的研究和课程日益增多。

政治史研究不再局限于农民战争史,政治制度史和军事制度史成为新的关注重点。其代表性的成果有白钢主编的多卷本《中国政治制度通史》,陈高华、钱海皓任总主编的多卷本《中国军事制度史》等。

经济史研究得到全方位发展,获得了丰硕成果。学者对中国封建社会长期延续、中国封建社会经济结构、小农经济、商品经济和传统市场等问题展开讨论,实际上是对传统经济的特点及其现代化道路作全面的认识。代表性著作有周自强、林甘泉、高敏、宁可、漆侠、陈高华、刘重日、方行等任分卷主编的《中国经济通史》(9卷本),宁可主编的《中国经济发展史》(5册),孙健主编的《中国经济发展通史》(3册),胡如雷的《中国封建社会形态研究》,傅筑夫的《中国封建社会经济史》(4卷本)等;中国古代经济专题史研究的代表性著作有:林甘泉主编的《中国封建土地制度史》(第1卷),赵俪生的《中国土地制度史》,梁方仲的《中国历代户口、田地、田赋统计》,葛剑雄主编的《中国移民史》,郑学檬主编的《中国赋役制度史》,王成柏的《中国赋税思想史》,赵靖主编的《中国经济思想通史》,龙登高的《中国传统市场发展史》,钟兴永的《中国集市贸易发展简史》等;中国古代经济部门史研究的代表性著作有:梁家勉主编的《中国农业科学技术史稿》,游修龄的《中国稻作史》,吴慧的《中国历代亩产研究》,郭正忠的《中国盐业史·古代编》,范金民的《江南丝绸史研究》,杨宽的《中国古代冶铁技术发展史》,潘吉星的《中国造纸技术史稿》,冯先铭等的《中国陶瓷史》,吴慧主编的《中国商业史》(4卷本),张海鹏主编的《中国十大商帮》等。

  文化史是新时期最早引人注目的热门研究领域。学术界对中国文化的认识有了明显提高,完成了一批高水平的科研成果。文化通史类代表性的专著有萧克任编委会主任的《中国文化通志》(100卷),张岱年、方克立主编的《中国文化概论》,冯天瑜、周积明的《中国文化史》,谭家健主编的《中国文化史概要》等。中国文化史的专题研究更是成果斐然,主要有国际文化出版公司出版的"蓦然回首丛书"、上海古籍出版社出版的"中国古代生活文化丛书"、陕西人民出版社出版的"中国风俗丛书"、中共中央党校出版社出版的"中国文化史知识丛书"、新华出版社出版的"神州文化丛书"、三联书店上海分店出版的"中华本土文化丛书"、吉林教育出版社出版的"中国政治文化丛书"、中国社会科学出版社出版的"江湖文化丛书"、上海人民出版社出版的"中国文化史丛书"等。

  社会史也是新时期兴起的一个热门研究领域。社会史作为历史学的一个分支学科的地位得到了学术界的承认,受到人们的重视。代表性的专著有龚书铎任总主编的《中国社会通史》(8卷本),中国社科院历史所组织编写的多卷本《中国社会生活史》,冯尔康主编的《中国社会结构的演变》,沈从文的《中国古代服饰研究》等。另外还出版了一系列的社会史研究丛书。

  区域史研究在新时期受到高度重视,徽学和边疆史地研究成为发展较快的两个分支学科。20世纪80年代后,徽学逐渐成为以徽州地区社会经济文化为主要研究对象的专门研究领域,出版了《明清徽州社会经济资料丛编》《徽州千年契约文书》《明清徽商资料选编》等重要资料集,以及叶显恩的《明清徽州农村社会与佃仆制》、张海鹏等主编的《徽商研究》、王世华的《富甲一方的徽商》、李琳琦的《徽商与明清徽州教育》等一系列专著。边疆史地研究出版了5套丛书、丛刊,即由中国社会科学出版社出版的"中国边疆史地研究丛书"、黑龙江教育出版社出版的"边疆史地丛书"、社会科学文献出版社出版的"中国边疆史地文库",以及由多家出版社出版的"中国边疆史地研究资料丛书"和"中国边疆史地资料丛刊"等。

思想史和史学史研究也取得了新成果。代表性著作有任继愈的《中国哲学史》,侯外庐、邱汉生、张岂之主编的《宋明理学史》,卢钟锋的《中国传统学术史》,陈祖武的《中国学案史》,任继愈主编的《中国佛教史》,郭朋的《中国佛教思想史》,卿希泰的《中国道教思想史纲》等。史学史方面的著作有尹达主编的《中国史学发展史》,白寿彝的《中国史学史》,陈清泉、苏双碧等编的《中国史学家评传》,瞿林东的《中国史学史纲》,吴寿祺主编的《中国史学思想史》等。

一百年来中国历史研究的历程,是一条曲折的但却不断前进的历程,中国史学从传统走向近现代是一个不可遏止的趋势。中国史学在历史观上,从朴素的唯物观点和朴素的进化观点发展到近代进化论,又从近代进化论发展到马克思主义唯物史观。马克思主义史学要不断革新、前进,才能焕发出旺盛的生命力。

第四章 解构与历史的未来

一、历史哲学:从思辨走向批判

英国历史学家柯林伍德说,在20世纪以前,西方的历史哲学大体都可归之为思辨的历史哲学范围。此后,西方历史哲学发展的趋势是从思辨的历史哲学走向批判的和分析的历史哲学。

1951年,英国著名历史哲学家威廉·沃尔什(William H. Walsh, 1913—1986)在《历史哲学导论》中,提出了"思辨的历史哲学"和"批判的分析的历史哲学"两个术语,对近世以来的历史哲学进行了概括。[①]此后,美国历史哲学家威廉德雷进一步对思辨的历史哲学和批判的分析的历史哲学作了区分,提出"思辨的历史哲学试图在历史中(在事件的过程中)发现一种超出一般历史学家视野之外的模式或意义;而分析的批判的历史哲学则致力于弄清历史学家自身研究的性质,其目的在于划定历史研究在知识地图上所应占的地盘"。[②]思辨的历史哲学是对人类社会发展本身的反思,批判(分析)的历史哲学是对历史认识发展的反思。思辨的历史哲学是批判的历史哲学的基石,没有前者的存在,后者便成为无根之木、无源之水。

严格说来,从历史学发展为历史哲学——思辨的历史哲学,是从18世纪意大利史学家维柯开始的。到19世纪,思辨的历史哲学有了长足的发展,出现了孔德、康德、黑格尔等为代表的"思辨的历史哲学"流派。

孔德指出人类历史的阶段发展经历神学(虚构)阶段,形而上学(抽象)阶段和科学(实证)阶段。孔德的实证主义推崇科学方法的万能,他对人类历史进化的概括,继承了启蒙思想家所开启的历史哲学传统,认为历史必然进步,而且还会遵循一定的规律。康德于1784年写成《世界公民观点之下的普遍历史观

---

① [英]沃尔什著:《历史哲学导论》,何兆武、张文杰译,北京大学出版社2008年版。
② [美]威廉德雷著:《历史哲学》,王炜、尚新建译,三联书店1988年版,第1—2页。

念》一书,指出"人类历史大体上可以视为一幕大自然隐蔽的计划的实现"。因此,人类历史就是同时具有合目的性和合规律性的两重性。黑格尔是思辨历史哲学的典型人物,他认为绝对精神是世界历史的主宰,实现自由的过程必然要经过古代东方、希腊—罗马、基督教的日耳曼人统治下的中世纪、15—16世纪的君主立宪制的建立和宗教改革才能完成,到了普鲁士国家时"世界精神已经达到了顶点"。世界历史就是在这样的意识中发展着,研究精神意味着研究历史,历史只不过是精神的产物。

20世纪初,斯宾格勒和汤因比确立的文化形态学,是由思辨的哲学体系重构人类文明宏观图式的尝试,也是最后一次尝试。一般认为,斯宾格勒的《西方的没落》是由思辨的历史哲学走向"批判的历史哲学"的过渡,汤因比的《历史研究》则是思辨的历史哲学的终结。

思辨的历史学家试图在一大堆杂乱无章的历史事实中找出理性的原则、规律和意义,用哲学的思辨来把握客观的历史进程,注重对历史规律的探寻,强调历史的不可逆转和不以人的意志转移的内在必然性,寻求一种具有永恒的普遍适用的历史规则,确实具有撼人心弦的责任感。但是,他们通常都带有浓厚的形而上学的观念,缺乏严密的体系建构和概念推演,对于历史的解释常常表现出对历史实在的偏离。面对纷繁复杂的世界和人生,思辨的历史哲学已经式微,批判的分析的历史哲学得以兴起和发展。

批判的分析的历史哲学产生于19世纪末。1874年,英国唯心派布莱德雷《批判历史学的前提》一书问世,通常被认为是批判的分析的历史哲学的开端。早期代表是德国新康德主义西南学派的文德尔班、李凯尔特以及历史学家狄尔泰。二战以后,批判的分析的历史哲学在西方兴盛一时。由于新黑格尔主义者意大利克罗齐与英国柯林伍德等人的努力,推动了批判的历史哲学的发展。

批判的分析的历史哲学主要围绕着两个问题展开,历史学能否像自然科学那样通过揭示历史发展的因果必然规律来解释社会历史现象,历史学能否真实地揭示客观的历史过程。批判的分析的历史哲学强调历史认识主体的能动作用,揭示历史认识与认识主体、现实生活的内在统一。所注重的已不是历史实在及其运动过程,而是人们对历史认识和这种认识的能力与过程,或者说,是对历史的假设前提、思想认识和方法的重新分析和批判。

由于批判的分析的历史哲学的唯心主义属性,它不能回答历史有无规律和历史本体论的根本问题,也难以取代马克思历史唯物主义的地位,在20世纪70

年代以后,批判的分析的历史哲学受到存在主义的历史哲学、结构主义的历史哲学的冲击,尤其是后现代主义取向的历史哲学的兴起,强烈冲击着批判的分析的历史哲学,并成为西方的主流。

二、后现代主义的兴起

后现代主义是 20 世纪 70 年代在西方出现的哲学和思想潮流,它深受尼采、弗洛伊德的影响,表现出深刻的怀疑主义和反本质主义倾向,其本质在于"重释"、批判"现代性",它是对起源于希腊的西方形而上学和欧洲文艺复兴以来理性主义的反思、质疑和批判。

后现代主义的英文是 post-modernism,前缀"后"(post)一词在英语中有双关性,一是指"不"(not),表"否定",二是指"高于"(hyper),表"超越"。基于对"后"的不同理解,后现代主义哲学家可分为两派,一是"激进的后现代主义",主要代表人物是法国的德里达(Derrida, 1930—

美国当代最具影响力的思想家理查德·罗蒂

2004)、福柯(Foucault, 1926—1984)、利奥塔(Lyotard)、德鲁兹(Deleuze),美国的费耶阿本德(Feyerabend, 1924—1994)等,其基本观点可概括为"反现代主义",主要特征是否定性。二是"建设性的后现代主义",主要代表人物是美国的罗蒂(Richard Rorty, 1931—2007)、霍伊(Hoy)、格里芬(Griffin)等,其基本观点可概括为"超越现代主义",主要特征在于建设性。

后现代主义是相对于现代主义而言的。现代主义是现代工业发展、现代社会成熟的理论成果;后现代主义是后工业社会、后现代社会或曰信息社会发展形成的思想结晶。

从启蒙运动开始,科学技术迅速发展,工业革命朝气蓬勃,资本主义急剧扩张,历史进步的脚步突然加快。但是,并非所有的人们都对历史进步抱有信心,都对未来怀有希望。以 20 世纪两次世界大战为代表,使人们对现代化的怀疑提供了充分的理由。战争、冷战、环境污染、资源枯竭、核威胁、人口膨胀等构成了一幅阴暗的画面。这幅图画足以使人们对历史进步的观念产生怀疑,对人类未来失去信心。后现代主义就是在这样的背景下产生的。后现代主义以一种反乌托邦的形式构想了乌托邦,以一种反希望的形式构想了希望,以一种反伦理的形式构想了伦理,以一种反上帝的形式构想了天堂。

后现代主义没有统一的思维范式和理论框架,其基本思想有:

1. 反对基础主义(foundationalism)

后现代哲学家认为,传统哲学和现代哲学都建立在基础主义之上。所谓基础主义,是指一切认为人类知识和文化都必须有某种可靠的理论基础的学说。这种基础是由一些不证自明、具有终极真理意义的观念或概念构成的。后现代哲学家对基础主义展开批判:一个层面是反对形而上学。他们认为,现代哲学反对前现代哲学是用"理性"取代了"信仰",用"人"取代了"上帝",但形而上学的思维范式并没有改变。后现代哲学家认为,没有任何东西可以是不证自明的,没有"第一原理",也没有先验的假设。另一个层面是反对传统的哲学框架和等级体系。后现代哲学家认为,传统的哲学框架和体系是"宏大叙事"(grand narrative)和"元叙事"(metanarrative),它所带来的是"权威话语"(discourse)和"现代性神话"。而实际上,每个人认识世界的角度是不同的,因而对世界的解释是无限的,意义是多元的;知识和真理不是以表象为基础,而是相对于语境而言的。后现代主义主张用小型叙事(mininarrative)来取代宏大叙事。

2. 反对理性主义

欧洲启蒙运动以来关于普遍理性和历史进步的理念为两次世界大战和当代科技革命的恶果所粉碎,人们开始对理性主义本身产生了质疑:理性极度膨胀,个体的人却被消解了;科技快速发展,人文世界却趋向僵化窒息。一股反理性的思潮伴随着理性主义的极度膨胀而悄然兴起,它反对附加在理性之上的先验性与绝对性,否定认识的确定性和客观性,否定价值的普遍性与客观性,否定历史的规律性和进步性,认为传统理性主义所追求的绝对真理和终极价值都是虚妄的。

后现代主义认为,以往的反理性主义者是以理性的方式来建构非理性,是一种设定了"在场"的形而上学,设定了世界和人的某种本质、或意志、或本能、或存在、或情绪,仍然没有摆脱理性的制约。也就是说,以往的反理性主义者在反理性问题上还不够彻底。后现代主义者以功能性的非理性,即否定、消解、摧毁、颠覆等功能性的因素,代替了以往反理性主义者实体性的非理性,即本能、意志、存在(此在)等实体性的因素,因而是更彻底的反理性主义。

3. 反对主体性

西方自笛卡尔的"我思故我在"开始,确立了理性的优先权,"主体"逐渐堂而皇之地成为"人"这个概念的基础,进而主体成为客体世界的中心,人成为历史的中心。后现代主义认为,每种生物都有存在的价值,人只是"存在"的邻居,而不是"存在"的中心,不应把人放在万物之上;主体性和人道主义导致了人类中心论,人与自然万物不再是和平相处的关系,而变成了"主仆"关系。主体性在给人类带来物质文明的同时,也严重威胁着人类自身的生存。

后现代哲学家高扬反主体性的大旗,主张人不能只为了自己的利益而机械地操纵世界,应对世界怀有发自内心的爱。福柯说,尼采说"上帝死了",宣布了权威和迷信时代的结束,"我说'人死了'",来宣告人类中心论的结束。后现代主义消解了那种具有神圣性的绝对主体,而将主体还原为日常生活中的凡人、"他者",即现代社会所塑造的而又被遗忘的"边缘者""被忽略者""非中心者"和"被剥夺权力者",通过他们的"话语"去对这个世界做出自己独特的陈述。现代人统治和占有的欲望在后现代主义那里,被一种联合的快乐和顺其自然的愿望所代替。

4. 反对"权威话语"(authoritative discourse)

根据后现代"话语理论","话语"不同于"语言",语言是纯形式的,而话语则是形式与内容的结合,是体现在语言中的意识形态。后现代主义认为,一切现象都是依照一定符号和规则建立起来的话语文本(text),"文本即一切,文本之外别无他物"(德里达语);现代性为权威尤其是"知识权威"奠定了坚实的基础,整个现代社会可以说是专家的"知识权力"和"话语阐释权"的世界。专家具有阐释世界的权力;他们对世界的阐释就是"权威话语",是"唯一正确的解释"和"独一无二的真理"。

在史学研究领域,后现代主义对现代主义史学的冲击主要表现在以下两个方面:

第一是历史研究兴趣的转移。现代主义历史研究以揭示历史演变的大趋势为目的,即历史的发展进步论;以中心、精英为主要研究对象,即西方社会中心论、西方精英史学、西方民族国家史学等。法国后现代主义思想家福柯认为,历史研究则以打破历史一线进化、注重非中心、非精英和非理性的活动为主要特点,20世纪60年代以来西方史学界社会史研究的兴起就是其最为显著的标志。

第二是对历史认识论的根本颠覆。现代主义的史学认识论以客观现实为基础,倡导"科学史学""客观史学"等。后现代主义则通过"话语的转折""语言学的转折"等理论,对现代主义史学的"科学性""客观性"加以否定,重新界定了历史研究的性质和意义,重新区分了历史学和其他学科的关系。

对中国史学来说,20世纪是中国史学界全盘接受西方现代主义史学理论并取得巨大成就的世纪。进入21世纪,我们如何总结20世纪的史学遗产,如何辩证地把握运用后现代主义史学理论,以推进中国史学在21世纪健康发展,是我们面临的不可回避的重大课题。

三、解构与历史的未来

法国有两个后现代主义大师,一个是米歇尔·福柯(Michel Foucault, 1926—1984),一个是雅克·德里达(Jacques Derrida, 1930—2004)。如果说福柯的话语分析是后现代主义者从外在形式逆向探讨内心世界的话,德里达的解构理论就是从内核裂变来重构和认识外部世界。

1. 福柯的话语分析

米歇尔·福柯发明了话语分析,话语是福柯话语理论中的一个核心概念。抓住了这个概念就等于抓住了打开福柯理论大门的一把钥匙。福柯一生著书颇丰,涵盖了政治、文学、哲学、医学、性学、历史学、语言学、心理学、精神病学等诸领域。

法国后现代主义大师福柯

不论福柯关注什么问题,他所依赖的或所发现的都是话语。从狭义上说,我们一般把话语理解为"语言的形式",而从广义上来理解,话语则涵盖了"文化生活的所有形式和范畴",在他的话语理论的奠基作《知识考古学》中,话语这个术语被福柯定义为"隶属于同一的形成系统的陈述整体"。

话语是自我显示存在的特有方式,然而,话语并不像一般的语言符号,有着明确具体的指向。人类生活中有太多难以言传的心情、事物和现象,所有这些都增加了话语读解的歧义和乐趣。文本是从社会性杂语中采撷的各种言语体裁的话语在艺术中的再现。文本与话语是有区别的,文本是固定了的话语,而话语则在文本生成过程中变动不居。也就是说,话语是动态的,具有延异性。各种价值通过创作活动而付诸表现,各项差异随之汇集成一个充满张力的复合体。

福柯的话语理论不是单一维度,而是一个话语系统。这个话语系统是由知识话语、权力话语、生命话语三个维度共同构成的。知识话语关注的是真理自身形成的问题,权力话语关注的是整体社会关系的规则问题,生命话语关注的是经验主体建构理想的问题。

福柯认为,人们第一个要思考的问题是"谁在说话",在全体说话的主体中间,必须检查出谁具有使用一种特别话语的能力。话语作为个人的一种社会行为,代表个人参与社会交往,必然体现说话者的立场、价值观和世界观。文本的话语不仅由历史时代、文化语境给出编码的规则,而且要经过作家主体意识的过滤、选择和重组。

话语是间断的、偶然的和有形的特殊事件系列,作为一种具有自身的连贯和前后相继形式的实证性实践,话语既不同于线性的言语或书写,也不同于流变的意识。而话语事件的前后连贯和相继出现就意味着认可间断、断裂、散布、界限和转换的存在,否定了事件一成不变的线性的连续性。

2. 德里达的解构主义

什么叫"解构",单从字面理解,"解"字意为"解开、分解、拆卸","构"字则为"结构、构成"之意。两字合在一起,引申为"解开之后再构成"。"解构主义"(Deconstruction)一词正式出现在哲学范畴内,是1966年德里达在美国约翰·霍普金斯大学人文研究中心组织的学术会议上的讲演中。

法国解构主义大师德里达

当时,36岁的德里达把矛头指向结构主义,对西方几千年来所崇拜的确信无疑的真理、思想、理性、意义等打上问号。德里达的《文字语言学》《声音与现象》《书写与差异》三部书的出版,宣告解构主义的确立。为了有助于理解"解构主义",必须对"结构主义"作以介绍。

结构主义是20世纪前中期有着重大影响的一种哲学思想。按照《中国大百科全书·哲学卷》的解释,结构主义所说的结构指的是"事物系统的诸要素所固有的相对稳定的组织方式或联结方式"。结构主义强调相对的稳定性、有序性和确定性。然而结构主义的问题是,没有任何结构是一成不变的,结构的稳定性是不存在的。如人们欣赏一部文学作品,每个人会有不同的理解和联想,这样作品的静止结构在读者的欣赏中变成了运动变化的东西。德里达从这种观点出发,指出语言系统的能指与所指是有偏颇的,是脱节的。正所谓书不尽言,言不尽意。因而,他开启了一个解构主义的时代。认为传统的形而上学的一切领域,一切固有的确定性,所有的既定界线、概念、范畴、等级制度,在他看来都是应该被推翻的。

解构本身是一个后现代的行为,不是批判,因为批判是一种现代主义的思维方式,而解构是后现代的一种概念、一种理论和思维方式。比如人们在室内设计的不断创新与涉猎中,解构主义运用散乱、残缺、突变、动势、奇绝等各种手段创造室内空间形态,对传统功能与形式的对立统一关系转向两者叠加、交叉以并列,用分解、组合的形式表现时间的非延续性,以此迎合人们渴望新、奇、特等刺激的口味,同时满足人们日益高涨的对个性、自由的追求。

德里达认为,西方形而上学的传统是一种逻各斯(原则、规律或本质)中心主义(logocentrism),认为存在着一个关于世界的客观真理,而科学和哲学的目的就在于认识这种真理。中心主义的实质就是假定存在着一个静态的封闭体,它具有某种结构或中心,它有各种各样的名称,如理念、实体、上帝等。这种思想在西方哲学中一直处于主流并封闭着人们的思想,它是"理性的霸权",使人们在把握世界时以牺牲事物的丰富性为代价。德里达主张用"分延"和"异质"来消解这样的中心和结构。

现代哲学认为,"言语"优于"书写",而"书写"是低一层次的。因为"言语"更能准确地表达"作者"的思想,而"书写"则在我们和我们想理解的意义之间塞入了"文字"这样一个附加符号。德里达认为这是一种"语言中心主义""声音中心主义"。他说,"言语"不过是从"能指"到"所指"的游戏,它具有不确定性和模糊性。而"书写"则比言语更能反映符号"不在场"的本质,因而"书写"比"言语"更具有优越性。德里达通过颠倒"言语"与"书写"的等级关系消解了"语言中心主义",从而也进一步颠覆了建筑在原有语言结构之上的传统形而上学理论。

随着爱因斯坦的相对论、测不准定理及宇宙大爆炸理论的出现,人类渐渐明白到科学也有其不确定性,并且认为科学并不能解决一切问题。现代主义的动摇,也就引起后现代主义的崛起。后现代主义就是指现代的后期,是一种对现代表达方式、思维方式以及价值观的颠覆和反叛。

　　后现代主义者认为,后现代主义不是现代主义的终结,而是现代主义的新生。西方后现代主义最为喧闹的场所并不在哲学领域,但其基本主张、基本特征归纳起来却是一些哲学上的口号或命题,比如反表象主义、反本质主义、反基础主义、反逻各斯中心主义、反西方文化中心的浮士德传统等。它反对把科学认知方式当成哲学思维的样板,反对把丰富多彩的世界还原为一种基质,反对用僵化的思维模式解决不同性质的问题,反对在宇宙和人类中预设中心。后现代主义者提倡的理念、思维方式和话语结构,为我们破解今天的史学危机、重构中国史学框架和体系,从浩繁的历史中求解出人类的密码和真知,并为人类的未来走向提示路径,都具有不可估量的作用。

参考文献

一、图书

1. 马克思恩格斯列宁斯大林论历史科学[M].北京:人民出版社,1980.
2. 李大钊选集[M].北京:人民出版社,1984.
3. 蔡和森文集[M],北京:人民出版社,1980.
4. 蔡和森的十二篇文章[M],北京:人民出版社,1980.
5. 李达文集(1)[M],北京:人民出版社,1980.
6. 何干之文集(1)[M].北京:人民出版社,1993.
7. 中共中央文件选集(4)[M].北京:中央党校出版社,1989.
8. [古希腊]希罗多德.历史[M].王嘉隽,译.北京:商务印书馆,1957.
9. [古希腊]亚里士多德.诗学[M],陈中梅,译.北京:商务印书馆,2002.
10. [意]维柯.新科学[M].朱光潜,译.北京:人民文学出版,1986.
11. [法]伏尔泰.风俗论[M].梁守锵,译.北京:商务印书馆,1995.
12. [德]黑格尔.哲学史演讲录(1)[M].贺麟,王太庆,译.北京:商务印书馆,1983.
13. [法]斯特劳斯.野性的思维[M].李幼蒸,译.北京:人民大学出版社,2006.
14. [瑞士]皮亚杰.人文科学认识论[M].郑文斌,译.北京:中央编译出版社,1999.
15. [英]约翰·托什.史学导论[M].吴英,译.北京:北京大学出版社,2007.
16. [英]罗素.论历史[M].何兆武,肖巍,张文杰,等译.桂林:广西师范大学出版社,2001.
17. [法]费尔南·布罗代尔.论历史[M].刘北成,周立红,译.北京:北京大学出版社,2008.

18.[英]埃里克·霍布斯鲍姆.史学家:历史神话的终结[M].马骏亚,郭英建,译.上海:上海人民出版社,2002.

19.[美]唐纳德·R.凯利.多面的历史[M].何兆武,译.上海:三联书店,2003.

20.[美]J.W.汤普森.历史著作史(上)[M].谢德风,译,北京:商务印书馆,1988.

21.[英]卡尔.历史是什么[M].陈恒,译.北京:商务印书馆,2007.

22.[德]孔德.论实证精神[M].黄建华,译.北京:商务印书馆,1996.

23.[英]古奇.十九世纪历史学与历史学家(上)[M].耿淡如,译.北京:商务印书馆,1989.

24.[法]布洛赫.为历史学辩护[M].张和声,译.上海:上海社会科学出版社1992年。

25.[德]卡岑巴赫.赫尔德传[M].伍立,译.北京:商务印书馆,1993.

26.[英]巴勒克拉夫.当代史学主要趋势[M].杨豫,译,上海:上海译文出版社,1987.

27.[法]布罗代尔[M].地中海与菲利普二世时期的地中海世界[M].唐家龙,曾培耿,译.北京:商务印书馆,1996.

28.[法]勒高夫.新史学[M].姚蒙,译.上海:上海译文出版社,1989.

29.[德]斯宾格勒.西方的没落[M].吴琼,译.上海:三联书店,2006.

30.[英]阿诺德·汤因比.历史研究[M].曹未风,等译.上海:上海人民出版社,1986.

31.[英]汤因比,[日]池田大作.展望二十一世纪[M].荀春生,朱继征,陈国栋,等译.北京:国际文化出版公司,1985.

32.[英]阿诺德·汤因比.文明经受着考验[M].沈辉,等译.杭州:浙江人民出版社,1988.

33.[美]鲁滨逊.新史学[M].齐思和,译.北京:商务印书馆,1964.

34.[意]克罗齐.历史学的理论和实际[M].傅仁敢,译.北京:商务印书馆,1982.

35.[英]柯林伍德.历史的观念[M].何兆武,译.北京:中国社会科学出版社,1986.

36. [荷]约翰·赫伊津哈.中世纪的衰落[M].刘军,译,北京:中国美术学院出版社,1997.

37. 田汝康,金重远.现代西方史学流派文选[M].上海:上海人民出版社,1982.

38. 洪谦.西方现代资产阶级哲学论著选辑[M].北京:商务印书馆,1964.

39. [汉]司马迁.史记[M].北京:中华书局,1982.

40. [汉]班固.汉书[M].北京:中华书局,1962.

41. [唐]刘知幾.史通[M].北京:中华书局,1980.

42. [宋]司马光.资治通鉴[M].北京:中华书局,1956.

43. [清]章学诚著:《文史通义》[M].北京:中华书局,1985.

44. 梁启超.中国历史研究法[M].上海:上海古籍出版社,1987.

45. 梁启超.中国历史研究法补编[M].上海:商务印书馆,1930.

46. 章炳麟.章太炎全集(4)[M].上海:上海人民出版社,1985.

47. 章炳麟.章太炎政论选集[M].北京:中华书局,1977.

48. 冯友兰.中国哲学史补[M].上海:商务印书馆,1936.

49. 朱光潜.朱光潜全集(4)[M].合肥:安徽教育出版社,1988.

50. 朱本源.历史学理论与方法[M].北京:人民出版社,2007.

51. 葛剑雄.历史学是什么[M].北京:北京大学出版社,2005.

52. 张广智.克丽奥之路—历史长河中的西方史学[M].上海:复旦大学出版社,1989.

53. 张广智.西方史学史[M].上海:复旦大学出版社,2006.

54. 瞿林东.中国史学史纲[M].北京:北京出版社,1999.

55. 姜义华,瞿林东,赵吉惠.史学导论[M].上海:复旦大学出版,2004.

56. 吴泽.史学概论[M].合肥:安徽教育出版社,1985.

57. 李孝迁.西方史学在中国的传播[M].上海:华东师范大学出版社,2007.

58. 吴怀祺.史学理论与史学史研究[M].福州:福建人民出版社,2006.

59. 桑兵.晚晴民国的学人与学术[M].北京:中华书局,2008.

60. 田汝康,金重远.现代西方史学流派文选[M].上海:上海人民出版社,1982.

61. 姜芃.西方史学的理论和流派[M].北京:中国社会科学出版社,2007.

62. 徐浩,侯建新.当代西方史学流派[M].北京:中国人民大学出版社,1996.
63. 启良.史学与神学——西方历史哲学引论[M].长沙:湖南出版社,1992.
64. 郭沫若.郭沫若全集(2)[M].北京:人民出版社,1982.
65. 姚蒙.法国当代史学主流——从年鉴派到新史学[M].香港:香港三联书店,1988.
66. 叶法无.文化与文明[M].上海:黎明书局,1930.
67. 胡逢祥,张文建.中国近代史学思潮与流派[M].上海:华东师范大学出版社,1991.
68. 许冠三.新史学九十年[M].长沙:岳麓书社,2003.
69. 郑师渠.晚清国粹派文化思想研究[M].北京:北京师范大学出版社,1997.
70. 章太炎政论选集[M].北京:中华书局,1977.
71. 姚奠中.章太炎学术年谱[M].太原:山西古籍出版社,1993.
72. 汤志钧.章太炎年谱长编[M].北京:中华书局,1979.
73. 葛懋春,李兴芝.胡适哲学思想资料选[M].上海:华东师范大学出版社,1981.
74. 胡适文集(1—5)[M].北京:北京大学出版社,1998.
75. 鲁迅选集(2)[M].北京:人民出版社,1983.
76. 季羡林.牛棚杂忆[M].北京:中央党校出版社,1998.
77. 傅斯年.史学方法导论[M].长春:吉林人民出版社,2013.
78. 傅斯年选集[M].天津:天津人民出版社,1996.
79. 傅斯年全集(4)[M].台北:联经出版社事业公司,1980.
80. 耿云志.胡适研究论稿[M].成都:四川人民出版社,1985.
81. 顾颉刚.古史辨(1—4)[M].上海:上海古籍出版社,1982.
82. 刘起釪.古史续辨[M].北京:中国社会科学出版社,1991.
83. 顾潮.顾颉刚年谱[M].北京:中华书局,2011.
84. 顾颉刚.当代中国史学[M].上海:上海古籍出版社,2002.
85. 王煦华.顾颉刚先生学行录[M].北京:中华书局,2006.
86. 杨向奎.宗周社会与礼乐文明[M].北京:人民出版社,1992.

87. 杨宽.中国上古史导论[M].上海:上海人民出版社,2016.

88. 柳诒徵.柳诒徵史学论文集[M].上海:上海古籍出版社,1991.

89. 王国维.王国维文集(4)[M].北京:中国文史出版社,1997.

90. 王国维.人间词话[M].北京:燕山出版社,2010.

91. 王煦华.秦汉的方士与儒生导读[M].上海:上海古籍出版社,1998.

92. 张荣芳.近代之世界学者陈垣[M].广州:广东人民出版社,2005.

93. 陈垣.通鉴胡注表微[M].北京:中华书局,1962.

94. 钱穆.国史大纲[M].北京:商务印书馆,1996.

95. 钱穆.文化学大义[M].台北:正中书局,1983.

96. 钱穆.中国史学发微[M].台北:台湾东大图书有限公司,1989.

97. 钱穆.中国历史精神[M].香港:香港增附三版,1964.

98. 钱穆.师友杂忆[M].长沙:岳麓书社,1996.

99. 郭齐勇,汪学群.钱穆评传[M].南昌:江西百花州文艺出版社,1995.

100. 余英时.钱穆与近代中国学术[M].桂林:广西师范大学出版社,2006.

101. 严耕望.治史三书[M].上海:上海人民出版社,2008.

102. 陈寅恪.金明馆丛稿初编[M].上海:三联书店,2001.

103. 陈寅恪.金明馆丛稿二编[M].上海:三联书店,2001.

104. 陈寅恪.唐代政治史述论稿[M].上海:三联书店,2001.

105. 陈寅恪.元白诗笺证稿[M].上海:三联书店,2001.

106. 刘以焕.国学大师陈寅恪[M].重庆:重庆出版社,1996.

107. 陆键东.陈寅恪的最后二十年[M].上海:三联书店,1995.

108. 王永兴.陈寅恪先生的史学成就与治史方法[M].北京:北京大学出版社,1998.

109. 纪念陈寅恪教授国际学术讨论会文集[M].广州:中山大学出版社,1989.

110. 李季.中国社会史论战批判[M].上海:上海神州国光社,1934.

111. 钟离蒙,杨凤麟.社会史和社会性质论战(上)[M].沈阳:辽宁大学出版社,1984.

112. 中国农村社会性质论战[M].上海:新知书店,1936.

113. 顾一群.王礼锡传[M].成都:四川大学出版社,1995.

114. 王凡西.双山回忆录[M].上海:东方出版社,2004.

115. 陶希圣. 中国社会之史的分析[M]. 沈阳:辽宁教育出版社,1998.

116. 陶希圣. 中国社会与中国革命[M]. 上海:新生命书局,1929.

117. 李洪岩. 史学史话[M]. 北京:社会科学文献出版社,2000.

118. 周予同. 周予同经学史论著选集[M]. 上海:上海人民出版社,1983.

119. 周子东. 三十年代中国社会性质论战[M]. 北京:知识出版社,1987.

120. 吕振羽史论选集[M]. 上海:上海人民出版社,1981.

121. 李泽厚. 中国现代思想史论[M]. 上海:东方出版社,1987.

122. 刘梦溪. 中国现代学术经典·董作宾卷[M]. 石家庄:河北教育出版社,1996.

二、期刊

123. 严复,夏曾佑. 国闻报附印说部缘起[J]. 国闻报,1897(10).

124. 王国维. 最近二三十年中中国新发见之学问[J]. 学衡,1925(45).

125. 周予同. 五十年来中国之新史学[J]. 学林,1940(4).

126. 李洪岩. 历史也是一门艺术——评张荫麟的一个史学观点[J]. 学术研究,1991(5).

127. 李洪岩. 从《读书杂志》看中国社会史论战[J]. 中国社会科学院近代史研究所青年学术论坛,1999.

128. 柳诒徵. 正史之史料[J]. 史地学报,二卷(3).

129. [法]拉杜里. 年鉴派的建树不可逆转[J]. 史学理论研究,1994(3).

130. 梅义征. 被误解的思想——兰克是怎样成为"科学历史学之父"[J]. 史学理论研究,1998(1).

131. 齐思和. 近百年来中国史学的发展[J]. 燕京社会科学,1949(2).

132. 何兹全. 傅斯年的史学思想和史学著作[J]. 历史研究,2000(4).

133. [美]格奥尔格·伊格尔斯. 兰克在美国和德国史学思想中的形象[J]. 历史与理论,1962(1).

134. 孙晶. 西方历史学家的移情观及其问题[J]. 学术界,1999(1).

135. 焦润明. 傅斯年与科学史学派[J]. 史学理论研究,2005(2).

136. 盛邦和. 20世纪上半叶中国史学的流程与流派[J]. 史学理论与史学史研究,2005(5).

137. 侯云灏.20世纪前期中国史学流派略论[J].史学理论研究,1999(2).

138. 杜维运.傅孟真与中国新史学[J].当代(台北),116期,1995(12).

139. 陈哲三.陈寅恪先生轶事及其著作[J].传记文学(台湾),16卷(3),1970(3).

140. 朱镜我.改组派在革命现阶段上的作用及其前途[J].新思潮,6.

141. 朱镜我.中国目前思想界底解剖[J].世界文化,1.

142. 朱镜我.民族解放运动之基础[J].新思想,7.

143. 钱俊瑞.现阶段中国农村经济研究的任务[J].中国农村,1卷(6),1935.

144. 陶直夫(钱俊瑞).中国农村社会性质与农业改造问题[J].中国农村,1卷(11).

145. 王宜昌.中国奴隶社会与封建社会之比较研究[J].文化批判,1卷(6),1934.

146. 王宜昌.渤海与中国奴隶社会(下)[J].中国经济,3卷(6),1935.

147. 陶希圣.编者的话[J].食货,1卷(6),1935.

148. 孙冶方.农村经济学底对象[J].中国农村,1卷(10),1935.

后 记

  本书初稿写作于 10 年前。当时,为了打破僵化的史学思维模式,开拓历史认识的视野,形成灵动开放的史学认知风格,我为历史系学生开设了"近现代史学流派"课程。于是一边上课,一边搜集材料进行写作,2009 年 5 月 12 日完成了初稿。

  后来,由于工作变动,行政事务繁多,一直未能定稿。直到去年,才将原稿从头至尾检视了一遍,并利用近年的新资料和新成果进行了修改,增删改写了大量内容。

  本书不是史学史著作,也不是史学理论著作,更不想长篇大论,而是选取西方和中国近现代主要史学流派,扼要陈述,重在对不同的历史观念和方法的猎取和借鉴,体现一种开放多样的学术取向,而不追求史学发展的完整性和系统性,只求在缤纷的史学流派中获得启示和灵感,以点亮我们对历史、现实和未来的感悟和认知。

  本书初稿即以德里达的解构主义结束,而书成后德里达已经作古。任何个人,无论是小人物还是大人物,无论是思想家还是政治家,在人类历史发展的长河中仅占一瞬间,而人类思想观念的智慧溪流则源远流长,绵延不绝。本书截取最近的一个时段,打开一扇远望的窗户,承接和投放历史洞见之光,同时适当插入史学家画像,以便读者识别,也借此表达对以往历史学家和思想家的敬意!

  本书写作延续 10 年之久,参考了大量著作和研究成果,文中注释可能有所疏漏,请予谅解;同时对借鉴的前贤成果表示衷心感谢!由于本人水平所限,不足之处在所难免,敬请读者批评指正。

作 者

2018 年 8 月 10 日